庙会：传承新态

人类学·民俗学：来自生活一线的田野报告（第九辑）

主编：郝苏民 马忠才

魏阳竹 等著

甘肃省民俗学重点学科建设基地
西北民族大学西北民族非物质文化遗产保护研究中心

中央民族大学出版社

图书在版编目（CIP）数据

庙会：传承新态/魏阳竹等著. —北京：中央民族大学出版社，2013.11

ISBN 978－7－5660－0551－9

Ⅰ. ①庙… Ⅱ. ①魏… Ⅲ. ①庙会—风俗习惯—研究—中国 Ⅳ. ①K892.1

中国版本图书馆CIP数据核字（2013）第271057号

庙会：传承新态

作　　者	魏阳竹等
责任编辑	红　梅
封面设计	智一视觉
出 版 者	中央民族大学出版社 北京市海淀区中关村南大街27号　邮编：100081 电话：68472815(发行部)　传真:68932751(发行部) 68932218(总编室)　68932447(办公室)
发 行 者	全国各地新华书店
印 刷 厂	北京宏伟双华印刷有限公司
开　　本	880×1230（毫米）　1/32　印张：11.125
字　　数	280千字
版　　次	2013年12月第1版　2013年12月第1次印刷
书　　号	ISBN 978－7－5660－0551－9
定　　价	36.00元

我们的学科之路，这样走来
（代总序）

1 30 年前的 1984 年，原西北民族学院（今西北民族大学）创办了西北民族研究所，动机原本出自对“十年动乱”反思后的一个学科基本建设之举。所名还是其时国家民委领导人拟定的。这个反思的主旨，是出自这样一种回顾与思考：新中国人民政权，一反千年封建王朝与国民党政府大民族主义的统治惯制，要实现各民族当家做主、一律平等的民族政策。于是开展少数民族工作，培养少数民族各类型干部成为一切首要。为此，应运而生了民族高校的创办。共和国第一所民族高校，便是西北民族学院。她的办学是强调族群性的，也突出了区域性。因此，“西北民族研究所”的关键词应是“西北”、“民族”、“研究”。毋庸置疑，民族高校的学科建设和办学特点，对全国其他普通高校而言，亦应如此看待。

2 应该说，民族学院类型高校群的产生，确系中国教育史中最崭新而灿烂的一页。然而，西北民族学院从成立伊始的 1950 年，直至 1984 年前，却未曾有过科学意义上成体系的民族学的理论研究、专业建制与教学队伍与体系的组建（这与稍后 1951 年在首都北京创办的中央民族学院的情形：有中国学界老一辈中外著名专家吴文藻等以及早已成为领军人物的费孝通、林耀华等学术大师群体的存在有别）。虽然学科建设上的这种“空缺”，责任与损失并不都来自学院本身与其时奉命而办学者个

人，它与当时中国人类学/民族学、社会学学科等的境遇完全是一致的。随着中国共产党十一届三中全会之后拨乱反正思想路线的贯彻执行，的确对有志从事人类学/民族学等的学人们应是一个极大鼓舞。所以说，1984 年西北民族学院西北民族研究所的创办以及《学报》创办问世，从高等教育着眼看问题，便是当时本院民族学人与高教工作者学术心愿的首次圆梦！

3 然而，发展道路又总是曲折的。“市场经济”转型，带来所谓“全民下海”冲击，本在“意料中”的事实，而“单位”创收，导致高校捷足先登者从办班中捞取的第一桶金，诱惑本在坚守岗位的教师之力，却是令人“意料之外”！希冀重建人类学/民族学的敢想者中也出现了教学与科研比重的意见分歧，科研经费和基础建设等问题无从提上日程的迷茫，凡此直接涉及成员工作量、职称等切身利益的不平与困惑。自然，复杂的表层不能掩盖其简单的内因：历史转折关头老校如何“新生”，学校未来整体发展如何构架？对普通高校而言，民族类高校的不可替代性特点究竟何在？民族院校的时代性角色该怎样定位，哪些是实践实证了的真正“拳头”专业？应恢复、重建哪些机构？又该急速补缺扩建哪些必有的学科？哪些专业由一般普通高校去办比民族高校会更有条件……实话实说，这些本为办学内行领导所关心、研究的事情，因“文革”后遗症受到了影响。

4 经过彷徨、内外沟通，几经“阵痛”，终于在 1998 年 10 月，借教育界连续改革热潮启动和校方领导的理解与支持，原西北民族研究所的我们个别人，决定以放弃原基础资料设备和经过好几个年头整合的学术队伍，以及已在全国圈子里开始产生影响的“西北民族研究所”的“品牌”名称、建制和大部分成员为“妥协”代价，重组三五个青年学术同道加个别老先生，走出原西北民研所的大门，重新组合了“社会人类学·民俗学”

系、所合一的机构，另起炉灶，重开人类学/民族学（民族志学）、民俗学的学科建设。

这个人类学、民俗学名称的出现，为“共和国首座民族高校”办学近半个世纪后首次整合，填补了社会学、人类学/民族学、民俗学专业从未有过的科研与学科空白；也在西北民院首出“系所合一”的教学形式，把科研直接引入课堂教学。在大西北人文社科学界第一次出现了人类学、民俗学的学科建制。不久，在费孝通教授力荐下，又借教育部为北京大学批办社会学人类学高级研讨班的契机，与北京大学合作在西北重镇兰州举办第六届高研班。

费孝通先生煞费苦心的目的有二：一为扶持西北民大社会学人类学专业的开创；二为开发西北研究培养专业人才。费老亲临我校为我系揭牌，并在会间主题讲演；召开来自大西北各地青年的各类型座谈会，谈到人类学/民族学、社会学培养少数民族出身的专业人才的重要和迫切意义。他语重心长、深入浅出，这给有志学科建设者们以极大精神支持和学术“扶贫”。

5 1990 年我们曾首获民间文艺学（含民俗学）硕士学位授予权（马学良、宋蜀华、钟敬文等老一辈学者唯图学术的胸怀和勇气，成了真正“助人成功”的关键），1991 年我们开始招收民俗学研究生。鉴于我们对中国西北地区各民族民间文化（民俗文化）的历史脉络和多元现状及其特征的本土理解，在组织教学与科研上，确定了重视田野作业，开辟民俗志积累，坚持多民族地域多元文化特色，从头打好学术基础建设的发展思路。再加上人类学/民族学教学点的逐步开拓与社会学教学，我们打通了三门学科的交叉，以往全国民间文艺学（民俗学）传统教学仅设在中文系（汉语系）多作为讲座课（选修课），以每位研究生入学，必经“始业课”的专业启蒙，作为来自不同专业本科生开始研究生教学的“补课”；同时，强调导师要根据研究生个人旨趣和优长（或民族、或地域）为本，定其专业研究的具体方向，而不可仅仅依据导师“课题”之需确定研究生的发展方向。随着实践的延续果然局面顿开。至2012年，这个教学点（含少数民族民间文学、民间文艺学两个研究方向）共招生了10多个民族的硕士研究生147名，已毕业获得学位者132人。在毕业者中近三分之二成为民俗学、民族学、社会学的考博人员，他们分散于包括香港中文大学、北大、清华、北师大、人大、中山、复旦、南开、南京大学、中央民大、华东师大、东南大学等多所名牌大学攻博、“进站”；至今，其中有的已成长为名校硕士生、博士生导师。从2004年开始，又开始了招收攻读少数民族民间文（艺）学博士生，至2012年已有12人获博士学位。这一集中现象是西北民大创办以来其他院系、专业所未曾有过的。更重要的是，在培养人、训练队伍的同时，积累了不少以专业要求采集到的比较有质量的田野民俗志的新资料。尤其在其后以降，费孝通教授提出西部大开发中人文资源的保护利用与开发的问题后，我们在承担“西北人文资源环境基础数据库”内民俗部分的任务中，坚持了研究生在导师指导下发挥地方性知识和民族语言无障碍的优势，深入生活第一线，零距离现场考察的专业训练学风。民俗学研究生教学实践，在历练了教学骨干的同时，区域民俗志资料成果累累结枝，积累了几百万字的民俗志数据库资料。

我们这个系（所）经过第一个“五年计划”的艰苦奋斗，借助全国形势好转带来的时运，进一步发展为“社会人类学·民俗学学院”。我们把民俗学的整体学科建设、发展路子，摆脱开往昔传统上仅从“文学”上先入为主地唯以“民间文学”以带动民俗学的旧教学轨道，借鉴相近学科人类学（民族志）、社会学、民间文艺学优势，既互相交叉渗透、互促发展，又各自保持相对学科独立发展的轨迹。我们用超强的劳作先后开办出游牧、农耕、人口较少民族等民俗及其非物质文化遗产教学类型；民族、宗教、文化、家庭、妇女、影视、民间艺术（美术、工艺、歌谣、戏曲、舞蹈）等专业方向，为复合型人才的培养和学生学养的丰厚、“一国多民族”的整体性大视野提供空间，以适应转型期人才市场的多样需求。目前，我们除已有的民俗学研究生点外，人类学、社会学、社会工作和民间文艺学等的硕、博研究生都在培养之中。

6 五年来，我们有北大、北师大、中央民大等高校相关先进专业和其中名师们的协助和具体帮助，在大开局面中崎岖前进。我们的民俗田野，涉及西北各民族地区外，也借主题的需求而波及内蒙古、西藏、新疆、四川、华中及至华东，甚至东北各地以及海外。在物质条件极不足的状态下，坚持依靠业内同行办好我们的专业学刊《西北民族研究》，获得学界广泛认同，成为CSSCI刊物；也成为这三个学科硕博生和专业教师们喜爱的一块绿色学术平台。目前，《西北民族研究》已成为“国家社科基金资助期刊”；我们正努力把促进、服务于教学、科研和社会的学刊，办成“文化走出去的”学术品牌。

我们的学科基础建设和教学实践使我们体会到：虽也无法回避目前还存在于体制上的掣肘和终于常规仍存距离的艰辛事实，但各高校圈内同行认可的这个路子，亦可视为一种有益的中国地方学术实践经验。事实上，在我们之后，也在中国社会学、人类学/民族学、民俗学界大师级老一代代表人物费孝通、马学良、钟敬文等谢世之后，我们看到从北京师范大学到内蒙古师范大学，也都先后改制或创办了社会学民俗学、人类学民俗学等模式的教学建构……我们自己是欣然的。

7 高校在一阵扩招、扩办、并校、升级之后，据说出于

“冷思考”的调整把高校分类为“研究型”、“教学型”几种发展类型，又似乎学校一旦被划进某种类型后，即将在某类型框子内以行政“规范”去管理（如何有竞争）。各校内各学科、专业之间大约已有的发展水平不尽相同，是将随所属学校类型“一刀切”而去存在、发展？还是以所属行业学科实际水平去“强强联合”（如同当年之“院系调整”）去整合？还是随其各校自主“挖墙”、“流动”、“自生自灭”，以示“市场经济”在教育上的反映？抑或已有资源自主存留等市场经济范式……在如今高校领导层似皆为教育内行，大都系博士、教授的现状下，自主趋势如何发展大学，仅为普通身份的专业教授在学科建设、发展中能发挥多大作用？目前难以预测。虽说人类学、社会学、民俗学研究对象关乎群体、社会、国家认同与人类的大范围，但似乎此类学术属性在中国，往往不像办体育、办艺术那样红火而幸运；确是一种不大显露政绩的“孤独性”学问、学科，得到在意“政绩”、“指标”的领导眷顾，常常是不易的。

好在我们曾经的努力基于事实，亦曾经被其时业内所认同过；“助人成功”之说，本为各自所指各有个人的理解、界定和认可。无论如何师生风餐露宿的“田野”是为学执著的“书呆子们”汗水的播种。于是，仅仅出于其时一个教师的我们，本着曾经为师之心、师生同窗切磋，或曰“教学相长”之情，将把部分学子为攻读学位而参与的调查报告，做初步学术规范和可读性的整理后，以一种资源回报给社会群体，也为这世变方激的新世纪之际，师生们从前沿生活大潮中舀出的这一瓢瓢底层的浪花，存留给来者而感到努力过的欣慰！我们自认为这一行动对当前学术浮躁尚不能一个早晨就烟消云散的今天，于师、于生、于己、于众、更于学校之心，当年大师之良苦用心，皆心同此理吧！

8 若有幸，甚而尚存继续从业之机，我们随时准备用被边缘化了的文化行为寻求可认同的学术合作伙伴。

我们的“人类学·民俗学：来自生活一线的田野报告”系列的编辑，虽也曾得到本学界不少贤达鼓励、促成，但终因未能直接挤入本土的“工程”类和“扶持”类，不足的经费导致了它无法“满书尽披黄金甲”的华贵包装及名人作序牵衔，只能是“素面朝天”，以真人真事的朴实面孔迎接她的识者——广大学子读者了。

本系列之一，曾应方李莉女士建议配合中国艺术研究院“基础数据库”重大项目中民俗部分采集，归入另一丛书出版；本系列之第二、第三、第四共三辑经本校现民族学与社会学学院院长文化（苏依拉）教授之力得到本校资助在兰州大学出版社分别出版。之后，系列之第五、第六、第七、第八共四辑由郝苏民得到祁庆富教授支持纳入教育部人文社会科学重点研究基地中央民族大学中国少数民族研究中心丛书出版。到此，这一系列共八本书，是分别由三处支持才问世的。但是从西北民族大学初创社会人类学·民俗学专业到培养出自己的硕、博研究生和他们的成果，我们实在是得到了不少贤达和学界志士仁人在关键时刻的真诚爱护、支持和帮助才有些许作为的。在进入21世纪的今天，又逢“国学”重新被大大提倡，教育新时代青年一辈也要知恩图报，不可满城尽当“白眼狼”之际，我作为这个系列各辑成果出版的操办和见证人，深深体味了出版学术书籍的不易，不能不郑重提出下列先生和同学，因他们的关爱、辛劳，作为其时导师今日主编的我以及各辑的撰稿人在此一一向他们致以中华民族传统式的抱拳和鞠躬：真诚地谢谢你们了！除已经鸣谢之外，他们应是：费孝通、马学良、宋蜀华、祁庆富、马麒麟、谢玉杰、马戎、杨圣敏、王铭铭、金雅声、何烨、文化、沙平、马国柱等诸位先生、女士！

本系列之第五、第六、第七、第八共四辑出版后，据出版社回应，意料之外地收到良好的市场效应。那么，又是“实践是检验真理的唯一标准”。既然社会上还有人自愿阅读，任何凭空之话已无意义；就顺乎读者与学科的“民意”继续办下来了！于是，我们终于以省民俗学建设基地之资格和所获基金和“西北民族非物质文化遗产保护研究中心”支持，继续我们系列的延续，这是本系列第三批成果的出版，是继第九辑之后的延伸。

我们还可欣慰地告诉民族民间文化爱好者的是，我们的坚持不仅仅在硕士水平的田野成果的数量上；博士生的田野成果，也将与此同时以“西北民族大学民族民间文化博士论文系列”同步由民族出版社问世。我们相信这应该是一个质量上的努力。

本系列六辑（九至十四）出版受到西北民族大学学科建设基金支持，特致谢忱！

是为序。

A. 速莱蛮·郝苏民

2005 年 12 月岁末于金城沙痕书屋

2007 年元月修订

2013 年 7 月 9 日病后再修订于葵巳酷暑中

目　录

甘肃省甘谷县善华寺庙会与俗民生活研究 ………… 魏阳竹（1）
天水地区伏羲信仰及其祭祀仪式研究 ……………… 曹瑞琴（68）
内蒙古“查玛”的表现形式与文化内涵
——以呼和浩特大召寺为个案 ……………… 赵　丹（138）
甘肃省临洮县衙下集拉扎节跳神
活动调查研究 …………………………………… 马根权（206）
烟台鱼灯节祭海习俗 ……………………………… 姜文华（263）

甘肃省甘谷县善华寺庙会与俗民生活研究

魏阳竹

一、绪　论

（一）选题背景

庙会文化的研究一直都受到民俗学、人类学、社会学、历史学、宗教学等多个学科的关注。民俗学一直以来致力于研究草根社会和人民大众的生活，而庙会作为基层民众生活中一个不可缺失的部分，日益受到学者们的关注和重视。将庙会作为一种科学来研究，在五四运动以后就开始了，其主要代表作有顾颉刚的《妙峰山》等。在最近十几年里，庙会研究逐步走向成熟，形成了一系列的研究成果，尤其是近几年来，学者们对国内各地庙会的研究成了民俗研究领域的一个热点，并随着研究的广泛与深入，逐渐形成了多个学科交叉的局面，对庙会文化研究的充实和发展都有一定的积极作用。其实，庙会研究之所以会成为热点，一方面在于庙会作为中国传统文化和社会生活的一个重要载体，富含着包括制度、信仰、经济、地缘、社会结构等诸多文化内涵，与民众的日常生活联系紧密；另一方面庙会始终活跃在基层民众的现实生活里，承担着满足百姓精神文化需求与物品贸易交流的职能，具有很强的当代性。①

但不可否认，当前我国对庙会的研究仍有许多不足，比如，从研究状态来看，在中东部地区和西部地区存在一定的不平衡，学者们对山东、河南、河北等地庙会都有显著的研究成果，但对西部地区尤其是西部边远小山村的庙会涉及甚少；从研究方法来看，庙会在研究过程中强调田野调查，而田野调查本身历时长，所需的人力、物力和经费的投资大，另外，对于边远地区，他们的生活条件差，交通不方便，这些因素都给田野调查带来了极大的不便。

善华寺地处甘肃省甘谷县白家湾乡蒋家湾村，位置偏远，交通不便，但其庙会却吸引着来自全县各乡镇的民众前来，成为甘谷县最为知名的庙会之一。它在一定程度上代表了当地民众的集体记忆和文化，体现了当地的民俗文化，反映了当地民众的生活情况和基本需要，如社交、信仰、娱乐、贸易等，可以说是当地民众生活的一面镜子。

（二）研究目的和意义

1. 研究目的

善华寺庙会是当地民众生活的重要组成部分，虽然其地处偏远的小山村，生活条件艰苦，但当地民众却能通过善华寺庙会获得多种精神上的快乐和物质上的满足。同时，善华寺交通极为不便，甚至还没有公路可以到达蒋家湾村，但善华寺庙会作为民间自行组织的活动，每年都能吸引众多来自四面八方的善男信女，并一直延续至今，成为当地民众生活的重要组成部分。因而，善

① 周大鸣、阙岳：《民俗，人类学的视野——以甘肃省临潭县端午龙神赛会为研究个案》，载《民俗研究》2007 年第 2 期。

华寺庙会是一个非常典型的西部边远地区的庙会代表。为此，笔者对善华寺庙会进行了田野调查，企图通过对善华寺及其庙会基本情况的了解，结合马林诺夫斯基文化功能主义理论，对善华寺庙会与当地民众生活的关系进行探索，了解善华寺庙会的功能，并就其与俗民的衍生关系予以探讨。

2. 研究意义

(1) 学术意义

如上所述，我国目前庙会研究处于不平衡状态，学者对中东部地区的庙会研究成果显著，但对西部地区尤其是边远小山村的庙会涉及甚少。就甘谷县庙会而言，笔者翻阅了各种书籍、资料、甘谷的地方志等，虽然其中对大大小小庙会记载达一百多个，但记载内容少而简单。从目前来看，学术界对甘谷县庙会研究涉及尚少，更不用提甘谷县边远山村的善华寺庙会。基于此，笔者将本文范围锁定于自己的家乡甘谷县，选择以蒋家湾村善华寺庙会作为研究对象，用田野调查的方法搜集善华寺庙会的民俗信仰、传说故事、仪式活动等，并试图运用马林诺夫斯基的文化功能主义理论，来分析当地俗民生活和善华寺庙会的密切关系，并探索善华寺庙会对俗民衍生的重要意义，为西部边远山村庙会和西部俗民生活的研究提供文献资料。笔者身为甘谷人，对甘谷的传统文化耳濡目染，且掌握了家乡民俗文化学等相关的学科知识，因此，笔者在研究时既能够“跳出”家乡思维，站在学术角度上看问题，能将习以为常的文化现象对象化，比其他身处这种民俗当中的普通人视野更广、更高，又能够把自己置身其间，以本地的思维去理解本地的文化。笔者期望以学术的眼光和视角“回到”自己的“母体文化”中，使自己的学术触觉变得更加敏锐，对善华寺庙会文化的研究作出更为全面、深刻的思考，并希望为西部地区的乡村庙会研究提供一个鲜活的个案。

（2）现实意义

善华寺地处偏远的甘谷县白家湾乡蒋家湾村，当地居民生活条件差，部分地方至今仍未通公路。但在这种艰苦的条件下，善华寺庙会却每年如期举行，四方来人络绎不绝。多年来，善华寺庙会成为周边村落、全县范围内的重要庙会，成为当地俗民生活不可缺少的组成部分。本文通过田野调查，对善华寺庙会特有的传说故事、观音信仰、敬拜仪式等文化予以介绍，并在此基础上对善华寺庙会与当地俗民生活之间的关系进行研究，了解善华寺庙会对当地俗民衍生的重要意义。

（三）文献综述

国内对庙会的研究起步相对较晚，开始于 20 世纪 30 年代。庙会作为一种学科研究对象，是在五四运动及民俗学运动以后开始的，其发展过程大致可以分为发端期、中断和复苏期、发展期以及成熟期四个明显的阶段。

第一阶段是庙会研究的发端期。1925 年 4 月 30 日至 5 月 2 日，在《歌谣周刊》的倡导下，学者们对北京妙峰山进行田野调查。当时参加的学者有顾颉刚、常惠、孙伏园、容肇祖、容庚等人。之后《京都副刊》出了六个《妙峰山进香专号》，这些最后集为顾颉刚《妙峰山》①，其中心思想是"知道民众的生活状况"，并指出："朝山进香，是他们生活中的一个重要部分，决不是可用迷信二字一笔抹杀的。"他们对妙峰山的考察被认为是中国庙会调查研究的先河。《妙峰山》一书中所收录的文章涵盖了香会组织研究，碧霞元君信仰考察，妙峰山进香者的心理，妙峰山的传说等篇目，从中不难看出顾颉刚把庙会看作是民众生活的有机组成部分，力求进行整体全面的研究。在顾颉刚之后，也

① 顾颉刚：《妙峰山》，上海文艺出版社，1988 年版。

有学者对一些庙会活动进行了调查，如《北平庙会调查报告：侧重其经济方面》、《陈州太昊陵庙会概况》等。此后，随着社会形势的变化及学者研究兴趣的转变，庙会研究走向沉寂。

第二阶段是庙会研究的中断和复苏期。从抗日战争一直到“文化大革命”时期，社会环境常动荡不安，许多庙宇被破坏，使对庙会的研究相对停滞、中断。“文化大革命”之后，国内一些学者开始重新关注庙会文化研究，有关庙会的文章零零散散开始出现，如《柏柏尔人的新娘庙会》、《古代越南农村庙会》、《中国庙会市场》、《沂山东镇庙和东镇庙会》等，但其以描述为主，研究性的文章比较少。直到 1991 年 5 月，首次全国庙会文化研讨会在陕西省宝鸡市召开，使得庙会研究得到了复苏和迅速发展。这次研讨会中，最为典型的是高占祥的《民风民俗的缩影——论庙会文化》，明确提出了庙会文化的两重性，认为庙会文化是以寺庙为依托，在寺庙内及寺庙附近开展祭祀和贸易活动，是宗教和世俗的有机结合，即庙会文化既是宗教的，又是世俗的。其他的文章也对庙会和庙会文化的概念、特征、构成要素、分类、功能、社会影响、起源、运行轨迹和发展趋势以及传统庙会活动复苏和新型庙会兴起的历史背景等作了概括和分析。但由于庙会文化本身的复杂性，还有许多问题有待进一步探讨。①

第三阶段是庙会研究的发展期。20 世纪 90 年代后期，庙会的研究处于发展阶段，人们对不同地区的庙会开始作大量的研究。例如，1994 年《山东民俗》第一期专门刊登了山东各个地方庙会活动。1995 年张双林编著《中国庙会大观》标志着中国对庙会文化的研究、整理，进入了新阶段。全书介绍了 150 个庙会，并指出庙会不是宗教文化，而是民俗文化，庙会的发展与集

① 高占祥：《论庙会文化》，文化艺术出版社，1992 年版。

市的兴起密切相关。1999年高有鹏出版了《中国庙会文化》一书，他开门见山地提出："庙会的实质在于信仰，是一种群体性的信仰活动。它的形成是与我国远古时代的宗庙社郊制度分不开的。"① 之后他从庙会的起源、变化轨迹、基本特征等方面系统地研究和阐释庙会文化，这些研究突出了对庙会研究的学术观点，是庙会研究的重要文献。② 1997年，高有鹏的《民间庙会》一书中，研究了为什么在当今民间依然会有膜拜神灵的心理。1999年，尚浩和刘慧分别出版了《天津庙会》和《泰山庙会》对庙会进行了专项研究，而且从纵向进行了探讨和总体把握。这一时期还有其他许多相关文章，如1994年段宝林的《庙会的民俗本——论生活美与庙会》、1995年孙其刚的《始祖庙庙会的求育习俗》、1996年高有鹏、孟芳的《中原民间庙会文化简论》、1997年朱小田的《传统庙会与乡土江南之闲暇生活》、1998年习五一的《近代北京庙会文化演变的轨迹》以及1999年舒立的《庙会研究书目辑录》等。

第四阶段是庙会研究的成熟期。最近十几年，庙会研究逐步走向成熟，形成了一系列的研究成果。2000年10月刘铁梁在《村落庙会的传统及其调整——范庄"龙牌会"和其他几个村落庙会的比较》中，把焦点放在村落庙会的调查研究上。2002年赵世瑜在《狂欢与日常：明清以来的庙会与民间社会》中揭示了庙会这一类游神祭祀活动的基本特征，即它们不仅构成了民众日常生活的一部分，而且也集中体现了特定时节、特定场合的全民狂欢。庙会已经渗透群众的日常生活，成为他们放松愉悦的场所，是他们生活中不能分割的一部分。2003年4月12日刁统菊的《女性与龙牌：汉族父系社会文化在民俗宗教上的一种实践》

① 高有鹏：《中国庙会文化》，上海文艺出版社，1999年版。
② 高有鹏：《庙会与中国文化》，人民出版社，2008年版。

一文，从女性的视角出发，揭示了在龙牌会中女性借助于民俗宗教中的权威，弥补自己在社会生活领域中权利的不足，但父系社会的文化背景下，在真正参与仪式的组织活动过程中女性是无法超越男性的。[①] 2005 年 3 月岳永逸在《传说、庙会与地方社会的互构——对河北 C 村娘娘庙会的民俗研究》一文中关注的是在现今国家话语控制下的乡村社会。2006 年吴效群的《妙峰山庙会：中华封建帝国首都的狂欢节》一文中指出了妙峰山春季下层民众狂欢节的本质属性，并比较了它与巴赫金笔下欧洲中世纪狂欢者的异同，最后作者依据文化人类学对人的双重属性的认识，对狂欢节的自然起源问题进行了说明，丰富和发展了巴赫金理论。2008 年，谢永栋在《近代华北庙会与乡村社会精神生活——以山西平鲁的乡村庙会为个案研究》的文章中，通过对庙会中的祭祀神灵、娱乐活动等事件的历史性考察，了解平鲁乡村庙会与当地民众精神生活的关系，洞察平鲁乡村庙会特点。

许多国外学者对中国的庙会也很有研究，如挪威汉学家、比较宗教学家艾香德在《安庆的寺庙及其崇拜：近代中国人的宗教研究》一书中以安庆为例，介绍了华中地区民间的宗教信仰状况。他对安庆寺庙、祠堂、名人祠、官庙、佛寺、道观以及城隍、龙王、火神、八蜡、药王、财神、土地神进行了详尽的描述，围绕着安庆寺庙展开了研究，翔实地记录了当地普遍的宗教意识和信仰状况。美国汉学家杜赞奇在《文化、权力与国家——1900—1942 年的华北农村》一书中把乡村宗教类型分为四种：村中的自愿组织、超出村界的自愿组织、以村为单位的非自愿性组织、超村界的非自愿性组织。他认为，宗教意识在将中国乡村纳入儒教政体方面起着重要的作用，并分析了华北地区关

① 刁统菊：《女性与龙牌：汉族父系社会文化在民俗宗教上的一种实践》，载《民族艺术》2003 年第 4 期。

帝作为比土地爷具有更大神力的神灵存在和关帝被儒家化的过程。① 除此之外，日本人类学家渡边欣雄在社会人类学角度对汉族宗教和礼仪进行了研究，并提出寺庙是带宗教性的市场。詹姆斯·沃森在《神的标准化：在中国南方沿海地区对崇拜天后的鼓励（960—1960年）》对地方天后庙也作了一定研究。日本学者田仲一成在《中国的宗教与戏剧》中，从民间宗教和宗族社会的互动关系的视角考察庙会戏剧，颇具新意，等等。

对于甘肃省的庙会，学术界也有一些论述，如景军在他的博士论文《神堂记忆》中，对甘肃的大川、小川两村中的孔姓人在改革开放后对各村孔庙的修复与认同问题进行了研究，分析了现今孔庙庙会的语言、仪式种类、结构、参与人与其所吃食物之间的关系等。他以大川人历代对孔庙的修复和认同为切入点，说明了围绕孔庙所举行的仪式在村民公共生活中的重要性，即庙会不仅仅是一个孤立的事件，它与村落公共生活的现状、过去紧密相连，隐喻了村落历史的记忆与传承，以及村民对当下生活秩序的认知与适应策略。又如阙岳在《异神出游与流动的社会》一文中，以甘肃省甘南藏族自治州临潭庙会为个案，研究了异神出游活动的结构模式和特定的社会关系，以及该活动对当地民众生活的意义。2010年5月阙岳《庙会、集会：娱神、娱人——对临潭新城镇龙神赛会的考察》② 一文，通过对龙神赛会中俗民群体的形成、活动形式的确立、信仰龙神的概况、赛会的组织者、活动场所以及活动内容等事项进行了考察，分析了这一民俗活动所承载的教化、整合、精神慰藉、休闲娱乐和商业贸易等功能。同时，试图揭示民俗在传承与变迁过程中与上层文化之间的互动

① 高雅楠：《庙会研究文献述评》，载《理论界》2012年第2期。

② 阙岳：《庙会、集会：娱神、娱人——对临潭新城镇龙神赛会的考察》，载《西北少数民族仪式考察》2010年第5期。

关系。而对于甘肃省甘谷县的庙会研究则较少，有记载的除了县志类的资料外，还有高占祥的《中国庙会大观》，其中对甘谷县大像山庙会进行了描述，而对善华寺庙会未进行相关记载。

综上，从纵向来看，我国庙会研究起步晚，且经历了长达半个多世纪的停滞，直到20世纪90年代才有所发展，而我国近年来对庙会研究日益重视，在理论上也有重大的突破，如将巴赫金的狂欢理论引进对庙会研究，同时丰富了这一理论。从横向来看，我国目前庙会研究出现了区域上的不平衡状态，学者们对山东、河南、河北等地庙会研究都有显著的研究成果，但对甘肃省等西部地区的庙会研究还处于相对薄弱状态，尤其对西部边远山村的庙会研究更是少之又少。以甘谷县庙会来说，笔者查阅了关于甘谷的地方志、史话等各种资料，记载当地大大小小庙会的达一百多处，但描述较为简略，如在《中国庙会大观》一书中，只对甘谷县大像山庙会进行了描述。据笔者调研，目前还没有对甘谷县善华寺庙会进行研究的相关文献。

（四）本文理论依据和研究方法

1. 理论依据与核心概念

（1）理论依据

本文的理论依据是马林诺夫斯基的文化功能主义理论。“需要”和“功能”是马林诺夫斯基文化观的两个核心概念。马林诺夫斯基认为，人一般有两类需要：基本需要和衍生需要。一个社会的基本生物需要，是所有文化得以滋养、发展、延续的条件，人类用文化的手段满足他们的基本生物需要，然后又产生对法律组织的需要，而社会要靠传统风俗为工具，使文化延续，形成一些软规则。所以，“文化历程以及文化要素间的关系，是遵守着功能的关系的定律的”①。在马林诺夫斯基看来，人类的任何社会存在、任何文化现象都是为了满足某种现实的需要而存在的。人用生产食物、缝制衣服、建造房屋等非自然的方式满足了基本需要，而在这个满足需要的过程中，人就为自己创造了一个新的、衍生的环境，即所谓的文化。这个用文化来满足人的基本需要的方式，或满足机体需要的行动，就是所谓的功能。这样我们就看到，在基本需要得到满足的同时，文化得以产生。但事情远没有这么简单，文化在满足了需要的同时，又产生了衍生的需要或所谓的“文化驱力”，正是它直接导致了制度的产生。马林诺夫斯基强调个人的需求。

本文以马林诺夫斯基的文化功能主义理论为依据，通过分析当地俗民生活需要和善华寺庙会所负载的功能，来提出善华寺庙会文化存在的原因是当地俗民的生活需要，而这种庙会文化的形成反过来又不断刺激俗民的生活需要，从而形成“需要$\xrightarrow{\text{产生}}$功能$\xrightarrow{\text{刺激}}$需要$\xrightarrow{\text{产生}}$功能……”的循环，使庙会文化成为风俗习惯长期发展下去。功能学派产生于20世纪20年代的英国，其主要代表人物是英国社会人类学家马林诺夫斯基。他的功能主义理论认为，文化是一个整体，应在文化整体中考察、把握文化现象的功能。他认为任何一种文化，其主要的功能就是满足人类的某种需要。在他看来，人类社会的任何活动都是为了满足某种现实的需要而存在的，同时他还强调，文化的产生是由于要满足人类生活的一种需要而出现的一种人为设计，并非毫无意义的自生自灭的，它是会随着人类社会生活的改变而发生变化的。但马林诺夫斯基功能理论是二元的，有时提出文化必须满足社会整体的需

① 黄淑娉、龚佩华：《文化人类学理论方法研究》，广东教育出版社，1998年版。

要，有时却认为文化应当满足个人生理和心理的需要。从马林诺夫斯基功能主义的角度看，功能即是对人类社会“需要”的满足方式，他研究功能的观点是：“功能方法坚持社会事实的复杂性；各种在表面上常常矛盾的因素，实系纠结于一种信仰或坚信中；这样的坚信在社会制度内有力地运行着；并且用传统的标准化的行为来表达社会的态度与信仰。”①

最早把功能学派介绍到中国来的是吴文藻、费孝通等人，在功能主义的指导下进行了实地调查研究，并产生了一些作品，如费孝通的《江村经济》（又名《中国农民的生活》）、《乡土中国生育制度》，林耀华的《金翼》、《福建的一个氏族村》，杨庆堃的《山东的集市系统》，黄石的《河北农民的风俗》，庄孔韶的《银翅》等，他们都用功能主义方法来分析社会现象。而对于宗教现象，庙会是民俗信仰的体现，中国民间宗教的社会功能基本上表现在两个方面，即精神层次上的慰藉功能和行为层次上的实用功能。对执著于务实求存这一价值标准的乡里民众而言，他们固然希望从‘诸神救劫’的说教中获得精神支撑，借以消解由于社会压力而引起的心灵焦灼，但他们更希望这种精神慰藉能够落实到社会行为领域，以解决人生的实际需要为归宿。②

笔者将结合功能主义学派的理论知识，探讨善华寺庙会中俗民的“需要”和庙会的“功能”，解析善华寺庙会与俗民生活之间的关系。

（2）本文相关核心概念的说明

善华寺庙会：“庙会，亦称‘庙市’。中国的市集形式之一。唐代已经存在。在寺庙节日或规定日期举行。一般设在寺庙内或

---

① 高崇、高九轩：《功能主义人类学在中国》，载《中山大学研究学刊》（社会科学版）2000年21卷。

② 程肃欠：《晚清乡土意识》，中国人民大学出版社，1990年版。

其附近，故称‘庙会’。”① 朱越利先生试图为《辞海》提供一个修改释文：“庙会是我国传统的民众节日形式之一。它是由宗教节日的宗教活动引起并包括这些内容在内的，在寺庙内或其附近举行酬神、娱神、求神、娱乐、游冶、集市等活动的群众集会。被引起的活动可能只有一项，也可能有两项或多项。这种庙会可称为节日型庙会。在规定的日期内在寺庙内或其附近举行的集市，也可称为庙市。应当说，节日型庙会是民众心目中真正的庙会，从科学研究的严格意义上讲节日型庙会才是名副其实的庙会。”② 村落庙会是庙会的一种，一般发生在特定的某一个村落，主要是附近村民参与，就庙会的组织方而言，它常常由庙宇所归属的村落（可能是庙宇所在地的村落）组织，但前来赶会的香客则可能是多村的。善华寺庙会就是这样一个由观音菩萨诞辰而起的，在寺庙内及附近举行酬神、娱神、求神、娱乐、集市等活动的群众集会，是一种典型的村落庙会，其蓄积着善华寺周围村落的历史和村民的记忆，是村落群体记忆的内化，它浓缩了村落的文化，彰显了村落的个性，表达了人们对生活空间的铸造，强化了村落的生活秩序、伦理道德以及民间权威。③

俗民：它是一个以文化代表性界定的文化群体，它可以是群体社会，也可以是俗民中的个体，确定它的俗民属性，放在首位的是他的文化代表特色，只要他在一定程度上融入民俗文化，就可能属于俗民的一员。俗民的概念要注意三点：一是俗民存在于全民之中，他们代表绝大多数人民的文化特色；二是俗民负载所有民俗文化；三是俗民不都是普通人，典型人物表现了民俗文化

① 《辞海》，第852页，上海辞书出版社，1980年版。

② 朱越利：《何谓庙会》，见刘锡诚主编：《妙峰山·世纪之交的中国民俗流变》，1994年版。

③ 岳永逸：《庙会的产生——当代河北赵县梨区庙会的田野考察》，北京师范大学博士学位论文，2004年。

特色，同样也是俗民的个体。[①]

2. 研究方法

（1）田野作业

田野作业是民俗学学科生存和发展的关键所在。笔者以民俗学的角度、用田野作业的调查方法，对甘谷县白家湾乡蒋家湾村这个边远小山村的善华寺庙会进行了考察。在进行田野作业过程中，笔者通过参与、访谈和观察的方式，了解了善华寺庙会的传说故事、仪式、各种活动，并调查了善华寺庙会中各个不同层次的参加者，最后以“走进去能出来”为原则，客观分析了善华寺庙会与俗民生活的互构。

从2010年7月开始，笔者先后6次对善华寺进行了田野调查，走访了善华寺附近14个村庄，访谈了20多人，并记录了他们对善华寺庙会的认识。

2010年农历七月十二日：初步调查了蒋家湾村和善华寺，走访了蒋家湾的部分村民。

2010年农历九月一日：到善华寺调查了九月一日的上香人员，并到蒋家湾、安家湾、郭家湾、下阳山、李家大山、马鞍山村庄去访谈。

2010年农历十一月五日：调查了善华寺庙会的管理，以及平时事务。

2011年农历二月十四至二十五日亲自参加了善华寺庙会，并在庙会期间走访了蒋家湾、上独庄、苟家岘、刘家湾、杨家窑、小安家湾、白家湾村庄。

2011年农历六月十九日调查了六月十九日上香人员，走访了谢家嘴、宋家庄、高家山、平套、李家湾、五凤台山阳山

① 乌丙安：《民俗学原理》，辽宁教育出版社，2001年版。

村庄。

2011 年农历九月十九日调查了九月十九日上香人员，调查了蒋家湾、狄家庄、汉门、上独庄、苟家岘村。

（2）文献研究

田野作业的方法虽然鲜活真实，但文献研究的重要性也不容忽略。关于民俗学的基础书籍有：钟敬文《民俗学概论》、乌丙安《民俗学原理》和《中国民俗学》、王文宝《中国民俗学史》、高丙中《民俗文化与民俗生活》、董晓萍《田野民俗志》等；关于庙会的发展历史，笔者查阅了顾颉刚《妙峰山》、高有鹏《中国庙会文化》和《民间庙会》、刘锡诚《妙峰山·纪之交的中国民俗流变》、王兆祥和刘文智《中国古代的庙会》、张双林《中国庙会文化》、高占祥《论庙会文化》、赵世瑜《狂欢与日常：明清以来的庙会与民间社会》、岳永逸《田野逐梦走在华北乡村庙会现场》、王沪宁《当代中国村落家族文化——对中国社会现代化的一项探索》等专著；参考文献有：谢永栋《近代华北庙会与乡村社会精神生活——以山西平鲁为个案》、丁德超《近代河洛地区农村庙市研究》、张成福《庙会重建中的文化生产——以妙峰山传说为分析个案》、段宝林《庙会的民俗本质——论生活美与庙会》、薛晓蓉《庙会的产生及其嬗变轨迹》、王习明《对农村民间信仰的几点思考——以关中等地农村老人“朝庙子”现象为例》、岳永逸《乡村庙会传说与村落生活》和《传说、庙会与地方社会的互构——对河北 C 村娘娘庙会的民俗研究》、李永菊《庙会的文化功能分析》和《明清女性参加庙会的心理分析》、小田《“庙会”界说》和《庙市特征小议》、王猛《华北地区庙会研究综述》、李小艳《明清佛山庙会及功能的研究》、刘铁梁《村落庙会的传统及其调整——范庄“龙牌会”和其他几个村落庙会的比较》和《庙会类型与民俗宗教的实践模式——以安国药王庙会为例》、张昀《试论庙会的文化价值》、任双霞《庙、庙会、仪式与神圣感——以泰山王母池为例》、高有鹏和孟芳《简论庙会文化的基本功能与基本特征》等一系列的文献资料；关于善华寺庙会的相关资料，笔者查阅了《甘谷县志》、《伏羌县志》、《甘谷史话》等书籍，并于马林诺夫斯基的文化功能主义理论，笔者查阅了黄淑娉、袭佩华《文化人类学理论方法研究》、夏建中《文化人类学理论学派——文化研究的历史》、田兆元《文化人类学教程》、林耀华《民族学通论》等；同时，还参考了凯·弥尔顿著，袁同凯、周建新译《环境决定论与文化理论》；郭于华《仪式与社会变迁》；［美］罗德尼·斯达克、罗杰尔·芬克著，杨风岗译《信仰的法则——解释宗教之人的方面》；高崇、高九轩《功能主义人类学在中国》；郑娜娜、白莉《功能主义视野下的民间庙会——以浚县正月古庙会为例》等书籍和文献资料。笔者在借鉴前人研究成果的基础上，详细分析差异性，并准确把握本文的创新点。

二、善华寺庙会的生成空间

（一）善华寺庙会的地理空间

“环境”是指人们通过与之互动并利用其资源，维持人类自身生存的源泉。[①] 文化与环境之间的关系是人类学中一个古老又长青的论题，几乎所有族群的文化特征都具有适应其环境的生态意义。善华寺庙会与当地的兴旺以及该地区恶劣的生态环境关系密切。

---

① ［英］凯·弥尔顿著，袁同凯、周建新译：《环境决定论与文化理论》，民族出版社，2007 年版。

1. 善华寺的地理环境

甘谷县位于甘肃省东南部，天水市西北，渭河上游，介于北纬34°31′~35°03′、东经104°59′~105°31′之间，东接秦安县和北道区，南邻秦城区和礼县，西靠武山县，北接通渭县。县城东距天水市64公里，西至武山县城45公里，北至通渭106公里，南至礼县城45公里，东北至秦安57公里，西北至兰州319公里。境内陇海铁路、福州至兰州316国道贯穿东西，为秦陇关隘，甘陕通衢。朱圉山脉（善华寺庙会所处的位置）横亘县境南部，主峰在县城西南40公里处。朱圉山余脉，又为岷山中支，其主要山峰有：石鼓山、碧云山、飞来山、龙台山、凤台山等。其中凤台山南距县城7公里处，善华寺与凤台山遥相呼应，相距不足一公里。善华寺所属的白家湾乡位于甘谷县南部，东与六峰、金坪乡接壤，东南与秦城区相邻，西南与古坡相连，西界武家河乡，北临城关镇、十里铺乡，面积62.96平方公里。乡人民政府驻地白家湾自然村，距县城直线距离约7.5公里。地势南高北低，属黄土低山，平均海拔1500米，境内分布着四条南北走向的黄土梁，山势较陡，沟壑纵横。较大的河沟有大小沙沟、马家河沟等。

2. 脆弱的生态环境

善华寺所处的甘谷县位于我国地形和气候的过渡带，冷暖两种气团常在此区交汇，降水量年际变化、时空分布不均，影响农作物稳产。特别是由于水资源分布很不均匀，使部分地区水质不好，不能利用，以至于大部分农耕区多年处于干旱缺水状态。当地最常发生旱灾，且持续时间长，是使农业生产受害面积大、范围广、危害重的主要灾害之一。4月、5月间正当小麦拔节孕穗期，时常会发生春旱，在大秋作物的播种出苗时期，会发生伏旱。全县除南后山地区和川区少数地方外，其他地区均受旱灾威胁，包括善华寺所处白家湾乡。据统《甘谷县志》记载，从1950—1989年的40年中，共发生旱灾12次，其中春旱7次，夏、伏旱5次。在发生严重春旱的1959、1960、1962、1978、1979、1986年，4月上旬至5月上旬的降水量仅为8.6—29.6毫米，干旱均在31天以上，其中以1979年最为严重，降水量为8.6毫米，持续干旱77天。7月中旬至8月中旬前后，是大秋作物生长发育的关键时期，降水量却常小于60毫米。据史料记载1971—1974年发生重大伏旱。史料记载的旱灾有：西汉惠帝二年（前193年）夏，陇西、天水郡大旱；东汉永初三年（109年），凉州大旱，无收，民大饥，人相食；元贞元年（1295年）六月，伏羌、通渭等县旱；崇祯十四年（1641年），大旱，死者过半，流亡甚众；康熙五十九年（1720年），七月旱，至次年五月雨，八月陨霜，禾尽杀，民大饥；乾隆二十四年（1759年），大旱民饥；嘉庆十年（1805年）闰六月及七月，水旱成灾，民饥；道光十五年（1835年），天旱成灾，民饥、光绪三年（1877年），大旱，民饥；民国十一年（1922年），大旱，禾几无收。①灾情严重，从这些史料记中可以看出自然灾害的频繁，迫使当地人的生活举步维艰。从古至今，干旱等自然灾害一直在当地肆虐，灾害反映在精神层面便是当地对民俗信仰的异常执著与热忱。

同时，从古代社会到改革开放之前，甘谷的人口生育始终处于无计划的自然繁衍关系状态，早婚、早育，多子女现象极为普遍，人口的过快增长加速了生态环境的恶化，使人地关系越来越紧张，当地人开始砍伐森林，毁林开荒以获取更多耕地，满足日益增长的粮食需求。这种改造自然的行为，加速了灾害发生的频率。

---

① 杜松奇：《甘谷县志》，中国社会出版社，1995年版。

图1　善华寺正门

3. 善华寺的基本情况

甘谷县善华寺，亦称观音寺，地处甘肃省甘谷县白家湾乡蒋家湾村，明朝天启年间（1621—1627 年）建。寺前有池，古时逢天旱，城乡群众多在此祈雨。巩建丰《伏羌县志》载：“观音寺，南十五里，明天启年建。岁旱祈雨应，寺前有池。”“文化大革命”时期，善化寺的庙宇道观都被拆除。据说，当时红卫兵冲到寺里将原有的观音塑像等神佛像全砸了，供奉神佛像的大殿被大队改成磨房使用。改革开放后，村民自筹资金重修善华寺，才恢复了山门、殿堂等。重修后的善华寺主要分为前院和后院，其中前院和后院分别有不同的大殿，每个殿中供有不同的神佛像。前院主要有东、南、西、北四个殿，东殿供有八海龙王；

西殿供有同济龙王；南殿有正门（下），并供奉白衣大使（上）、雷公爷（左）、吴良爷（右）、善财玉女（前）；北殿，通常称为“大殿”，主要供奉三大菩萨，即文殊菩萨（左）、观世音菩萨（中）和普贤菩萨（右）；前院东南角有铁栏山，西南角有马三将军和侧门，门内有韦驮菩萨（左）、护法神（右）。后院主要有北殿和南殿，北殿内供奉着关圣帝君（左）、财神爷（中）、七曲文昌（右），南殿供奉着催生娘娘、送生娘娘、送子观音、三霄圣母等。

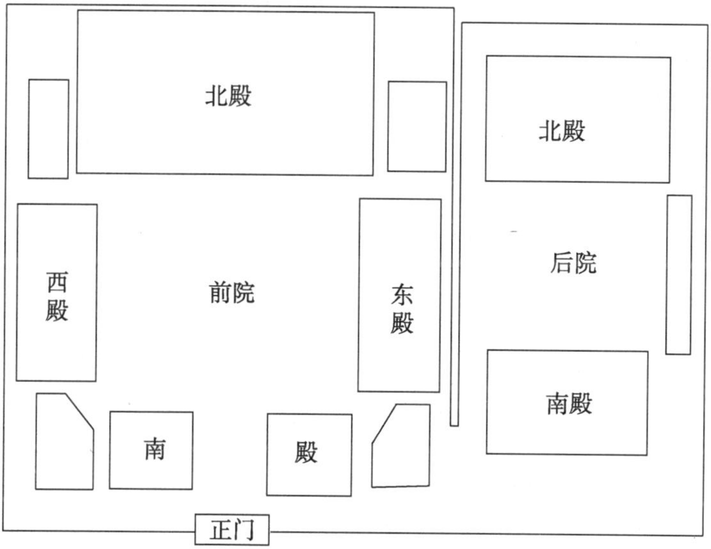

图2 善华寺结构图

（二）善华寺庙会的人文空间

1. 甘谷县的人文历史

善华寺所在甘谷县历史悠久，是中国最早建县的地方，具有华夏第一县之称。根据《史记·秦本记》载："秦武公十年（即公元前688年），伐邽、冀戎，初县之。""冀"即为甘谷。汉晋时期，甘谷曾是汉阳郡治、凉州之治、秦州之治所在地，当时的甘谷是陇上政治经济文化中心。

甘谷县是中华民族和华夏文明的重要发祥地之一，同时也有诸多仁人志士。华夏人文初祖太昊伏羲氏诞生于县南"古风台"太昊山；春秋时期石作蜀负笈齐鲁，游学洙泗，师从孔子，名列七十二贤，学成返乡后，大力宣扬儒家学说，传播西周文化，淳教化，移风俗，为三陇一带的文教事业作出了重要贡献；三国时期名将姜维奉诸葛亮遗志，继续率领蜀汉军队北伐曹魏；康熙年间，教育学家巩建丰历任翰林院检讨、国史馆纂修、云南学政、侍读学士，并雍正十年（1732年）告老还乡，以讲学著书为乐，学生数百人，人称"关西师表"。诸如此类，举不胜举。

甘谷自古为李东阳所称"蕃汉之所集，兵革之所试"的场所。秦人纳入疆域数千年来，先后有羌、氐、吐蕃、鲜卑等民族居住生活，各种文化在这里交融，形成独特地域文化遗产。这些文化遗产的显文化部分，包括各种出土文物，现存古籍雕塑，民间流传的手抄本小曲、道情、秧歌。这些显文化中的精品，如鲵鱼瓶、汉简、唐三彩、大佛有其独特的价值，反映出甘谷在华夏文明发展中的地位。在文化遗产中尚有隐文化部分、如民俗民情、民众心态、群体性格，是长期生存环境和历史文化积淀形成的重要文化形态。

2. 庙会的形成和发展

庙会作为一种社会风俗的形成，有其深刻的社会原因和历史原因，可以说正是庙会的形成过程，记录了历史发展的"轨迹"。庙会最初起源于对祖先、自然物的崇拜和祭祀上，其本质特征在于信仰。夏、商、周三代以前的"庙"，是帝王、贵族祭祀祖宗的场所，即“宗庙”，它是“自然崇拜、图腾崇拜等原始信仰作用下的祖先崇拜所具体产生的偶尔崇拜”①。“庙会”一词最早见于《论语·先进》：“宗庙、会同，诸侯而何。”也就是说，最早在先秦时期的“庙会”是宗庙中举行祭祀的一系列的活动，与我们现在意义上所谈论“庙会”有所不同。这一时期的宗庙社郊制度是庙会产生的渊源。两汉时期是庙会形成的“奠基”时代。在东汉，佛教逐渐传入中国，道教也在此时发展起来，当时民间各地兴起“广建寺庙和宫观，举行各种宗教活动，吸引信徒，如举办道场，定期进行一些法事或佛事活动”②。到了魏晋南北朝时期，中国社会进入了一个剧烈动荡时代，此时正处于各民族文化融合和交流的混乱状态，人们为了躲避种种的灾难，把对未来的美好愿望寄托于神灵。也就是在此时，佛、道二教站稳了脚跟，为庙会形成打下基础。唐宋时期是庙会形成的兴盛时期，统治阶级大力支持各种宗教活动，不仅“定期进行一些法事和佛事活动”，而且“还通过一些娱乐性强的舞蹈、戏剧表演等来娱神娱人”。明清时期，庙会与封建统治者的政治联系更为紧密。“皇家的大事告庙，发生战争，修房建屋，自然灾害等都要敬祷神庙”。统治者对庙会的大力倡导，很大程度上影响着民众精神世界。这个时期是庙会最终形成的重要时期。清末民初，随着近代经济的兴起，庙会逐渐衰退。“文化大革命”前后各种庙宇的破坏，加上“文化大革命”时期庙会曾被称为“资本主义泛滥的大集”遭到禁止、取缔，庙会活动也受到了严重的冲击，庙会处于濒于消灭的境地。改革开放后，随着国家对宗教政策的恢复，民间各地又重修庙宇，为庙会的举办提供了可

① 高有鹏：《沉重的祭典：中原古庙会文化分析》，第6页，河南大学出版社，2000年版。

② 李小艳：《明清佛山庙会及功能的研究》，《民俗风情》2009年第1期。

能。尤其是近些年，政府对民俗文化传承和保护的大力倡导，保障了庙会文化的发展和交流。

3. 善华寺庙会的历史背景

旧石器时代，先民就在渭水流域聚居生活。传说中出生在渭水河畔古风台的人类初祖伏羲氏，教民结网，从事渔猎畜牧。甘谷历史上曾有过氐、羌、戎、回、汉等民族。在漫长的历史演变过程中，由于历代统治阶级的镇压和频繁的民族斗争，氐、羌、戎、回等民族相继迁徙，至清同治三年（1864 年），全县仅保有汉族一个民族。新中国成立后，随着社会主义经济建设的发展和党的民族政策深入人心，全国各地支援甘肃建设，一些少数民族人口迁入甘谷。①

甘谷有宗教活动的历史较为悠久，历史上曾经有过佛教、道教、伊斯兰教，后来又先后传入天主教、基督教，至新中国成立前夕主要教派有佛教、道教、天主教、基督教等，其中佛教的信仰群众人数最多。新中国成立后，各教派一度停止活动，1978 年后才恢复活动。明代是甘谷县佛教活动最多的时代，在甘谷建立 30 多座寺院。善华寺庙宇也是在明朝天启年间建立的。但是，有关善华寺建立的详细时间，以及发展过程没有详细的记载。只是在《伏羌县志》载有："观音寺，南十五里，明天启年建。岁旱祈雨应，寺前有池。"据当地村民讲，善华寺起初建在山顶，但是在明末清初时期，由于社会动荡，善华寺从山顶移到现址。

（三）善华寺庙会的俗民群体

在古代，庙会上烧香拜佛称为"赶庙"或"上会"，又称"进香"。这些进香人群，其成分非常复杂，有男有女，有贫有

① 杜松奇：《甘谷县志》，中国社会出版社，1995 年版。

富，有达官贵人亦有平民百姓。就其逛会的目的来看，有拜佛求神许愿还愿的、有买物卖物的、有看戏的、还有闲逛看热闹的。所有这些人均可统称为“香客”①。而本文将他们称为俗民或俗民群体。一直以来，善华寺庙会的俗民以蒋家湾村及其周边的民众为主，但随着善华寺的灵验愈传愈广，来自全县各个乡镇的民众越来越多，有些甚至是以进香团的方式来参加庙会，他们以最虔诚的态度，来祈求善华寺的神佛给予其最大的庇佑。

俗民群体是负载文化、包括民俗文化的群体。在乌丙安《民俗学原理》中将“俗民”总结为三点：一是俗民存在于全民之中，他们代表绝大多数人民的文化特色；二是俗民负载所有的民俗文化；三是俗民并非普通人，典型人物表现了民俗文化特色，同样也是俗民的个体。邓迪斯强调的两个重要因素：一个是群体的认同感因素，另一个是群体共同分享的因素。因此，以民俗文化来界定，凡负载民俗文化和分享民俗文化的群体和群体中的个人，都是民俗的“民”，也叫做“俗民”或“俗民群体”。

三、善华寺的传说和观音信仰

（一）善华寺神奇的传说和感应故事

信仰的流传总是伴随着无数的传说和感应故事，这些传说和故事在人们口耳相传中不断印证着神灵的力量。因此传说和感应故事既是信仰的外在表现，又是信仰得以延续的重要保障。庙会的实质在于，信仰是一种群体性很强的信仰活动。② 一直以来，

① 王兆祥、刘文智：《中国古代的庙会》，商务印书馆，1997 年版。

② 王效奇、李志刚：《甘谷民俗》，甘肃省委印刷厂，甘谷县田禾印刷厂联合印装，2003 年。

善华寺庙会香火旺盛，正是得益于寺内供奉的诸佛神不断流传的各种传说和感应。

1. 善华寺的传说

善华寺的传说具有悠久的历史，对当地的俗民群体来说，它是一种独特的文化记忆，给俗民提供了体验传统文化和寻找心理慰藉的载体，反映着俗民群体的民俗观念、民间生活场景等。“从民间传说发展到民间信仰，也就是从口头传说叙事到行为模式，从表层言语到深层民俗心理的演化。民间传说要完成这个过程，必须是流传范围广、影响力强，并有与此相关的民俗习尚和模式化的情节单元传说。”① 善华寺是一寺二院，佛、道皆有，还有地方神马三将军等。一直以来，人们把风调雨顺、五谷丰登、家和万事兴的渴望寄托在不同的神灵身上，赋予他们各种传说。下面是笔者在田野作业期间收集到一些传说。

（1）八海龙王的传说

个案一：龙是中国古代神话的四灵之一。《太上洞渊神咒经》中有“龙王品”，列有以方位为区分的“五帝龙王”、以海洋为区分的“四海龙王”、以天地万物为区分的54名龙王和62名神龙王。龙王之职就是兴云布雨，为人消灭炎热和烦恼。龙王降水成了民间普遍的民俗信仰，但各地民间传说各有差异，善华寺的八海龙王传说也有其独特之处。

八海龙王，俗民都称他为八爷，掌管着九江八河。据说，八爷是一位地位较低的小神，他想谋权篡位，超越观音菩萨。有一天，他挑着一担水，想水淹四川，走到半路时碰到一个老太太，手拿一个竹篮正在捡野菜。老太太看见八爷挑着水走过来，对他

① 林继富：《神圣的叙事——民间传说与民间信仰互动研究》，载《华中师范大学学报》（人文社会科学学院版）2003年。

说："我正在捡菜，如今非常口渴，又没水喝，能不能让我喝点你挑的水？"八爷说："没问题，我挑了这么多水，你能喝多少就喝多少。"老太太谢了八爷，便提起一桶水，一口气就喝完了。八爷见状，很生气地说："我这水是有用处的，现在只剩下一桶，我什么也做不了了，你有本事就连这一桶也喝完！"老太太听完说："我要是喝完，你可不能打我。"八爷说："只要你能喝完，我是不会打你的。"其实，这老太太是观世音菩萨的化身，她听完八爷的话，举起另一桶水又一口气全喝完了，八爷惊道："我这一担水装了九江八河，你怎么可能全部喝完？"这时，观世音菩萨从怀里掏出一个瓶子对八爷说："你有无能力将我这瓶子里的水喝完？如果你能喝完我就给你'站帅'，倘若喝不完，你就给我'站帅'"。这时八爷已经猜出了老太太的身份，但他还是不甘心，举起瓶子就喝，最后将脸都撑红了（八海龙王神像的脸都是通红的），瓶里的水却还没下瓶颈。观世音菩萨说："你虽然能喝九江八河，但我这瓶里，除了九江八河外，还有五个湖、四个海的水，你如何喝得完！"从此后，八爷就给观世音菩萨"站帅"，并受菩萨嘱咐主管旱涝灾害。每逢风雨失调，久旱不雨，或久雨不止时，俗民都要到善华寺庙烧香祈愿，以求龙王降水、止雨，风调雨顺。（善华寺师公黄老汉和安家湾村赵效文讲述，整理而成）

图3　善华寺八海龙王塑像

（2）地方神马三将军的传说

个案二：马三将军，回族，甘谷县石家大山人，生于清初，在家中排行老三，故亦称为马三爷。他家中是当地有名的大户，与老大和老二为同父异母的兄弟。由于三爷是最小的一个儿子，在家中备受宠爱。马三爷如何成神有几种不同说法。一种是通说，即马三爷为县衙三班小吏，所谓三班，即快班、状班、皂班，分别负责狱政、治安、赋税。马三爷即为快班小吏，为人仗义，好助人于急难之中，有人遗失钱物，求之于马三爷，必能失而复得。因此，马三爷死后为民众所敬仰，人人视之为神灵，若有急难，辄求马三爷，颇为灵验。① 另一种说法是善华寺所特有

① 王效奇、李志刚：《甘谷民俗》，甘肃省委印刷厂，甘谷县田禾印刷厂联合印装，2003年。

的，即在仁武年间五月初二的卯时，马三爷去看他舅舅，走在半路上，西北角上呼雷闪电，雷阵雨来了，为了躲雨他跑进了善华寺，此时寺内画师已画了几天神像，一直没有画到墙上，正在愁眉不展之际，马三爷闯进来，这瞬间竟一笔画成，之后就将三爷迎为善华寺的神明，在善华寺内为其塑金身供奉，并为八海龙王"站帅"。马三爷虽然被称为马三将军，但将军之职在神灵世界里是地位较低的，且马三爷的"将军"之称，无任何朝廷封号的"红头文件"，只是老百姓的尊称。在甘谷人心中，马三将军是甘谷的守护神，而善华寺中的马三将军最为灵验，且当地俗民认为，无论何时、何地，若有解决不了的事，只要虔诚向马三将军祈祷就会得到解决。因此马三将军在当地俗民心中的地位非常之高。（善华寺师公黄老汉和安家湾村赵效文讲述以及《甘谷民俗》介绍整理而成）

图4　善华寺马三将军塑像

2. 善华寺的感应故事

民众对信仰的虔诚往往来源于感应故事的口耳相传。感应故事广泛的传播加深了人们对神灵的崇拜，最后成为民俗信仰最有说服力的依据和支柱。民俗信仰是普通大众的神灵信仰以及以此展开的各种仪式和活动，如庙会活动、家庭祭祀等。它广泛存在于俗民的生活中，是普通百姓生活的真实写照。

由于当地常年干旱，求雨成为善华寺周边俗民最普遍的信仰活动之一，也是善华寺建立的初衷。从事农业生产的人们希望通过自己的努力、借助某种力量来实现风调雨顺、五谷丰登的愿望，而求雨是他们从精神层面获得慰藉最有效的手段。基于此，笔者在田野作业过程中收集了一些向八海龙王求雨的感应故事，整理如下：

个案三：相传在旧社会的甘谷县张家井庄有一个的张香老，逢节过会都会到善华寺里烧香、拜佛，有一次走到新戈壁滩迷路了，半夜睡在戈壁滩上想："就这样睡死吗？"正想着突然走来一个人，问到："你怎么睡在这里？你的家在哪？"张香老说："我家在伏羌县（甘谷县），我迷路了。"那人接着说："我家也是伏羌县的，我带你回去吧。你到我的怀里来，把眼睛闭着，不管发生什么或听到什么，都不要睁开眼睛。"张香老按着那人说的去做，一路上只听到风的声音，不一会儿工夫，就听到那人说："好了，已经到你家了，你把眼睛睁开吧。"张香老把眼睛睁开一看，果然到了自家院子附近。张香老心里十分感谢，问道："你在哪住？过段时间我去看望答谢你。"那人回答说："我没住哪儿。"张香老说"你总该有个住的地方吧？你告诉我，我好去拜访你。"那人说"我住在蒋家湾村。"张香老又问："那你姓什么？"那人说："这不能告诉你，你到蒋家湾后你打听最富的一家。"过了几天，张香老来到蒋家湾村，但怎么也打听不到最富的一家。最后，听善华寺外卖香蜡的一些老人说，在这里，善华寺是最富的，于是张香老进了善华寺。进去转了一圈，从八爷的脸看了好几次，觉得那晚帮助他的人像是八爷，但又不敢确认，于是他在寺院外买了些香、蜡、表给八爷，并把自己带的两个梨摆到供桌上说："如果从外面带我回来的是您，您就不要让我把供桌上的梨拿下来。"结果放在供桌上的梨真的取不下来了，张香老赶紧跪下磕头谢恩。（安家湾村赵进义讲述）

个案四：相传在民国时期陈吉业当甘谷县长的时候，大旱三年，北山和南山晒地寸草不生。县长的随从出主意让县长到庙里求雨，县长到县城一看说："既然旱得什么都不生，为什么柳树还是绿的？"其随从说："大人您看到只是川区，北山和南山却什么也不生长，只有大人您在皇庙求雨才行。"于是，县长命人把甘谷所有寺庙管雨水的神都请到了皇庙，其中有善华寺的八爷（八海龙王）、马三将军、天门山的泰山爷、西娘娘、延君爷等，请县城沙家巷的老法师求雨，但求了近半月，天上一点下雨的迹象也没有，县长非常气愤就叫人把法师绑起了，说三天三夜都不给水喝，众神也一样不给供水。到了第三天，老法师对县长说："大人，我有句话不知当讲不当讲？"县长说："你说吧，你想说什么就说什么。"法师说："您放开我，把善华寺的八爷留下来，其他的各神回各庙，明天早晨天开卯时在西北角上接雨。"县长问到："是否真的有雨？若明天没有雨，则当场处置你。"法师回答说："请您放了我，明天一定会下雨的。"就这样，县长命人放了老法师，只留下了善华寺的八爷，其他神都被送了回去。第二天早上法师打着鼓，众香老相伴，县长"三步一参，二步一拜"出北门，经过山货市、马家庄到西门时，迎来了雨。（刘家湾村魏连娃讲述）

个案五：民国时期，甘谷县长陈吉业被调到了陇西县任县长，当时陇西也天旱，陈吉业让手下人请来了甘谷县善华寺的八海龙王求雨，龙王感应，下了三天三夜的透雨，于是，陇西的俗民也自筹资金修建了八海龙王庙（俗称八爷庙）。（平套村吴根来讲述）

由于其具有显明的具体性、指向性，感应故事在信仰传递过程中发挥了很大的作用。在善华寺中，处处悬挂着“有求必应”“心诚则灵”等字样的彩旗、匾额，借以表达出了俗民群体的虔诚信仰和寄托。这些传说与感应的主要功能在于实现人神之间的对话，即通过庙会中的仪式行为，表达人们祈福禳灾的愿望。更重要的是，感应故事的神秘性往往能形成一种力量，使人更加敬仰神。因此，寺庙中神灵的感应也是俗民群体参加庙会很重要的原因。笔者在2011年农历六月十九访谈了上香人员10余人，有明确祈求的有4人（3名求子及得子还愿者，1名重病求医者），其余俗民大多是例行的“上平安供”或者“烧平安香”，并无特定的祈求。也就是说，部分俗民与佛神之间有“愿”与“报”的明确交换，他们在现实中直接确认了佛神的“灵验”与否，而多数俗民前来进香是基于对“灵验”佛神的恭敬和对佛神的一般期望。

（二）善华寺庙会中的观音信仰

1. 善华寺庙会观音信仰的由来

观音信仰在中国可谓流传久远。佛殿何必深山寻，处处观音处处有，一方面说明观音之多，另一方面也反映观音信仰在中国社会的深入，已经成为中华文化的一部分。观音菩萨是佛教传入中国后形成的新偶像，妇孺皆知，为佛门四大菩萨之一。其自3世纪传入我国以来，便是大慈大悲、救苦救难的形象，所谓“瓶中甘露常遍洒，手内杨枝不计秋。千处祈祷千处应，苦海常作渡人舟。”通过与中国传统文化的不断结合，观世音菩萨以其特有的神性、人性魅力，深得广大劳苦大众的信赖。

如前文所述，善华寺亦称观音寺，其格局是一寺二院，佛、道皆有。但为何善华寺以供奉观世音菩萨像的北殿为主殿，在上文有关八海龙王的传说故事中便能略知一二。在当地俗民看来，观音菩萨掌握着所有的事务，管限范围极广。正如《妙法莲华经·观世音菩萨普门品》中说："观世音菩萨以何因缘，名'观世音'？佛告无尽意菩萨：善男子，若有无量百千万亿众生，受诸苦恼，闻是观世音菩萨，一心称名，观世音菩萨即时观其音声，皆得解脱。"① 也就是说，无论是谁，面对种种灾难苦恼，只要发声呼救，观世音菩萨就能寻声解救。正如在当地所收集到的一首观音灵感歌所示："南无观世音菩萨/大发慈悲心/功行海洋深/驾慈航渡迷津/十四种无畏/三十二化身/千手及千眼/降伏众魔军/大慈大悲救苦救难/灵感观世音/莲座涌慈云/随处现全身/杨枝水/洒凡尘/甘露润群生/朝念观世音/暮念观世音/念念从心起/念佛不离心/永离八难/一切灾殃/苦厄化为尘。"在甘谷，观音菩萨之所以受到诸多善男信女的供奉，与其大慈大悲的胸怀和及时救苦救难的善行有直接关系。众生遇有灾难之时，只要一心称念，她智照无遗，一观便知，立即起大慈悲之心，寻声赴感，无求不应，无苦不拔，无难不解，无灾不消。在善华寺虽是佛、道都有，但观音菩萨坐主殿，因此，善华寺庙会期间不会进行杀鸡、宰羊这样的祭祀仪式。在当地也流传着"八海龙王一进善华寺为臣，一出善华寺为君"的说法。在甘谷，俗民纷纷到善华寺即观音寺祈福，求则必祷，得则必谢，冥楮酒果相望不绝②。按《中国神仙传》，农历二月十九为观音菩萨转劫日，六月十九为正位之日，九月十九为披剃之日。善华寺二月十九的庙

① 文龙：《中华民俗万年历》，中国工人出版社，2007 年版。

② 谢肇制：《五杂俎》卷 15，上海书店出版社，2001 年版。

会正是为了观音诞辰而举办的一场大型地方性庙会。关于观音的诞生日、成道日、出家日，在当地有这样一段经文：我佛出世难出世，我佛下界难下界。选好之年没好年，选好之月没好月，选好之日没好日，选好之时没好时。我佛等了三年六个月，才等到甲子年间丙子月，庚子日子戊子时，戊子时上生空子，戊子时上降老君，戊子时上降佛一尊。生身路上下来卧我身，断了肋子损母身，损了一命还一命，损了一子还一子，才等到半夜子时生佛像，鸡叫丑时降老君，日出卯时佛一尊，二月十九生佛像，六月十九降老君，九月十九佛一尊。

2. 善华寺观音信仰的体现

（1）拜观音

在善华寺信仰者的内心，都会有一个神圣空间。善华寺是神灵介入的地方或居所，是能让人获得某种神圣体验、超凡感受的特殊场所。生活在善华寺周围农村社会里的普通百姓，尤其希望通过这样的神圣空间获得与神灵对话的机会，进而得到精神的慰藉。人们自觉地向观音菩萨奉献供品和财物（在功德箱里放钱并记在善行簿上），以期长久保存这一神圣空间，从而获得神灵的护佑。

拜观音在平常便可进行，但当地民众认为，在专为观音菩萨诞辰而举行的庙会期间来敬拜，则更能显出诚意，也更灵验。

个案六：笔者在农历二月十五（善华寺庙会的前一天）来到善华寺时，发现观音菩萨像前已经摆有一些供品，其中以各种各样的油炸面点为主，还有很多时令或反季节的新鲜水果。当地俗民通常按照自己的生活方式来理解神灵的生活方式，对神灵的供奉也就按照他们的观念来进行。庙会当日上午六点多，笔者守候在善华寺门口，此时已有很多专门来拜观音的善男信女。据看庙的人介绍，最早过来的是附近村庄和部分远路上的人，因为他们从半夜便往这赶了。笔者和赵效文老人到蒋家湾村口遇到了三个中年妇女结伴去善华寺，她们居住的村子距离善华寺庙宇有近十里路，因为大多都是山路，又加上下了雪不好走，她们从凌晨三点多便起床，然后沿着小路步行而来，随身带着蜡烛、香、黄纸、供果等物。据了解她们每年农历二月十九观音诞辰都会到此来拜观音。

敬拜观音的人群以女性居多，但也有一些男子的身影。在人群中笔者看到一对父子，他们虔诚地敬拜观音。问询中得知，儿子今年要参加高考，他们听说这里的观音菩萨很灵验，特地从县城赶来敬拜，祈祷观音菩萨能保佑儿子考上大学。

来善华寺来上香的人都表示这里的观音菩萨很灵验，在观音诞辰这一天过来拜一下，希望能得到观音菩萨的保佑。拜观音的一般程序是：点燃香、蜡烛——放入灰盒或灰炉——跪地祈祷许愿——化表（黄纸）——磕头。敬拜观音时间长短不一，一般情况下拜过就可以离开，但也有些人会向菩萨求签，时间便长些。当地俗民认为，如果在拜观音菩萨时许了愿，且菩萨帮助实现了所求之事，就一定要来还愿，不然就要受到护法的惩罚。

俗民在拜完北殿的观音菩萨后，一般都会一一拜过其他神像。正所谓“民俗信仰有较强的包容性，凡为我所用者，都被加以供奉”。①

（2）拴娃娃

无论是平常的善华寺还是庙会中的善华寺，妇女往往是来寺院朝拜的主要人员。因为观音的女性身份，善华寺对以女性信仰群体为主的俗民来说，具有更多的吸引力。女性是庙会中的主角，她们对女神能更随意、更自然的倾诉，女人的心理诉求从中

---

① 钟敬文：《民俗学概论》，上海文艺出版社，2002 年版。

得以满足。① 在现实生活中，观音也与妇女结下不解之缘。在当地俗民群体中到处流传着观音“灵验”的感应故事。在当地农村，妇女的地位仍然很低，由于生理和心理上的压力，妇女也极其需要一种强大的力量来解决自身无法解决的问题，而大慈大悲的观世音菩萨正迎合了广大妇女的这一需要，满足她们对幸福生活追求的愿望，从而使四面八方的妇女都来朝拜。所以观音菩萨在妇女心中完全是保护神。

中华大地是一个崇拜“生”的大地。而这种“生”更直接的代表是“生子”。传统的宗法制社会注重的就是“多子多福”，亚圣孟子提出的“不孝有三，无后为大”一直被广大百姓信奉着。中国人将个人的一切都与家族、家庭联系在一起，个人理想愿望的实现不仅寄之于自我，更延续于后代晚辈。儿孙满堂，世代绵延，是中国古人的人生理想与追求。中国的妇女，尤其是农村妇女，在嫁人时就注定了其生子的使命，而在这方面总不能如人意时，人们（主要是妇女们）期望借助于神或神物的力量来实现生育子女的目的，故而求子习俗逐渐演变开来。观音菩萨作为人们心目中的万能神，民间必然赋予其送子功能。善华寺就以“拴娃娃”这样的习俗来满足人们求子的愿望。拴娃娃求子，相对于单纯的祭拜神灵来说，有着更多的积极意义，尽管它仍是建立在一种交感心理基础上的巫术行为。拴娃娃，是将神灵面前的泥娃娃同于自己渴望孕生的真娃娃，使用红线去拴，在巫术意义上就等于自己已经掌握了孕生孩子的大权。②

善华寺中“拴娃娃”的俗民们一般到北殿和南殿进行这一活动。求子者首先要到观音菩萨像前烧香许愿，每个俗民许的愿

---

① 李永菊：《明清女性参加庙会的心理分析》，载《湖北大学学报》（哲学社会科学版）2004 年第 9 期。

② 黄勇：《人生礼俗》，北京京华出版社，2005 年版。

都各不同，有的承诺如能如愿会给菩萨烧靴子等衣物，或在功德箱里放上善钱；有的承诺如能如愿得子，以后每年的农历二月十九都要到庙中还愿，至少连续三年；有的承诺如果如愿得男孩，会在农历二月十九这次庙会隆重地还一次大愿，以报愿“老人家”的恩赐等。许愿后由庙里的居士在观音菩萨面前禀告善主的姓名、地址、求男还是求女等，祈求菩萨开恩赐于其子女，如得贵子将还愿等，再由选一个菩萨周围的泥娃娃，用一根红线编织的粗红绳（俗称“项圈”）绑在泥娃娃的脖子上或手上。这些娃娃是菩萨赠予不孕妇女的子女，拴住泥娃娃也象征该妇女即将有娃娃。待日后该妇女产下孩子，便这将“项圈”取来给孩子带上，几年后再还给菩萨。

据当地俗民讲，在观音菩萨诞辰这天求子会很灵验，所以在庙会当天求子的俗民比往常更多。在众多的拴娃娃的俗民群体中，笔者对农历二月十八和十九这两天高峰期中来进香的人进行了解，整理如下。

个案七：县城某小学教师，女，31 岁，已婚。结婚将近五年，一直没有孩子，受到婆家人的冷落。她听朋友说善华寺中的观音菩萨很灵验，在农历二月十八一大早就坐上车（到寺院里的时间是早上八点半左右），祈求能在观音菩萨这里拴到一个属于自己的孩子，无论男女。

个案八：李家大山某女，60 岁左右，农民。家里有三个儿子，大儿子和小儿子都有了儿子，只有二儿子生了四个女儿。现在二儿媳妇又怀孕了，此次她来祈求观音菩萨能给二儿子送个儿子，并在菩萨面前许愿，如能得子，会在观音下次诞辰之际为菩萨做一套新衣服，以表示对菩萨大恩大德的感谢。

个案九：善华寺附近的一家三口，夫妻二人约 30 来岁，三岁的女儿因小时候发烧失去了听觉，现在只能戴助听器。他们准备带女儿去做手术，去之前来寺院拜观音菩萨，希望菩萨保佑孩子平平安安度过这一关。小女孩学母亲的样子拜观音，很是虔诚。

个案十：县城某行政单位干部，女，四十岁左右。她以前在善华寺送子观音前拴了一个男孩，如今孩子 12 岁了，她带着孩子在观音菩萨诞辰这天把“项圈”还给菩萨，并感谢观音菩萨给她送来这么一个健康可爱的孩子。

从以上可以看出，对善华寺观音的信仰者有很大一部分是妇女，她们抱着世俗的愿望——求子、祛病、祈福等，希望通过庙会这样的祭神活动，从同样是女性的观音菩萨那里找到自己的精神支撑，她们的敬拜或是供奉，与其说是愉悦菩萨，不如说是她们在庙会这个特殊空间的自我心灵释放。她们往往不像一个宗教信徒那样有着强烈的宗教情感和疯狂的追求热度，也很少对抽象的宗教教义、教规感兴趣，她们的信仰都是具体而生动的祈愿，并期望从神灵那得到更为实际和功利的帮助。善华寺的庙会给当地的妇女群体提供了一个获取希望和舒缓精神的神圣空间。

四、善华寺庙会仪式与俗民基本需要

如前文所述，善华寺是观音菩萨坐主殿，来朝拜的俗民大部分是冲着观音菩萨的灵验而去的，因此，善华寺的庙会也是为观音菩萨而设。善华寺每年重要节日共有三次，分别为农历二月十九观音菩萨诞辰日、六月十九观音菩萨成道日、九月十九观音菩萨出家日，但真正意义上的庙会只有农历二月十九观音菩萨诞辰日这一次，从农历二月十六开始，一直持续到农历二月二十一日，为期六天。期间有各种仪式、戏剧表演、商业贸易等，人山人海，络绎不绝。而成道日、出家日这两次并不会举行特殊仪式，也没有娱乐和贸易，仅有居士聚集在一起念佛读经，以及部分虔诚俗民的朝拜。

（一）善华寺庙会的仪式

庙会的硬件是庙宇，其软件是仪式行为。仪式，“通常被界定为象征性的、表演性的、由文化传统所规定的一整套行为方式。它可神圣，也可凡俗，并经常被功能性地解释为在特定群体或文化中沟通（人与神之间、人与人之间）、过渡（社会类别的、地域的、生命周期的）、强化秩序及整合社会的方式。”① 下面笔者将介绍善华寺庙会中个体层面的祈愿仪式和集体层面的送蜡、迎蜡仪式和送饭、迎饭仪式。

1. 祈愿仪式

农历二月十六庙会开始后，善华寺里就开始迎来四方俗民。他们行为都是随意、无组织性的自发朝拜。农历二月十八和十九是整个庙会的高峰期，善华寺门庭若市，寺院拥挤不堪，除了散客外，还有迎蜡、迎饭上的集体膜拜。每个人都毕恭毕敬，或上香、或上供、或祈福默念、或长跪不起。俗民的祈祷许愿可以是无声的或者有声的、即席的或经常的、套路的或自发的、遵命的或自愿的。② 俗民通过祈祷表达与神灵的交换条件。在口述的祈祷中，俗民首先要说清楚自己的姓名、住址，然后讲明给神灵带来多少献祭品或放多少“香火钱”，并说明希望神灵帮忙解决的问题等。“香火钱”一般放在神灵塑像前的“功德箱”中，但据笔者观察，捐几十元、甚至更多的俗民，会让守香的居士在功德本记上：“某人于某年某月某日放了多少钱。”这是俗民与神灵的“需求与回报”过程，俗民通过这种方式祈求神灵保佑自己心愿达成，

① 郭于华：《仪式与社会变迁》，社会科学文献出版社，2000 年版。

② 罗德尼·斯达克、罗杰尔·芬克著，杨风岗译：《信仰的法则——解释宗教之人的方面》，中国人民大学出版社，2004 年版。

但也有一些人捐“香火钱”只为挣得功德，并无他求。

2. 放鞭炮

虽说庙会是从农历二月十六开始，但正式拉开庙会序幕的是当天早上八点左右的鞭炮。燃鞭炮的地点在善华寺戏台旁边，主要有三层意思：一是为观音菩萨诞辰庆祝；二是告诉大家庙会正式开始了；三是向大家通知庙戏也即将开始，让大家作好看戏的准备，放鞭炮一直要持续半小时，接下来大概一小时左右，“祝寿戏”正式开始。而从二月十七开始，每天在中午 11 点左右放鞭炮，下午一点左右开戏，这样一直持续到庙会结束。二月十九是庙会的“正日子”，这天放的鞭炮更大、持续的时间更长，以表庆祝。

每天的鞭炮过后，善华寺的居士开始念经文，（一般为《妙法莲华经观世音菩萨普门品》、《大悲咒》、《心经》等），而普通俗民则手持香火虔诚跪拜在大殿外，向菩萨祈愿。

3. 送蜡和迎蜡仪式

在善华寺庙会中，最典型、最具有特色的仪式是农历二月十八和十九两天的送蜡、迎蜡和送饭、迎饭仪式。送蜡和迎蜡仪式是善华寺庙会最主要的民俗活动，是整个庙会中最热闹、俗民最为期待的仪式。

铸蜡是送蜡、迎蜡仪式的准备阶段。支持善华寺庙会的二十八个村庄分别在几个月前就开始准备铸造这样一支长约 2 米、直径约 30 厘米的大型蜡烛，而整个铸蜡的过程大概需要半个月左右。铸蜡时需要的材料有：生石蜡、食用油、模具、绳子等，在铸造时必须 24 小时有人看守，并一直用勺子给模具里浇灌蜡油，如此经过十天左右便完成雏形。接下来再进行精密加工，用荧光粉、毛笔等写上“风调雨顺”、“佛光普照”等字样，并落款写自己村庄的名字。铸好蜡要配有精致的抬轿，不仅方便送蜡，更能显出送蜡活动的正式和庄严。

把铸好的大蜡从每个村庄送到蒋家湾村的过程称为送蜡，送蜡过程主要由每个村庄的香老（在本村有威望的老人）领导，几乎全村的村民前来参加，一般都有五六十人以上。送蜡过程中，青壮男丁们负责抬蜡，妇女们负责拿着的各式各样的是用小麦粉作成的吉祥模样的供品和各种水果（当地俗称叫“献瓜儿”），浩浩荡荡，有说有笑，直奔蒋家湾村口。到达蒋家湾村口后，等待善华寺组织的迎蜡。迎蜡仪式是由善华寺组织，将各个村庄的大蜡以及跟随朝拜的人们，从蒋家湾村口迎接到善华寺的过程。迎蜡过程中要放鞭炮，并伴随有乐队，旗手和社女等。旗手5—6名，乐队有6个以上的锣、多个唢呐。迎蜡仪式主要可以分为，奏乐——出发——入庙——点蜡——放饭，几个环节。迎蜡仪式中各个人物都有严格的排序，最前面是旗手，旗手后面是乐队，乐队中锣在前面，鼓和唢呐在后，乐队后面是两个社女（也叫舍女，其实是男性，也就是为神灵服务的人），社女后是四个人抬的大蜡，最后是拿献饭的妇女和俗民群体。出发前，首先是乐队奏乐，在奏乐的过程中所有的人物需站好自己的位置。各个主要人物等站好后，队伍从蒋家湾村口出发，到达善华寺门口。在善华寺门口举行入庙仪式，入庙仪式由乐队和社女扮演，其中乐队分成两排分别站在善华寺门口两边，社女在中间进行向天向地的朝拜，其他人员排好队等待入庙。社女朝拜结束后，所有人开始进入寺庙。最后将大蜡抬入北殿，举行点蜡仪式。点蜡由香老进行，点蜡完毕后，各个带饭的妇女将各种各样的供品放到各个相应的神灵塑像前。点蜡仪式完成后，这些有组织的俗民群体，会进行集体的进香仪式。虽然仪式名义上的目的也是答谢神恩，但实际目的是为俗民提供精神愉悦。最后俗民们就各自去烧香拜佛了。

图 5　送蜡的抬轿

迎蜡仪式结束后每个村里还要安排相应的人员进行守蜡。守蜡，也是一个很重要环节，因为蜡烛要 24 小时燃烧，不能熄灭，持续到庙会结束。

图 6　善华寺内燃烧的蜡烛

（二）求愿的俗民

在古代，庙会上烧香拜佛称为“赶庙”或“上会”，又称“进香”。在这些进香人群，其成分非常复杂，有男有女，有贫有富，有达官贵人亦有平民百姓。就其逛会的目的来看，有拜佛求神许愿还愿的、有买物卖物的、有看戏的、还有闲逛看热闹的。所有这些人均可统称为“香客”。[1] 而本文将他们称为俗民或俗民群体。

俗民群体是负载文化、包括民俗文化的群体。在乌丙安《民俗学原理》中将“俗民”总结为三点：一是俗民存在于全民之中，他们代表绝大多数人民的文化特色；二是俗民负载所有的民俗文化；三是俗民并非普通人，典型人物表现了民俗文化特色，同样也是俗民的个体。邓迪斯强调的两个重要因素：一个是群体的认同感因素，另一个是群体共同分享的因素。因此，以民俗文化来界定，凡负载民俗文化和分享民俗文化的群体和群体中的个人，都是民俗的“民”，也叫做“俗民”或“俗民群体”。

观察时间：庙会前期（2011 年农历二月十五）

在农历二月十五（庙会的前一天）前来进香的大多是附近的村民，零零散散，为数不多，有些人是前来拜佛还愿，也有些是怕“正日子”（即观音菩萨诞辰日）人太多，所以提前来上香。二月十五要给菩萨换衣服的，称为献换衣袍，是善华寺庙会特有的习俗之一。

个案十一：2011 年农历二月十五早上 8 点，在北殿有两位六十多岁的妇女拿着做好的衣服，等待善华寺组织会的法师给菩萨换衣服。据她们介绍，他们根据塑像尺寸，给三位菩萨做衣服，以祈求菩萨满足她们的心愿。她们凌晨 4 点半从县城出发，

---

① 王兆祥、刘文智：《中国古代的庙会》，商务印书馆出版，1997 年版。

由于路滑，没有坐车，一直步行到善华寺，到早上八点前到善华寺了。在她们心中，能给观音做衣服是她们的荣耀，路途再辛苦她们也是非常高兴的。给菩萨做的衣服必须由寺院的会长穿到菩萨身上，穿之前要化一张表（烧一张黄纸），并嘴里念念有词，大致意思是给她们化灾化难，了却她们的心愿。跟随两位老人来的还有一名叫做王强的男子，是其中一位老人的孙子，20 岁左右，据说毕业于天水师范中专，现在外打工。他虔诚地跪在佛像面前祈祷着什么。我走过问去他为何会到这个寺院来，他说："我这也是第一次来善华寺，听家人说这个寺院的菩萨非常灵验，我也来感受一下，顺便陪陪奶奶。"他还说："现今的社会人际关系太复杂，年轻人也承受着很大的压力，要找一个倾诉对象很难，所以到菩萨面前诉一诉苦恼，反而感觉很轻松、很高兴。"据善华寺的法师讲，近几年到善华寺上香的年轻人逐渐增多，特别是在外做生意的人明显增加。现代社会，人们的生活中有太多的不确定因素，年轻人要面对事业、婚姻等诸多问题；商人利益的获得与各种因素相互交织，当他们在现实生活中遇到一些无法解决的困惑时，就会寄希望于神灵帮助。同时，从人的生理特征来看，俗民有一种本能的倾诉欲，希望向别人或神灵诉说自己内心的困惑和烦恼，而善华寺庙会正好是这样一个缓解和释放人们心理压力的公共场所。

个案十二：庙会第一天（农历二月十六），在西南角马三将军殿前有一名来自县城的姓安的女性俗民，57 岁，由于儿子大学毕业参加公务员考试两次都没有考上，心理特别着急，听别人说善华寺的马三将军特别灵验，便在庙会第一天到善华寺向马三将军前求签，结果求得一个上上签，她非常高兴。她说："这下我就放心了，这个事让我一直都很发愁，现在终于可以松一口气了，马三爷一定会保佑我儿子顺利通过考试的"。

个案十三：笔者在后院南殿碰到一位 23 岁的少女，是县城西关人，初中毕业，现在某家超市打工。据她讲每月的初一、十五，还有庙会时候都会来寺院拜拜，有时候家里有什么不顺心的事，也会来敬拜，以求心理安慰和寄托。

当天雪下得很厉害，笔者不得已在安家湾村 84 岁的赵效文老人的家中住下。第二天大概五点多钟，笔者和老人一起步行去善华寺。他路上告诉我，庙会期间他每天都要去寺院烧香，要不心里空荡荡的。一路上雪有七八公分厚，我们一起步行了一个多小时才到达目的地。据老人讲，像他这样每天早晨去庙会的俗民也很多，尤其以老人居多。

从上文关于善华寺的观音信仰中我们已看到，妇女是参加观音庙会的主要群体之一。但是，在本次田野调查中，笔者经常看到一些男性俗民，他们举手投足之间更为庄重、严肃。笔者于（2011 年农历二月十五）早上九点多守在善华寺后院的财神殿内仔细观察，从九点二十到九点三十分，有十三人前来进香，其中有八男，两女。这说明善华寺庙会在当地男性人群中的影响力也很大，笔者就这其中的几位男性俗民予以列举。

图 7　善华寺庙会进香的一家三口

个案十四：马耳湾村李姓俗民，30 岁，初中文化。此次是他和妻子第一次来善华寺，以前经常听周围邻居说起这里的神灵很灵验，他平常在外地和妻子做生意，现在正好回家，就来拜神求财。

个案十五：甘谷县县城水门巷郭姓俗民，他是陪家人来的，前院和家人上香完毕之后，自己到财神殿给财神爷烧香磕头，希望财神能够保佑自己的财运畅通。

个案十六：甘谷县马务寺村民王天顺，最近他们家连丢二辆摩托车，自己和两个儿子一起来上香，希望财神能够保佑自己家出财少一点，进财多一点。

个案十七：笔者在财神殿调查男性俗民时，有三个年龄在 20 岁左右的年轻俗民，手持高香，在点燃香之后，将香插在香炉前的地上，随后一起跪拜。除此之外，还有许多 20 岁左右的年轻人，他们都手拿香火，或与同伴相约而来，或跟随家人而来。

2011 年农历二月十九早上十点四十分左右，笔者在门口统计人数，在短短的四五分钟之内，进来 48 个人，其中年长女性 20 人、年轻女性 16 人；而年长男性 5 人和年轻男性 7 人，年轻男女俗民的比例占一半以上，可见庙会对周围年轻人的影响很大。在他们小时候，每逢庙会，就跟着家人赶庙会、逛庙市、看热闹。庙会留给他们的印象，不仅有热闹非凡的集市或好玩的游戏场所，更有面目各异的神灵以及大人敬神膜拜的情景。长辈上香敬神严肃的表情、谨慎的动作在他们心里打下了烙印，而生活在浓厚信仰氛围中的这些孩子在长大后，也会在每逢庙会时，相约伙伴，手持香火，到寺院或求工作顺利，或求平安健康。

（三）进香团

观察时间：庙会的高峰期（农历二月十八和十九）。

庙会期间，随处可见手持香、纸钱、纸衣服、纸靴子等的俗民，他们很早就启程来参加庙会。由于今年的庙会一直在下雪，小山村的路十分难走，但从调查的情况来看，二月十八和十九这两日来参加庙会的俗民并没有减少，整个善华寺庙内拥挤地连插脚的地方也没有。庙院内外，人群如织，摩肩接踵。

图8　善华寺庙会进香的俗民

庙会期间，大部分俗民上香都是随意性的，一般是单独行动或朋友、家人结伴同行。但是在农历二月十八和十九迎蜡、迎饭仪式中，笔者见到了人数较多且有组织性的进香团体，现简单列举两个。

个案十八：第一个是来自张家窑村的进香团，有58人。农历二月十八早8点不到就来到善华寺庙，有男有女。他们在一位香老的带领下，将供饭等放在观音菩萨像面前，以示为观音菩萨祝寿。然后每个人将手持的香火依次放在香炉里，由领头的香老和几个年长的男性到殿内敬拜，其余成员则在殿外随着香老的动作敬拜。拜完观音菩萨后，由香长带领，到其他殿内依次跪拜。

个案十九：第二个进香团来自六峰乡苍耳王村，他们虽然是28个庄以外的村庄，但却是这次善华寺庙会进行香团体中人数最多、最大的一个村庄，共有103人。农历二月十九这天一大早，苍耳王村的香老组织及村民坐上村里派出的拖拉车、帐篷车、小面包车等，一齐来到善华寺，集体供了大蜡，并在香老和年长者的带领下对诸神佛行了敬拜仪式。据其中一人讲，他们此行是求风调雨顺、出入平安的。等到早上10点左右，善华寺的进香团一个接一个，善华寺开始热闹起来了。

（四）娱乐与贸易交流

1. 娱乐活动

在善华寺庙会与香火会相配的，是民间自发组织的各种演奏，如甘谷小曲、道情、唢呐等。这些民间演奏原本的职能在于为庙会助兴，并形成了一种氛围，显示对神明的虔诚信仰，但逐渐发展成当地俗民们的一种娱乐活动。据笔者调查，这些参加演奏的基本上都是业余的民间艺人，他们的主要目的也是为了娱乐。

（1）甘谷小曲

甘谷小曲是当地民间喜闻乐见的一种传统娱乐形式，笔者生长在甘谷，从小到大，总能在甘谷各处庙会上听到一些优美的小曲。甘谷小曲因地域而分东、西川区和南、北山区两种风格，而善华寺庙会上唱的主要是南山区风格。据说善华寺庙会的曲原是一种地方“眉户戏”，从清代开始广泛流传，遂流于甘谷境内。小曲的乐器以三弦、扬琴、板胡、二胡、竹瓦、碰铃为主。甘谷小曲保留着浓郁的地方特色——只唱不白、表现细腻、曲调婉转、节奏严整、速度平稳、旋律流畅、悠扬抒情。

图9　庙会期间俗民群体聚集起来唱小曲子和道情

（2）吹唢呐

吹唢呐，当地俗称吹响、吹打。在甘谷农村，民谣有“丑般丑，三班手，钱儿票子八个斗，不如一班好吹手。”甘谷唢呐有以下几个特征：一是队伍多，一般唢呐队少则数村一支，多则每村数支，人员皆自由组合；二是规模小，每支唢呐队一般有两名吹手、一名鼓手、一名锣手；三是运用范围广，一般红、白事及民间祭祀活动皆用。随着时间的流逝，唢呐已经成为民间民俗活动中的不可缺少的乐器之一，哪里有人居住，哪里就有唢呐声，不管是茅草房舍，还是书香宅院，人们对唢呐的崇拜是一样的痴爱，一样的狂热。尤其是善华寺庙会农历二月十八和二月十九的迎蜡、迎饭仪式时，演奏人员列成长队，边行进边吹奏，迎接着各村庄送来的供饭、供蜡。在甘谷民间俗民坚信，在庙会上如果没有了唢呐的加入，就缺少了独特的韵味。因而，居住在农村的人们对于像《爹落亲》等这样的唢呐曲牌，几乎达到了人人都会哼唱的地步。笔者在此次善华寺庙会中，不断听到有欢快的音符从黄铜喇叭中流出。

图 10　善华寺的庙戏

（3）庙戏

善华寺庙会上最重要的娱乐方式是庙戏。对当地俗民而言，参加庙会除了拜佛，最重要的就是看大戏。一般要开戏六天，每天下午一点到五点一场，晚上八点到十一点一场。请戏班子一般要提前半年进行，且每年的戏目基本都是固定的。每次开戏，戏台前面都坐满了观众，其中以年长者居多，他们自带凳子早早到来等待开戏，一听就是一天。很多没带凳子的民众都舍不得离开，于是人挨人地站在空地上仰着头看戏，或坐在周围的小吃摊上，买点吃的边吃边看，又或者三五人聚在一起喝点茶水，打打牌，听听戏。听戏的观众中，一部分是拜完神之后，顺便听戏的民众，也有不少是专门来看戏的。庙戏演出中演员和观众的关系不同于城市商业演出时二者的关系，看戏在俗民心里不只是单纯的娱乐享受，更重要的是，他们知道戏是为神灵而演，只有使神灵满意才能降福众生。因此，庙戏演出在某种程度上也可以被看作是敬神仪式的一部分。

图 11　看戏的俗民群体

2. 商业贸易活动

图 12　庙会周围的商品摊位

一般俗民参加庙会的主要目的是为了祭神拜佛，因而庙会期间必定有众多出售香、纸、蜡烛的摊位。同时，为了给求神拜佛者提供饮食，必然会开设临时的小吃摊点、食棚等。笔者在对善华寺周围的这些摊主进行了随机访谈，得知这些摊位用的电都是善华寺提供的，每个摊位只收取 30 元用电费，不收摊位费，而水都从蒋家湾村的村民那里取来的。据摊主讲因为在蒋家湾村比较缺水，水费很高，大约每桶要 5 元。庙会上的摊位销售各种各样的东西，而相当部分的摊贩是专卖妇女和儿童用品的，如服装、鞋帽、玩具；也有卖日用品，如手编的篮子、农具等。善华寺周边的俗民平时买东西不方便，趁此机会可以大肆采购一番，进行生产与生活用品的交换。值得一提是，庙会上还有各色各样的甘谷小吃，如凉粉、油煎洋芋、卷子肉（肉夹馍）、酥圈圈、粉鱼（面鱼）、油饼、扁食（饺子）等，几张桌子一摆，周围再围个布幔，这就成了一摊。逛庙会的人累了、饿了、馋了，就坐下来品尝美味，待吃饱了，就到戏台前听听戏，极其随意和自在。所以俗民在庙会期间不仅可以全身心地投入到敬神许愿的活动中去，而且还可以品尝民间小吃。另外，庙会上还出售当地农民在闲冬时节，自制的各种农具。

图 13　庙会周围的小吃摊——凉粉

图 14　庙会周围的小吃摊——甜醅（一种小吃）

在 2011 年农历二月十九的庙会上，至少有 150 多个摊位，有一些摊主为了占个好地方，从庙会开始前十天就来占摊位，这样庙会期间既可以听戏，又不会耽误做生意。笔者了解到，在这些摊主之中，约有三分之二的人下一年庙会还会来，他们中间一些是来自附近村庄的，还也有一些是专门从各处赶庙会、做生意的。

图 15　善华寺出售的农具

（五）善华寺庙会与俗民基本需要

从马林诺斯基文化功能主义来看，人类因有了需要，产生了具有满足这些需要的文化功能。而善华寺庙会作为一种多功能的文化形态，其形成与发展与俗民的需要息息相关。在马林诺夫斯基看来，人类的需要分为基本需要和衍生需要，其中基本需要是人作为一种生物的需要，一般指人的生存、繁衍需要。

1. 善华寺庙会与俗民的生存需要

善华寺庙会发展至今，其最基本的功能便是求雨。善华寺地处西部农村，常年干旱少雨，因此，求雨成了善华寺成立的初衷。根据善华寺的传说和感应故事，善华寺求雨以八海龙王最为灵验，但观音菩萨在善华寺的地位最高，主管范围最广，连八海龙王也要为其“站帅”。因此，虽然向八海龙王求雨灵验，但善华寺庙会却选在观音菩萨的诞辰之日，这与善华寺独特的传说（见八海龙王传说）不无关系。

善华寺庙会这种求雨的功能表现在庙会上的各种仪式、活动中，如在送蜡、迎蜡仪式上，各村所铸的蜡一般都写有“风调雨顺”的字样，他们以集体的形式、以集体的力量进行集体的仪式以实现集体的愿望，这种集体愿望便是风调雨顺、五谷丰登；又如家有农作物的俗民在庙会上祈愿时，大部分人都会许当年获得好收成的愿望；再如举办愉悦神灵的庙戏等娱乐活动时，也会在戏台上方挂上“风调雨顺、国泰民安”的横福（见图13）。

这种种仪式和活动所表现出来的对“风调雨顺”的急切期盼，正是当地俗民对其生存条件的强烈需要。善华寺处在西部农村，其气候恶劣，常年干旱少雨，在这种条件下，人们对“风调雨顺”的需要显得极为迫切，尤其是善华寺庙会形成之初，人类的生产力发展水平较低，他们对“风调雨顺”的期望、尤其是对“雨顺”的期望无法用人力解决，只能求助于神灵。虽然时至今日，科技的发展为人类带来了“人工降雨”，但这种高成本、低效能的降雨方式仍不能满足当地俗民对“雨顺”的需要，因而，善华寺庙会以“求雨”的功能承载了当地俗民的期望，充分体现了当地俗民的生存需要。

2. 善华寺庙会与俗民的繁衍需要

笔者在善华寺的观音信仰中便提到，善华寺位置偏僻，交通不便，但仍吸引着全县各地的民众前来，其中一个十分重要的原因便是善华寺观音菩萨的灵验，而这种灵验最重要的表现方式便是菩萨“送子”。当地俗民认为，在善华寺观音菩萨前“求子”，尤其是在观音菩萨诞辰期间以“拴娃娃”的方式虔诚“求子”，即能遂愿，因此，善华寺的观音信仰在庙会期间最大地表现出来，“拴娃娃”的俗民络绎不绝。

善华寺庙会中俗民对“拴娃娃”的热络体现了俗民对“生”的崇拜。而这种“生”更直接的代表是“生子”。传统的宗法制社会注重的就是“多子多福”，亚圣孟子提出的“不孝有三，无后为大”一直为广大百姓所信奉。而这种对子女的渴望，不仅是中华民族根深蒂固的思想，更是俗民群体作为一种生物对繁衍的基本需要。善华寺庙会以“拴娃娃”这样的方式，将俗民的繁衍需要最大限度地表现出来。

五、善华寺庙会功能与俗民衍生需要

（一）善华寺庙会的功能

善华寺周围的俗民生活条件艰苦，交通不便，与外界的交流甚少。然而，在这种环境中，他们试图较好地生活下去，除了必要的物质需求外，也存在宗教信仰、人际交往、娱乐等方面的需求。善华寺庙会在不断的发展传承中承载了俗民这诸多需求，成为当地俗民生活中不可或缺的一部分。笔者将着重从宗教信仰、人际交往、娱乐、商业贸易四个方面来讨论当地俗民生活需要和善华寺庙会功能之间的关系。

1. 善华寺庙会的社会交往功能

人是社会的人，人与人之间的交往是社会必不可少的活动，如果没有机会交往，也就没有构成社会的基础。只有满足了这一基本要求，人类社会才能正常运转，才能维持社会的生产和再生产，因此，社会交往成为人类作为社会个体的必然需要。善华寺庙会为当地俗民的聚集交往提供了一个极佳的机会。据笔者的调查资料显示，当地农民整年忙于劳作，走亲访友的时间较少，而附近村落交通不便，村落间的交往更是少之又少，他们无法生活在一个封闭、没有交往的社会里，急需一个契机来实现他们社会交往的需要。根据马林诺夫斯基的文化功能主义理论来看，正是善华寺周围俗民们这种对社会交往的迫切需要，才赋予善华寺庙会社会交往的功能。从善华寺庙会的时间看，农历二月中旬正值农闲时节，而且在春节过后不久，当地的俗民们可以放下手中农活，联络亲友一起逛庙会、看庙戏，而相离较远的亲戚也可趁此次机会拜访庙会附近的亲朋好友。当地俗民告诉笔者，他们一年到头就等这次庙会来串亲戚、看朋友，在庙会持续的几天时间里，他们宁可放弃其他任何活动，也要到庙会上逛一逛。从庙会的形式看，庙会期间善华寺外摆有各种茶摊、小吃摊、杂货摊等，对于没有其他休闲、娱乐场所的农村来说，善华寺庙会为他们提供了一个谈心、叙旧、聊天的场所。他们免不了三三两两地坐在一起谈天说地，拉拉家常。而他们一起来参加庙会，膜拜同样的神灵，来祈求大致相同的愿望，在膜拜者之间产生了一种心灵上的共鸣，增进了感情上的交流。

2. 善华寺庙会的宗教信仰功能

庙会起源于宗教信仰，且庙会是在一定程度上加深的宗教信仰。善华寺中观音是庙会的主体，而且善华寺的观音和人们的生产生活密切联系。笔者在调查中发现，在善华寺周围，大多数民众都信仰佛教，在庙会期间，民众们都会去祭拜，大都集中来到观音面前，为观音上香诵经，非常虔诚。然而，善华寺为附近的佛教徒提供了一个表达自己心愿的场地，进一步将宗教信仰在当地民众中间得以流传、发展。笔者走访善华寺周围村庄时，查阅了相关统计数据，从查阅的数据中可以看出，在当地佛教信仰占据了重要地位。

3. 善华寺庙会的娱乐功能

善华寺庙会这一民俗之所以能够持续发展，长盛不衰，首先是因为它能够满足人们对宗教信仰的需要，其次在于它世俗的一面，即给传统乡村社会单调枯燥的生活增添了无穷的乐趣。生活在善华寺周边的俗民们，终年勤劳、不敢游惰，在这种生活方式之中，他们娱乐活动是十分有限的，但人们潜藏于精神深处的娱乐愿望是不会泯灭的，而庙会作为其一年当中的大活动，不可避免地被赋予娱乐的功能。所谓“民俗终岁勤苦，间以庙会为乐”。[①] 又如庄严在《妙峰山进香日记》中所写：“进香之人，大多以劳动界为多。彼辈终年辛苦，无所谓娱乐，无所谓思想。在此十五日中（妙峰山会期），朝天登顶，发科至诚，以宗教之信仰力互相引起同情心，社交心；一方面游览山水，得正当之娱乐，获精神上之安慰与物质上之享用。”

善华寺庙会有多种娱乐方式，如甘谷小曲、唢呐、庙戏等。这些文化娱乐活动最初始的目的是敬神，但随着当地俗民对娱乐的需要日益增加，娱乐俗民成了这些活动的目的之一，甚至超过了敬神的目的。同时，庙会中的一些仪式（如迎蜡送蜡等），也为俗民带来了诸多乐趣，俗民们尽情地沉浸在庙会欢乐热闹的气氛里，无拘无束，自得其乐。正是俗民群体对娱乐的需要，使善华寺庙会的表演活动从敬神功能逐渐发展为娱乐功能，从而满足了百姓放松身心、调剂生活的娱乐要求，丰富了当地俗民的精神生活，也为当地民俗文化的发扬起到积极作用。

① 赵世瑜：《狂欢与日常：明清以来的庙会与民间社会》，三联书店，2000 年版。

4. 善华寺庙会的商业贸易功能

“庙会是一种特殊的社会形态，既包含有古老的信仰崇拜，又有着对社会现实的反映，特别是在市场经济条件下的现代社会，庙会是民间文化的集结地，是民间商品活动的中心。”① 但应当明白的是，庙会的这种形态并非与生俱来的，而是当地俗民需要的结果。

当代的人们生活水平提高，对物质的需求也在不断增加，而这种需求在善华寺周围的农村不能实现自给自足，因此，人们对商业贸易的渴求也越来越强烈。笔者在前面就提到，蒋家湾村地处偏远山村，虽然到县城的直线距离并不远，但山路崎岖，且仍未通公路，采购极为不便，为当地俗民的生产、生活带来诸多困扰。同时，许多俗民平日以土地劳作为主，没有额外的收入，生活较为拮据，故而需要一个另增加其收入的契机，而善华寺庙会为当地俗民这两种需要的满足提供了绝佳的机会。在庙会上，有卖各种日用品、服装、饰品、玩具、生产用具等等，平日不方便去县城采购的俗民们可以打足精神，一次买全储备起来，也可以尝尝平时吃不到的小吃；同时，有生意头脑的俗民也可以趁此做点买卖，以获得额外的收入。

（二）俗民衍生需要

马林诺夫斯基认为，需要可以分两类：基本需要（即生物需要）和衍生需要（即文化需要）。他认为，为了满足一些基本需要，人就要生产食物、缝制衣服、建造房屋，而在满足需要的过程中，人又为自己创造了一个新的、衍生的环境，即所谓文

① 高有鹏、孟芳：《简论庙会文化的基本功能与基本特征》，载《河南师范大学学报》1995 年。

化。用文化来满足人的基本需要的方式或满足机体需要的行动，就是所谓的功能。而文化在满足了需要的同时，又产生了衍生的需要或所谓的“文化驱力”，正是它直接导致了文化制度的产生[①]。费孝通指出，“在他生前所发表的著作里其实早已提出了维持群体生存的条件作为产生文化的需要，他认为因有提供食料和其他消费品的需要而形成经济制度，因有提供社会成员生殖和抚育的需要而形成家庭制度，因有提供社会秩序和安全的需要而形成的政法制度等等。但是他总是把这些需要称之为派生的或衍生的需要，意思是从基本需要的母体里产生的，带着后生和次要的意味。而且似乎这些衍生的需要还是可以归根到基本的生物需要里的。马林诺夫斯基提供食料和其他消费品的需要而形成经济制度，因有提供社会成员生殖和抚育的需要而形成家庭制度，因有提供社会秩序和安全的需要而形成的政法制度等归结为派生的或衍生的需要。”[②]

1. 教化俗民（行为规范）的需要

每个人都有基本的欲望、情感、意志等的需要，但是这些基本需要都是后天培养的，与人们的生活、环境是不可分开的，而且对个体而言都是感性冲动的，如果这些冲动的需要没有得到教化，人类社会将变得混乱不堪。然而，教化阻止了感性的冲动，对人自然本性进行教化，用普遍性的规范来约束、导引并使得这种规范成为自己精神素质的一部分，这样，人的自然本性将获得一种深刻的转变。

“欲教化其民，成其美俗，不可不学。”善华寺庙会作为一

① 黄剑波：《马林诺斯基：宗教满足人类的需要》，载《中国民族报》2011 年 11 月 15 日。

② 费孝通：《从马林诺斯基老师学习文化论的体会》，载《北京大学学报》1995 年第 6 期。

种民俗信仰活动，在很大程度上承担了当地民众生活的教化功能。在庙会中，“心诚则灵”等字样的彩旗、匾额随处可见。这种字样也表达出了俗民群体的虔诚信仰和寄托，也是他们行为规范的基本要求。善华寺庙会所拥有的佛、道两家信仰，都有要求其信众除恶向善的教义，且二教均宣扬“因果报应”，其中“善有善报，恶有恶报”便是其传达给其信众的基本观念。

在如今这样一个复杂的社会中，善华寺庙会这种地方性庙会，有助于遏制越轨行为。正是俗民这种根深蒂固的俗信引导着俗民向善除恶或改恶从善。善华寺庙会中所蕴含的宗教信仰对个人的良知有很大的影响，它通过对与错、善与恶的观念起到软规则从而达到对个人行为规范的作用。例如在善化寺周围，大多数老年民众根本不识字，没有受过教育，但是烧香拜佛非常虔诚，见神就磕头，不管何种神灵都作揖参拜。而且在这些民众心中，干坏事是十恶不赦的，要遭到神灵的惩罚。然而这些意识形态，决定了他们对事物的评判标准，规范了他们的个人行为。

2. 精神慰藉（调节心理）的需要

人类生活在这个世界上，有着各种各样的欲望，也会遇到许多难以解决的事情，此时，人们希望能借助于强大而神秘的力量来帮助自己，尤其是人即将绝望时，会迫切地需要一股力量来给予自己面对困难的勇气。正是这种对神秘力量的需要成为民俗信仰得以流传、庙会得以发展的基础。

笔者在第一章中便提到，善华寺地处我国地形和气候的过渡带，降水量年际变化、时空分布不均，水资源匮乏，多年处于干旱缺水状态；同时，人口数量不断增加，迫使人们毁林开荒以增加粮食产量，从而加剧了生态环境的恶化，使自然灾害发生更加频繁，当地俗民的生活举步维艰。而这些，俗民靠自身力量难以解决，只能用庙会的方式祭拜神灵，通过祈愿、放鞭炮、迎蜡、送蜡等仪式或拴娃娃等方式，让神灵满足自己的祈求。而无论祈求最终是否实现，这种希望仍是俗民们生活下去的精神支柱。而随着人们生活水平的不断提高，在这种基本生存需要的基础上衍生了更多其他需要，如求子、求官、求财等，他们通过敬拜神佛，不断收获着各种各样的“希望”，使他们的心灵不断获得慰藉。这种“希望”之所以能产生，是因为他们通过感应故事了解到种种“祈求”和“实现”巧合般的结合，看到了祈神所带来的实际利益。故而，善华寺庙会因俗民的这种需要自然而然地承载了慰藉俗民心理的需要，它是当地俗民群体的精神寄托，俗民将现实中难以面对的压力通过获取“希望”的方式在庙会中转移到神灵的身上，在人神交流中、在神灵的抚慰下得到精神的支撑。如在我采访过程中，XXX 女士的儿子大学毕业，没有找到工作，她来庙上求签，询问神佛有关儿子的情况，从而得到精神上的慰藉；XXX 尽管 60 多岁，但是不顾路途遥远和艰难，凌晨三四点起床，为善华寺的观音送上新做的衣服，从而心灵上才感到欣慰。

善华寺庙会以宗教信仰为基础，佛教、道教为一体，庙里供奉的各种神灵在当地民众心中具有神秘性和神圣性，它为当地的民众从心理上提供了安慰和安全感，这是庙会的基本需要。庙会是善男信女的一种精神寄托，调解广大俗民的心理状态，使他们减轻痛苦、填补精神空虚、消除紧张状态，得到心理上的补偿。在当地民众心中，善华寺庙会也是休闲娱乐的好时机。

另外，随着现代经济的发展和人们生活节奏的加快，人们的生活压力日益增大，难免出现紧张、迷茫的情绪。庙会是当地民众生活的调节器，起到了非常重要的作用。善华寺庙会正好作为一种合理的机制，使人们的困惑在庙会中得到慰藉和宣泄，这些更有利于人的发展和社会的良性运行。善华寺庙会是当地俗民的一种精神寄托，调解广大俗民的心理状态，使他们减轻精神压力。

3. 俗民地缘关系强化的需要

善华寺是当地民众共同建立的，当这个寺庙建成之后，民众们围绕着善华寺庙所进行的，修庙、拜观音、送蜡、迎蜡等以及相应的物质交流等活动，在不断强化着这些民众原有的关系。对于广大民众，这些庙会活动正是他们的文化活动，这些文化活动将这些本不联系的村落组织在一起，形成文化活动朝着更近一步相同的方向发展。同时，这些活动也衍生出了交流需要和交流的约定。俗民在庙会中得到了交流，俗民从生活中得到心灵之间的沟通，这也就是文化驱力所致。反过来庙会上进行的这些活动，更使附近的居民产生一种向心的凝聚力，推动地缘关系更近一步强化。如每年，二十八个村庄的所有村民都要奉献钱，粮食，以及自家的农产品维持庙会的运行。旱灾严重时，各村庄的民众聚集在一体，集体求雨等，这些活动无形中加强了当地民众的团结精神。

善华寺庙会文化在满足了宗教信仰的同时，也直接导致了当地善华寺庙会文化的产生。善华寺将其周围二十八个村落有机地联系在一起，成为这些村落关联的最佳焦点，每年善华寺庙会活动使得各村民众聚在一起，庙会中的迎蜡、迎饭仪式使附近村民相互团结、友爱、和谐，加强了当地俗民的凝聚力，使乡土社会地缘关系强化形成了一致的文化结构，是俗民地缘关系强化的需要。

六、结　语

马林诺斯基指出，文化源于需要，而社会要靠传统风俗为工具，使文化得到它的延续性，形成一些软规则。这就是说，人类的需要促进文化的产生，并伴随产生了文化的功能，而这种文化要继续延续、发展，则要靠传统风俗为工具。传统风俗的形成离不开文化本身的功能。人类的欲望是无止境的，人类的需要可以无止境地增长。文化的功能在满足人类需要的同时，也在刺激着人类需要的增长，这种增长后的需要又进一步要求文化具备更多的功能，于是便出现了“需要$\xrightarrow{\text{产生}}$功能$\xrightarrow{\text{刺激}}$需要$\xrightarrow{\text{产生}}$功能……”的无限循环，这种循环在使文化的功能不断延续的同时，也使文化不断向前发展，进而形成习俗。

善华寺建于明朝天启年间，位于甘肃省甘谷县白家湾乡蒋家湾村。由于其正处于我国地形和气候的过渡带，又加上当地人环境保护意识不强，使得善华寺周边常年干旱少雨，生态环境恶劣，当地人对雨的渴望成为善华寺庙会得以产生的重要原因。

随着历史的发展，善华寺庙会不断丰富着自身的内容，许多传说和感应故事相应而生。如八海龙王与观音菩萨相较量的传说以及向八海龙王求雨的灵验感应，又如马三将军行善积德进而成地方神的传说等。与八海龙王传说相伴随的，是观音菩萨在善华寺地位的确立。在善华寺，观音菩萨居于主位，连善华寺庙会也在观音菩萨诞辰时举行，这无不说明观音菩萨在善华寺重要的地位。当地俗民平时常来拜拜观音，来祈求自己所愿得成。而在庙会期间，来拜观音的更是数不胜数。在这些俗民中，有很大一部分是来“拴娃娃”求子的。这种用粗红绳拴个泥娃娃的求子方式无不表达当地俗民对子孙繁衍的渴望。善华寺庙会之所以热络非凡，缘于当地俗民虔诚的信仰，而众多的传说和感应故事，以及俗民们“祈愿”和“现实”间出现的巧合重叠，使这些故事不断丰富，并借着庙会广为流传。于是俗民们对其信仰更加虔诚，对善华寺庙会的灵验更加信以为真，来善华寺庙会许愿的人更多，对举办庙会的需求也愈加迫切。善华寺庙会的仪式中，人们跪拜祈愿，并通过放“香火钱”的方式希望愿望得以实现。从农历二月十六开始，每天早上要燃鞭炮，除了为观音菩萨庆祝诞辰外，还有通知庙会和庙戏开始的意思，随后是居士念佛诵经。善华寺庙会最特别的仪式是送蜡和迎蜡仪式。送蜡的进香团提前几月便专门铸好长约 2 米的大蜡，于庙会期间抬着专门的送蜡轿到善华寺。庙会的组织者在寺院附近将大蜡及进香团迎进寺里，进行跪拜，以祈求来年风调雨顺。

善华寺的管理和仪式流程都是由民间自发组织的，庙会所需费用也由甘谷县蒋家湾村周围的 28 个村庄的村民自发提供。近年来，庙会的规模变得越来越大，来善华寺上香的民众范围已远不止 28 个村庄，善华寺庙会几乎成了整个甘谷县最隆重的庙会之一。庙会集祭神、娱乐、贸易于一体，极大程度上满足了当地民众的各种需求。在这个边远小山村的俗民社会中，民众的一切都从实际出发，不管是什么神，只要能寄托美好的愿望和满足精神上的需要，俗民就去信奉、膜拜，从而使人们得到精神慰藉。

来善华寺庙会的俗民有男有女，有老有少，有近有远，有散客也有团体。他们大部分是来祈愿的，也有很多人是来逛庙会，看庙戏的。在庙会期间，有许多娱乐活动，如从清代开始流传的甘谷小曲，又如吹着各种曲牌的唢呐，还有每天都上演的庙戏，均吸引着当地俗民接踵而至。而庙会上的各种卖玩具、服装、鞋帽、玩具、日用品、农具等的小摊，又为俗民提供了不少便利和乐趣。

善华寺庙会在满足了宗教信仰等需要的同时，也直接导致了当地善华寺庙会文化的产生。善华寺将其周围 28 个村落有机地联系在一起，成为这些村落关联的最佳焦点，每年善华寺庙会活动使得各村民众聚在一起，庙会中的迎蜡、迎饭仪式使附近村民相互团结、友爱、和谐，加强了当地俗民的凝聚力，使乡土社会地缘关系强化，形成了一致的文化结构。善华寺庙会是俗民地缘关系强化需要的体现。多年来蒋家湾村附近的俗民通过善华寺庙会来走亲访友，联络感情，在庙会后，亲友间感情加深，于是有了再次拜访和交流的需要。而俗民们平时都忙于农作，且蒋家湾村交通极为不便，在客观条件不能改变的前提下，这种需要表现为对庙会的迫切盼望。同样，善华寺庙会的娱乐和贸易功能使俗民们对庙会更为期待，一次的娱乐或贸易需要满足后，便产生更多的娱乐和贸易需要。这种“功能”和被刺激的“需要”之间形成一个不断循环和进阶的过程，并随着俗民精神的需要不断增加，善华寺庙会稳固向前发展。

参考文献：

1. 段宝林：《庙会的民俗本质——论生活美与庙会》，载《民间文学论坛》1994 年。

2. 杜松奇：《甘谷县志》，中国社会出版社，1995 年版。

3. 黄淑聘、袭佩华：《文化人类学理论方法研究》，广东教育出版社，1998 年版。

4. 高占祥：《论庙会文化》，文化艺术出版社，1992 年版。

5. 高有鹏：《中国庙会文化》，上海文艺出版社，1999 年版。

6. 高有鹏、孟芳：《简论庙会文化的基本功能与基本特征》，载《河南师范大学学报》1995 年。

7. 阙岳：《庙会、集会．娱神、娱人——对临潭新城镇龙神赛会的考察．西北少数民族仪式考察，2010 年。

8. 李永菊：《明清女性参加庙会的心理分析》，载《湖北大学学报》（哲学社会科学版），2004 年第 9 期。

9. 刘铁梁：《村落庙会的传统及其调整——范庄龙牌会与其他几个村落庙会的比较》，社会科学文献出版社，2000 年版。

10. 王效奇，李志刚：《甘谷民俗》，甘肃省委印刷厂，甘谷县田禾印刷厂联合印装，2003 年。

11. 乌丙安：《民俗学原理》，辽宁教育出版社，2001 年第 1 版。

12. 小田：《庙会界说》，载《史学月刊》2000 年 03 期。

13. 谢永栋：《近代华北庙会与乡村社会精神生活——以山西平鲁的乡村庙会为个案研究》，载《史林》2008 年 3 期。

14. 周大鸣、阙岳：《民俗：人类学的视野——以甘肃省临潭县端午龙神赛会为研究个案》，载《民俗研究》2007 年第 2 期。

15. 钟敬文：《民俗学概论》，上海文艺出版社，1998 年版。

附　录

访谈名录

姓名	性别	年龄	职业	居住地
赵效文	男	84	务农	甘谷县安家湾村
黄老汉	男	56	看庙（师公）	甘谷县（原住古凤台村现住蒋家湾村）
王强	男	20	打工	甘谷县县城西关
张燕峰	男	45	务农	甘谷县金山乡
孙姓	女	31	教师	甘谷县县城东街
齐氏	女	60	务农	甘谷县李家大山
杨姓	女	42	干部	甘谷县县城南关
赵进义	男	54	务农	甘谷县安湾村
赵引琴	女	50	务农	甘谷县安湾村
吴根来	男	82	务农	甘谷县平套村
存明	男	58	会长	甘谷县蒋家湾村
王氏	女	76	务农	甘谷县马务寺村
郭转弟	女	23	打工	甘谷县县城西关
李姓	男	30	经商	甘谷县马耳湾村

续表

姓名	性别	年龄	职业	居住地
郭姓	男	35	经商	甘谷县县城水门巷
XXX	男	40	庙上电工	甘谷县蒋家湾村
王天顺	男	51	务农	甘谷县马务寺村
魏连娃	女	72	务农	甘谷县刘家湾村
陈妹娃	女	28	务农	甘谷县十里铺村
颉根存	男	68	务农	甘谷县郭家湾村
安姓	女	60	干部	甘谷县县城西巷
XXX	男	32	务农	甘谷县李家大山村
吕志国	男	43	务农	甘谷县苟家岘村
魏淑琴	女	33	经商	甘谷县六峰乡
康顺英	女	58	务农	甘谷县马鞍山村
程鸿志	男	79	务农	甘谷县白家湾乡
XXX	女	26	公务员	甘谷县县城东巷

天水地区伏羲信仰及其祭祀仪式研究

曹瑞琴

一、绪　论

（一）选题背景

伏羲被追认为中华民族人文始祖，因其卓越的历史功绩、崇高的社会地位，被华夏儿女历代奉祀。在甘肃天水秦州伏羲祭祀的历史过程中，官方祭祀虽然有过波折，但民间祭祀习俗却深深地沉淀于天水民众的生活之中，从未断绝。1988 年，经政府批准，天水恢复伏羲公祭，经过近三十年的发展，现已发展为独具特色的伏羲文化旅游节。2006 年 5 月，伏羲庙祭祀仪式入选国家非物质文化遗产，伏羲文化旅游节也被国际节庆协会（IFEA）评为中国最具发展潜力的十大节庆活动之一。

伏羲祭祀仪式作为世界非物质文化遗产，有着极其深远的文化意义，它是中国古老传统文化的遗留，是流传至今的人民文化。伏羲祭祀仪式作为古老的民俗，对它的认识和发掘不能简单地停留在固定的程序和仪式的表面现象上，而是应该透过祭祀仪式表层的表现形态，深入地分析这一古老民俗文化现象背后的文化内涵、民族精神以及现实价值。

纵观学术界对伏羲文化的研究现状，虽然研究成果十分丰富，但主要集中在以伏羲神话传说、伏羲对远古文明的贡献、伏羲的源流、图腾、活动区域及出生地的考释以及伏羲八卦等为研究对象，而涉及伏羲祭祀的内容大多是重复的资料记载、现状描述，从民俗学这一特殊角度进行深层次剖析的却为数不多。因而，对本论文的选题以及初步的研究，确实是喜忧参半，喜的是有一个比较自由的空间可供自己发挥，忧的是没有一个明确的参照系给予定位，更由于本论文所需要的文字材料比较庞杂，而且主要依靠实地考察，无形中增加了本文撰写的难度。

伏羲祭祀习俗是古老文化的遗留。伏羲祭祀仪式中渗透着大量的神灵感应内容，尤其是民间祭祀行为中，如香火纸人灸病的习俗，“领牲”习俗，但这并不能简单的看做是“迷信”、“封建残余”，事实上，如果我们滤去迷信的成分，使一些现代的观点在古老的俗民行为中找到根基，古老民俗的迷信面纱也借现代的理论得以消解，这对我们重新审视中国文化结构和心态有不可估量的作用。

（二）研究目的与研究意义

俗话说得好“只有民族的，才是世界的”，伏羲祭祀仪式这一民俗是独一无二的，尤其是在各地群众中所讲述的有关伏羲传说，并且祭祀活动中的音乐、舞蹈、服饰、器具都在一定数量的民间艺人中代代相承，现已濒危，部分祭祀程序都已简化。伏羲祭祀仪式作为古老的民俗，对它的保护目标是很明确的，因而对它的认识和发掘应该透过仪式，深入分析古老民俗这一文化现象背后的文化价值和民族精神价值。本文在试图保护非物质文化遗产的视角下，对伏羲祭祀仪式进行合理保护。

纵观学术界对伏羲文化的研究现状，笔者认为从伏羲文化传承中最有生命力的核心部分——民间信仰与祭祀仪式，进行深层次剖析的研究甚少，故而成为本论文的选题及初步研究空间。本选题在系统论述伏羲信仰以及伏羲信仰的表现形式之一的祭祀仪式的基础上，试图透过祭祀仪式的某种表现形态，深入分析伏羲祭祀仪式这一民俗背后的文化内涵和现实价值，并对其进行合理的保护，具有重要的现实意义。

（三）本研究相关文献综述

1. 有关伏羲信仰的研究

专门研究伏羲信仰的论文有杨利慧的《女娲信仰起源于西北渭水流域的推测——从女娲人首蛇身像谈起》①，该论文从伏羲女娲的人首蛇身形象着眼，以天水地区出土的鲵纹彩陶的考古发现为重点，结合古文献记录和民俗志资料，推测伏羲女娲信仰有可能起源于西北渭水流域。

卢军伟的《伏羲氏被神化的过程及民众信仰心理浅析》② 则更进一步通过对古代文献中关于伏羲氏的记载的梳理，把伏羲氏的籍贯定格到了甘肃天水。安德明的《甘肃天水的农事禳灾研究》③，则从民俗学的角度出发对传统农业社会里人们在民间信仰的思维基础之上，通过信仰的手段来对付自然灾害的习俗进行了全面、深入的论述，指出甘肃天水的多神崇拜是以地方神崇拜为中心。

余粮才的《民间视野中的伏羲与女娲——以天水伏羲、女娲信仰为例》④ 认为，天水民间对伏羲、女娲的信仰主要表现在

① 杨利慧：《女娲信仰起源于西北渭水流域的推测——从女娲人首蛇身源谈起》，载《北京师范大学学报》（社会科学版）1996 年第 11 期。

② 卢军伟：《伏羲氏被神化的过程及民众信仰心理浅析》，载《黑龙江史志》，2008 年第 6 期。

③ 安德明：《甘肃天水的农事禳灾研究》，载《民族艺术》2001 年第 12 期。

④ 余粮才：《民间视野中的伏羲与女娲——以天水伏羲、女娲信仰为例》，载《西北民族大学学报》2005 年第 7 期。

人们对他们的敬仰上，具有祖先纪念的特征，呈现出“圣大于神”的特点。

张宏斌的《伏羲信仰微谈——官方与民间两条线索的考察》[①] 从历史发展的进程考察入手，梳理了伏羲信仰慢慢转化的过程及意义的变迁。

2. 关于伏羲祭祀仪式的研究

涉及伏羲祭祀仪式的专著有甘肃天水籍刘雁翔教授的著作《伏羲庙志》，在书中详细介绍了伏羲祭祀的历史沿革、祭祀日期、程序、祭品以及乐章、祭文等。

专门研究伏羲祭祀仪式的论文有，马雪莲老师的《伏羲祭祀变迁中的文化内涵分析》[②]，该论文从三方面进行了论述。第一，伏羲祭祀的历史沿革。第二，伏羲祭祀仪式内涵的变迁。提出了“被尊为中华始祖的伏羲，对他的祭祀是在官方视野之下的一种行为”；第三，伏羲祭祀变迁中的文化内涵。该论文系统分析了伏羲在被祭祀的历史中，仪式的文化内涵不断发生转换，各个朝代不同的社会背景、统治策略、思想观念，决定他们对伏羲祭祀的不同政策取向。

曹玮《天水伏羲庙灸百病习俗调查》[③]，深入研究了灸百病习俗的程序、相关传说、树木的选择、参与的民众以及灸病娃娃等，并对整个祭祀活动及其中蕴藏的民俗心理和民俗机制作相关的思考和审视。

---

① 张宏斌：《伏羲信仰微谈——官方与民间两条线索的考察》，载《首都师范大学学报》2009 年第 7 期。

② 马雪莲：《伏羲祭祀变迁中的文化内涵分析》，载《西北第二民族学院学报》2004 年第 1 期。

③ 曹玮：《天水伏羲庙灸百病习俗调查》，载《民俗研究》2006 年第 3 期。

杜婷《天水伏羲祭祀仪式的文化内涵及其旅游策划》①，认为伏羲祭祀仪式作为古老的民俗，对它的认识和发掘不能简单地停留在固定的程序和仪式的表象上，而应该透过仪式表层作为现实的某种表现形态，深入分析古老民俗这一文化现象背后的文化内涵、民族精神和现实价值。该论文认为在旅游的视角下，以研究和应用伏羲文化为主题，对祭祀仪式进行合理开发，具有很大的现实意义。

卢军伟《非遗保护过程中民间角色与政府作用的探讨——以天水太昊伏羲祭典为例》②，这篇论文立足于田野调查，对天水伏羲庙民间祭祀仪式作了忠实的记录，并对祭祀仪式中官方和民间的互动，特别是官方对于民间祭祀仪式的干涉，对民间信仰的渗透作出了富有田野基础的说明。但是，这篇文章中论述民间祭祀仪式部分，是以田野调查日记形式出现，缺少系统性和理论上的梳理。

3. 关于伏羲祭祀仪式中的个别程式作专门研究的文章

如《伏羲祭祀庆典乐舞——夹板舞调研》③，《伏羲祭祀乐舞——夹板舞的历史演变及现代文化价值研究》④ 等，是针对伏羲祭祀仪式中出现的夹板舞，作为艺术形式的历史沿革、流派传承、艺术风格等，通过分析天水夹板舞的社会特征和功能价值，挖掘夹板舞的历史演变，旨在弘扬并发展伏羲体育文化。再如刘

---

① 杜婷：《天水伏羲祭祀仪式的文化内涵及其旅游策划》，西北师范大学硕士论文，2007 年 5 月 1 日。

② 卢军伟《非遗保护过程中民间角色与政府作用的探讨——以天水太昊伏羲祭典为例》，西北师大 2009 年的毕业论文。

③ 《伏羲祭祀庆典乐舞——夹板舞调研》，载《天水师范学院学报》2007 年第 7 期。

④ 《伏羲祭祀乐舞——夹板舞的历史演变及现代文化价值研究》，载《山东体育学院学报》2009 年 8 月。

大军、聂晶、蔡智忠、高海利、苏兴田等的《伏羲祭祀乐舞——蜡花舞的现代体育文化价值研究》[①]，该论文研究了伏羲祭祀乐舞——蜡花舞，从蜡花舞起源和发展着手，挖掘整理蜡花舞的健身价值、旅游价值等，旨在弘扬伏羲体育文化。以上论文着重研究伏羲祭祀仪式的夹板舞、蜡花舞，从体育的角度探讨了弘扬伏羲体育文化的意义和价值，具有现实意义。

以上研究无论是伏羲信仰还是伏羲祭祀仪式的研究，主要是针对于某一方面，研究透彻，内容也丰富，值得借鉴。本论文首先通过文献资料从"历史上的伏羲"入手，归纳出伏羲信仰产生的基础元素；其次通过深描的方法呈现了历史上和现在祭祀伏羲的场景；再次分析了伏羲祭祀仪式的变迁及价值。内容丰富，资料翔实，另辟蹊径，但也可能由于涉及面较广，会有散的感觉，所以在研究时尽量收拢紧凑，努力做到"形散而神不散"。

（四）本研究的研究方法

本文的研究在历史文献搜集方面，运用地方志，伏羲庙、方神庙的碑文、壁画、匾额文字，现藏于天水档案馆的档案资料、地方学会的内部刊物，地方学者提供的研究文章、近几年有关伏羲祭祀仪式研究的论文等，特别是对传统民间祭祀仪式的考察，试图还原出伏羲祭祀活动的历史。

本文主要运用比较的研究方法，将着眼于伏羲祭祀仪式的历史沿革；呈现传统祭祀仪式与现行祭祀仪式的场景；呈现官方祭祀仪式与民间祭祀仪式的场景；呈现民间春祭与秋祭的场景；在探讨官方与民间祭祀的方面，将揭示传统进而分析伏羲祭祀仪式的文化内涵及其文化变迁，最后阐述祭祀仪式的文化价值以及对

① 苏兴田等：《伏羲祭祀乐舞——蜡花舞的现代体育文化价值研究》，载《体育科技文献通报》2011 年第 2 期。

祭祀仪式的保护。

在田野调查方面，主要采用的是参与观察和访谈的方法，访谈者涉及地方学者、政府部门管理人员以及参与民间组织民间祭祀活动的地方民俗文化人，以及上元会成员。2011 年到 2012 年，与官方祭祀组织和民间祭祀组织中个别成员取得联系，参与观察伏羲官方祭祀与民间祭祀的全部过程。

2012 年 6 月 22 日是官方祭祀伏羲的日期，本人作为工作人员亲眼目睹了伏羲祭祀仪式的全过程，事后又与相关的工作人员联系，获得一些资料，为论文的写作提供了第一手资料；为了获取民间祭祀伏羲的资料，在 2011 年、2012 年正月十六民间祭祀伏羲的日子里，作为一名俗民我亲自去参与体验祭祀的过程，并对一些工作人员进行访谈，为论文的完成铺平了道路。再次特别感谢伏羲文化旅游节节会办的王副主任、伏羲庙的杜丽敏主任、刘复兴馆员，他们给我提供了很大的方便。

二、典籍记载中的伏羲形象与伏羲始祖地位的确立

（一）典籍记载的伏羲生平

1. 唐朝之前的历史典籍对伏羲生平的记载

汉代《遁甲开山图》云：“女娲氏殁，大庭氏，赫胥氏，尊卢氏，祝融氏，混沌氏，昊英氏，有巢氏，葛矢氏，阴康氏，朱襄氏，无怀氏，凡 15 代，袭庖羲氏之号，1260 年。”可见伏羲氏又代表原始氏族，并延续了上千年的历史。

据文献《竹书纪年·太昊庖羲氏》，载太昊伏羲氏“命朱襄

为飞龙氏，造书契；昊英为潜龙氏，造甲历；大庭为居龙氏，造屋庐；浑沌为降龙氏，驱民害；阴康为土龙氏，治田里；栗陆为水龙氏，繁滋草木，疏导泉流”，“以春官为青龙氏，夏官为赤龙氏，秋官为白龙氏，冬官为黑龙氏，中官为黄龙氏，是谓龙师而龙名”。这些记载说明伏羲氏族是由众多氏族组成的较大的部落群体，氏族图腾是龙。

《水经注·卷二四》曰：“瓠河又左迳雷泽北，其泽薮在大成阳县故城西北十余里，昔华胥履大人迹处也。其陂东西二十余里，南北十五里即舜所渔也。”《太平御览》卷七八引《诗含神雾》曰：“大迹出于雷泽，华胥履之生苾栖”。东南即成阳县，故《史记》曰：“武王封弟叔武于成。”应劭曰：“其后乃迁于成之阳，故曰成阳也。”《地理志》曰：“成阳有尧冢、灵台，今成阳西二里有尧陵，陵南一里有尧母庆都陵，于城为西南称曰灵台。”《史记·五帝本纪》曰：“舜耕历山，渔雷泽。”汉代始设成阳县，晋代改名为城阳，隋代更名为雷泽县。雷泽县在今山东省、鄄城县境内，其地在今之旧城乡。雷泽县古代属濮州，濮县旧址在今河南范县濮城镇，古代的雷泽位于旧城乡与濮州之间。此即谓伏羲生于大成阳。《太平御览》引《遁甲开山图》曰：“仇夷山四绝孤立，太昊之治伏羲生处。”仇夷山即仇池山在今甘肃和县西南，属昔秦岭山区。《水经注》：“成纪水故渎，东迳成纪县，故帝太昊伏羲所生处也。”成纪即今甘肃天水市。

从这些资料我们“可以看出关于伏羲出生地的记载存在着多种说法，并且有着矛盾之处。实际上不同之处其实也正揭示了对伏羲进行不同定义的可能，这种可能性为将来伏羲贡献的删减和添加作了铺垫。”①

① 张宏斌：《伏羲信仰微谈——官方与民间两条线索的考察》，载《首都师范大学学报》2009 年第 7 期。

2. 唐朝《史记·补三皇本记》对伏羲生平的记载

唐朝史学家司马贞在《史记·补三皇本记》中记载："太皞庖牺氏，风姓，代燧人氏继天而王。母曰华胥，履大人迹于雷泽而生庖牺于成纪。蛇身人首，有圣德。仰则观象于天，俯则观法于地。旁观鸟兽之文，与地之宜，近取诸身，远取诸物，始画八卦，以通神明之德，以类万物之情。造书契以代结绳之政。于是始制嫁娶，以俪皮之礼。结网罟以教佃渔，故曰宓牺氏，养牺牲以充庖厨，故曰庖牺。以龙瑞，以龙纪官，号曰龙师。[①] 作三十五弦之瑟，木德王，注春令，其帝太昊是也，都于陈，东封太山，立一百十一年崩。"司马贞的这段记载，主要以《帝王世纪》记载为依据，对伏羲的生平、功德和传说内容进行了高度的概括，成为目前研究伏羲生平事迹的主要文献之一。

（二）典籍记载的伏羲的历史功绩

据历史典籍所记载的伏羲的主要功绩有：

1. 画八卦，造书契

提到八卦，很自然就会想到伏羲。《周易·系辞下》载："古者包牺氏之王天下也，仰则观象于天，俯则观法于地；观鸟兽之文与地之宜，近取诸身，远取诸物，于是始作八卦，以通神明之德，以类万物之情。"《史记·太史公自序》说："余闻先人曰：伏羲至纯厚，作易八卦。"东汉王充《论衡·作对篇》说："《易》言伏羲作八卦。前是未有八卦，伏羲造之，故曰作也。"始作八卦，标志着先民认识水平的突进，对自身的发展和社会的进步有特殊的意义。对立统一的阴阳八卦思想，构成了中华民族

① 《李老师易学大讲堂》。

认识主观世界和客观世界的独特模式，对中国传统的自然科学和社会科学的创立和发展，提供了理论依据，因此伏羲被誉为“人文始祖”。

原始人和大自然的联系相当紧密，他们对自然的感觉能力比现代人要敏锐得多。对伏羲始作八卦，从先秦的《易》经、汉朝的纬书，直至清代的解经著作，历代学者都是众口一词，认为是无可置疑的。面对大自然留给人类的各种各样的疑问，伏羲在质朴、简易、无常规模式局限的文化环境中思考、探索，在凡人俗事背后找到一个思维的制高点，对人与自然的关系进行深层次的考察，从而感悟到天地万物运行变化的规律，从具体的事物中抽象出“阴”和“阳”这两个最基本的元素，并用八卦这种特殊“语言”表达出来，这就是“始作八卦”。①

《周易·系辞下》说：“上古结绳而治，后世圣人易之以书契。”这里所说的“后世圣人”指的就是伏羲。原始时代，结绳记事是全世界各民族的共同现象，具体办法大致是大事结大结，小事结小结，有些还在绳上印染不同的颜色作为辅助，同时结绳还有计数的功用。伏羲造书契，指的是契刻符号，有什么事非记不可，就先用一个特定的符号刻或画在什么东西上，这可比结绳记事简捷方便多了。其实八卦就有书契的功能。和伏羲时代相对应的秦安大地湾文化遗址中，发现有刻在陶器上的几十种符号，虽暂时难以证明就是文字的前身，但说明那个时代表示简单思想的符号还是有的。

2. 正姓氏，制嫁娶

氏族社会早期，人类过着原始群居生活，有男女之别，但无

① 刘雁翔：《伏羲庙志·天水地方志丛书》，甘肃文化出版社，2003 年版。

家庭生活。随着社会的发展，群婚的害处逐渐显现出来。① 《白虎通·姓名》曰："人所以姓者何？所以崇恩爱、厚亲亲、远禽兽、别婚姻也。故纪事别类，是生相爱，死相哀，同姓不得相娶者，皆为重大伦也。"《白虎通·德论》也曰："古之时，未有三纲六纪，民人但知其母，不知其父。于是伏羲因夫妇之道，正五行，始定人道，以民始知父子之亲，夫妇之道，长幼之序。《纲鉴易知录》载：上古之时人们"只知其母，不知其父，知其爱不知其礼"。此外《左传》隐公八年说："天子建德因生以赐姓。"从伏羲开始，衍生了百家万姓。三国时期谯周《古史考》："伏羲制嫁娶，以俪皮为礼。"

伏羲改革婚制，提倡一夫一妻制的对偶婚，三国谯周《古史考》说："伏羲制嫁娶，以俪皮为礼。"俪皮就是两张鹿皮，送俪皮表示希望成双成对。我们可以想象，在一个风和日丽的日子，伏羲召开部落联盟大会，庄严宣布：从今以后，原来那一套男女杂游，不媒不聘的做法行不通了。大家都要把自己管好，凡要得到女人的，一定得明媒正娶，礼物嘛，有两张鹿皮就够了，望各位注意，对违犯者严惩不贷。就这样婚姻制度发生了革命性的变化。血缘杂婚变为族外对偶婚，从而提高了人口的生育质量，提高了人口的体能，推动了社会进步。而俪皮为礼作为一种古老习俗也就流传下来了。《诗经》中就有猎人以猎获来的鹿引诱少女的故事，直至汉代，《仪礼·土婚礼》的"纳征礼"仍有"纳俪皮"一项。

3. 生产、生活与经济方面

（1）发明渔猎工具

《周易·系辞下》说："（伏羲）作结绳而为网罟，以佃以

① 《伏羲——伏羲的故事事迹》。

渔。”又《尸子》中说：“伏羲之世，天下多兽，教人以猎。”《抱朴子·对俗》：“太昊师也蜘蛛而结网。”打猎捕鱼以接济生活，这是原始人的基本技术，而要发展这种生产力，工具的改革是至关重要的。伏羲氏发挥聪明才智，借鉴蜘蛛结网方式，教导部众用绳索编结成网，网禽兽，网鱼虾。工具的进步，具有划时代的意义，使渔猎业空前发展，捕获量大增，于是将消费不完的渔猎品加以驯养，开始了畜牧业，进而开始了原始农业，社会进入农牧并举的时代。正是如此，伏羲也就成了畜牧文化的代表。直至近代，渔猎行业还流行将伏羲作为祖师爷的习俗。仰韶文化遗址中发现有石网坠、骨鱼钩、渔叉等捕捞工具，鱼或动物的形象也进入了彩陶艺术制品中，网格装饰纹样更是常见，都能证明伏羲时代畜牧在生产生活中的重要性。

（2）以蚕桑为锦帛、改进人工取火

《广博物志》卷五十引《皇图要览》：“伏羲化蚕，西陵氏始养蚕。”又，“太古太昊伏羲氏化蚕桑为锦帛。”《路史·后纪》引《白氏六帖》云：“伏羲作布。”

考古证明，人类使用天然火的历史可推至距今10万年前。《绎史》卷三引《河图挺辅佐》：“伏羲禅于伯牛，钻木作火。”伏羲“钻木取火”当是对取火方法的改进。秦安大地湾文化遗址及与之相应的仰韶文化遗迹均有灰坑、灶台、火塘发现，说明伏羲时代火已广泛使用，火的使用对人类体质的发展具有决定意义。[①] 另外燧人氏钻木取火，其历史背景也应该是伏羲时代。

（3）制琴作乐

乐舞是原始人生活不可缺少的组成部分。《世本·作篇》：“伏羲作瑟，伏羲作琴。”《广雅·释乐》。“伏羲氏瑟长七尺二

① 高有鹏：《论中国神话时代的基本划分》，载《河南大学学报》2002年第5期。

寸，上有二十七弦。”东汉许慎《说文》释“琴”说：“苞牺氏所作弦乐也。”三国谯周《古史考》说：“伏羲作琴瑟。”西晋王嘉《拾遗记》说：“苞牺氏灼土为埙。”清马《绎史》引纬书《孝经·钩命决》说：“伏羲乐名《立基》，一云《扶来》，亦曰《立本》。”

在伏羲时代，肯定是有音乐的，而那时的乐器当以打击器为主，如敲瓦盆、敲兽皮、敲石器作为歌舞的节拍，至于弦乐当限于单弦的乐弓（即弓弦）。1973 年青海省乐都县马家窑文化遗址中出土的舞蹈纹彩陶盆，生动地再现了先民且歌且舞的生活场景。所谓伏羲制作琴瑟，可理解为初级乐弓的理想化。不过，埙是有的，在大地湾遗址中出土数枚。至今天水一带民间制埙者不乏其人，甚至小孩也试制。至于乐曲，伏羲时代肯定是有的，《立基》之类的说法当是原始乐曲的理想化。①

4. 政治方面

《左传》昭公十七载郯子说：“太昊氏以龙纪，故为龙师而龙名”。《易纬·坤灵图》载：“伏栖立九部，而民易理。”《论语摘辅象》载，伏栖有六佐：“金提主化俗，鸟明主福建，视默主灾恶，纪通为中职，促起为海陆，阳侯为江海。”司马贞《三皇本纪》载：太昊伏羲氏“有龙瑞，以龙纪官，号曰龙师。”这些记载反映出伏羲在制定政治管理制度方面为人类所作的贡献。

5. 其他发明创造

伏羲氏的功绩，除以上列举之外，还有许多。如尝百药，制九针。②《帝王世纪》称：“伏羲画卦，所以六气、六腑、五藏、

① 《伏羲是中华民族敬仰的人文始祖》，李老师易学大讲堂。

② 刘雁翔：《伏羲庙志/天水地方志丛书》，甘肃文化出版社，2003 年版。

五行、阴阳、四时、水火升降，得以有象；百病之理，得以有类，乃尝百药而制九针，以拯天枉焉。”一般称神农尝百草，一日七十而鞭，所讲伏羲尝百草，可谓圣人之大不嫌其多。创立医学；立占筮之法，创立占卜学。① 对这些发明创造的归属，古籍上记载混乱，也就不再展开叙述了。对一个伟大的人物，多加几层光环，在古籍中是正常的，也是常有的。

总之，伏羲时代是中华文明的肇启时代。在西部渭水流域的黄土高原上活动的伏羲部族发展壮大以及和东方部族的斗争融合，使生产力水平大大提高，于是就有了许多创制方面的发明。伏羲正是这个时代的杰出代表，为社会的发展作出了贡献，因此，人们将这个时代的发明创造统统依托在他身上，以表示对这位杰出部族首领的崇拜和颂扬，可以说伏羲的发明创造既是伏羲的，同时也属于整个伏羲时代。

伏羲的以上种种丰功伟绩，成为推动官方、民间举办祭祀伏羲的最有力的动力来源。

（三）伏羲“始祖地位”的确立

伏羲传说自春秋战国时代出现于儒家经典和诸子之书之后，他不仅被纳入了我国的古史系统，而且位居首席，是一位集创世神、始祖神和发明神于一身的中华人文初祖。其在中国古史体系位置，经历了一个介入、确立和变化的过程。②

我们习惯上将夏、商、周上古时代之前的时代称为三皇五帝时代，这三皇五帝时代是中国远古文明初创的重要阶段。有人认为在中国神话传说系统中，三皇及以前的时代是单体神话时代，

---

① 王剑：《论中华民族共同先祖的确认》，甘肃人民出版社，2004 年版。

② 高有鹏：《论中国神话时代的基本划分》，载《河南大学报》2002 年第 5 期。

而五帝时代是复合神话阶段，前者以盘古、伏羲、女娲为代表。[①] 实际上，见于记载的盘古传说在时间上明显晚于伏羲、女娲，而伏羲、女娲大致属同一时代。因此，我们可以将单体神话时代，亦即三皇时代看作是中国古史系统的创世时代，伏羲和女娲等就是这一时代最具代表性的创世英雄。三皇五帝之说出现于战国，形成于秦汉。顾颉刚说："三皇是战国末的时势造成功的，至秦而见于政府的广告，至汉而成为国家的宗教。他们是介于神与人之间的人物，自初有此说时直至纬书，此义未尝改变。自从王莽们厕三皇于经和传，他们的名称始确立了。"[②]

被后世奉为正史的《史记》、《汉书》等，开始将伏羲纳入正史记载的范围，是伏羲进入中国古史体系并获得人文始祖至尊地位的标志。[③] 魏晋以来，随着盘古开天辟地等创世神话的出现和流行，伏羲"三皇之首"的地位受到冲击，三国时吴整的《三五历纪》，晋皇甫谧《帝王世纪》已将伏羲列到盘古、天皇、地皇、人皇之后。到宋，伏羲则由三皇之首沦为五帝之首。尽管如此，由于伏羲之功德和杰出贡献已经深入人心，其地位并未因在古史体系序列的后移而动摇。因此唐代史学家司马贞遂撰《补史记·三皇本纪》，正式为伏羲立传，标志着伏羲作为人文始祖地位的最终定型和确立。正因为如此，在唐宋以后国家的祀典中，作为三皇之首，伏羲仍然位居重要地位。而且，集创世神、始祖神和发明神于一身。

1. 创世英雄

中国迄今所见先秦传世文献和出土文献中最系统、最明确的

① 《古史辩》第七册（中），第51页。

② 霍志军、吴云霞：《伏羲文化源流探析》，载《天水行政学院报》2011年第1期。

③ 刘雁翔：《伏羲庙志/天水地方志丛书》，甘肃文化出版社，2003年版。

创世神话是1942年出土于长沙东郊王家祖山的楚墓，约为战国中晚期之交的墓葬，该墓出土的帛书甲篇，不仅记载了伏羲、女娲事迹。兹据董楚平先生的研究和解释得知内容大意是：在天地未形成，世界处于混沌状态之时，先有伏羲、女娲二神，结为夫妇，生了四子。这四子后来成为代表四时的四神。四神开辟天地，这是他们懂得阴阳参化法则的缘故。由禹与契来管理大地，制定历法，使星辰升落有序，山陵畅通，并使三陵与江海之间阴阳通气，当时未有日月，由四神轮流代表四时，四神的老大叫青干，老二叫朱四单，老三叫白大木然，老四叫墨干。

一千数百年后，帝俊生出日月。从此九州太平，山陵安靖。四神还造了天盖，使它旋转，并用五色木的精华加固天盖。炎帝派祝融以四神奠定三天四极，人们敬事九天，求得太平，不敢蔑视天神，帝俊于是制定日月的运行规则。后来共工制定十干、闰月，制定更为准确的历法，一日夜分为霄、朝、昼、夕。在这篇帛书中我们可以看到中国先秦唯一完整的创世神话里，它记载了伏羲、女娲、禹、契、帝俊、炎帝、祝融、共工等传说人物。其中，伏羲、女娲先天地而存在，结为夫妇，生四子而开天辟地、通九州、安山陵、协阴阳，制定日月（自然）运行规则和历法，是典型的创世神话，说明伏羲、女娲是共同的创世英雄。①

2. 华夏始祖

在传世文献典籍中，明确记载伏羲、女娲兄妹成婚的传说，虽然迟到唐代才出现，但早在汉代甚至战国时代即已流行，并有确凿证据。一是现已发现的大量汉代画像石（砖），多有伏羲、女娲蛇身人首的交尾形象。而且此类形象的画像石（砖）在我国各地均有大量发现。二是前引战国楚墓帛书中关于伏羲、女娲

① 董楚平：《广义吴越文化通论》，中国社会科学出版社。

二神婚配生子的考古学资料。三是早在商代已有伏羲、女娲交尾图出土，[①] 张光直认为："安阳西北冈殷王大墓出土木雕中有一个交蛇的图案，似乎是东周楚墓交蛇雕像与汉武梁祠伏羲、女娲交尾像的前身。"[②]

因此，伏羲、女娲兄妹成婚繁衍人类的始祖神话，并非出自唐代或汉代，而是早在与伏羲、女娲事迹的出现几乎同时的战国时期即已存在了。

文献中又有伏羲"制嫁娶，正姓氏"，"女娲祷祠神，祈而为媒因置婚姻"的记载。结合伏羲出生的感生传说，伏羲、女娲兄妹成婚，以及他们制嫁娶，置婚姻，改革婚姻制度的内容，可以清楚地看到，当时正是远古时代由族内婚向族外、对偶婚过渡的时代。因而伏羲、女娲作为人类始祖，被我国许多民族尊为始祖，他们是中华民族最早和最具广泛代表性的始祖。

3. 华夏人文初祖

从伏羲传说的演变及发明创造可知，其文化创造的内容几乎包括了远古时代人类生产生活的各个方面，具体有画八卦、造书契、结网罟、取火种、造甲历、制嫁娶、创礼乐、设九部、制九针、立占筮等内容，[③] 故有人称伏羲是"一个非凡的文化英雄，而且是一位无与伦比的科技领袖，科学、文化、艺术、冶金、历法包括婚姻礼教等，所有的文明都沐浴过他神性的光辉。……我

---

① 杨利慧：《女娲信仰起源于西北渭水流域的推测——从女娲人首蛇身像谈起》。

② 张光直：《中国青铜时代》，第226—227页，生活·读书·新知三联书店，1983年版。

③ 刘雁翔：《伏羲庙志/天水地方志丛书》，甘肃文化出版社，2003年版。

们称伏羲为科学大神、文化大神、哲学大神、音乐大神、宗教大神。”①

正因为如此，伏羲作为创世神和华夏始祖，在人类迈向文明征途中他带领先民仰观俯察，认识和征服自然，创制度，发明不少生产技术，虽然后世传说中伏羲发明创造的内容有附加成分存在，但他作为古圣先王中第一位创制英雄，引导华夏先民告别洪荒，迈向文明并取得不少文化创造，则是确信无疑的。因此，伏羲是我国远古时代文明初创的杰出代表，是华夏民族最早的人文初祖。

三、千秋桑梓祀伏羲

对伏羲祀典可供查阅的资料基本上是地方志和其他官方材料，因为地方志的撰写和史志的编纂深度和宽度会非常浩瀚和宽泛，基于此本文只是做一个统贯的考察。

（一）伏羲祭祀的历史沿革

据史料记载，对伏羲的祭祀起自秦人。② 秦文公十年（公元前756年），设郁峙。峙即神灵居止之所。郁峙就是祭祀伏羲之祠，祭祀用骆狗、黄牛、抵羊各一只，谓之三牢。秦宣公四年（公元前672年），设密畤，也是祭伏羲之祠。据《史记·封禅书》记载，秦朝统一六国之前，陆续设祭祀天神的八个畤，而专祀伏羲的就有两个，可以看得出当时对伏羲祭祀的重视。③

① 高有鹏：《论中国神话时代的基本划分》，载《河南大学学报》2002年第5期。

② 闻一多：《闻一多全集》卷1，生活·读书·新知三联书店，1982年版，第79页。

③ 杜婷：《天水伏羲祭祀仪式的文化内涵及其旅游策划》，西北师范大学硕士论文，2007年5月。

西汉初年，继承秦之郊祭制度。西汉末年，以五行说确立对神祭祀的王莽，认为太皞是春季的帝，而勾芒是春季的神，故应该相配合而祭祀。此后各朝祭祀伏羲，伏羲都与勾芒配合。东汉沿用此制，到东汉明帝时："立春之日迎春于东郊，祭青帝和勾芒，车骑服饰都青色，唱的是《静日》之歌"。[①] 青帝说的就是伏羲。两汉而下，伏羲作为三皇之一，历朝无不祭祀。

隋唐五代均以伏羲为"三皇之首"而祭之。唐玄宗开元年间（713—741 年），长安建三皇庙；天宝六年（747 年）又完善祭祀程序，为三皇祭祀确立了规范。[②]《唐会要》卷二十二有云：（天宝）六载正月十一日，敕：三皇五帝创物垂范，永言龟镜，宜有钦崇。三皇：伏羲（以勾芒配）、神农（以祝融配）、轩辕（以风后、力牧配）……其择日及置庙地，量事营立，其乐器请用宫悬，祭请用少牢。仍以春秋二时致享供，置令垂，今太常寺捡校。不过，唐代的三皇祭祀仅限于京师，其余各地不得祭祀，祭用少牢。

北宋对三皇陵寝的祭祀相当重视，宋太祖建隆元年（960 年），曾下诏云："先代帝王，载在祀典，或庙貌犹在，久废牲牢，或陵墓虽存，不禁樵采。其太昊、炎帝、黄帝……各置守陵五户，岁春秋祠以太牢。"乾德四年（966 年），诏春秋祀以太牢，御书祝版。当时太昊的专祀地确定在河南陈州的伏羲陵，祭祀规格由少牢升格为太牢。

金、元两代沿前朝旧历加以祭祀，但规格较前朝为高。金景帝完颜景在位时（1190—1208 年），在全国与三皇相关的县、州均修建祀庙；金章宗明昌年间（1190—1196 年），于秦州三阳川

① 顾领刚：《汉代学术史略》，东方出版社，1996 年版，第 108 页。

② 杜婷：《天水伏羲祭祀仪式的文化内涵及其旅游策划》，西北师范大学硕士论文，2007 年 5 月。

蜗牛堡（即今之卦台山）创建伏羲庙。据《金史·礼志》：“（前代帝王）三年一祭，于仲春之月祭伏羲于陈州，神农于亳州，轩辕于坊州……”但京师不设三皇庙，对各地三皇陵寝的祭祀，每至祭期由学士院特制祝文，颁行各处作为法定的文字。

至元代时，祭祀进入了鼎盛时期。元代元贞元年（1295年），元成宗诏命全国各地通祀三皇，《元史·祭祀志》云：“初命郡县通祀三皇，如宣圣释奠礼。太昊伏羲氏以勾芒氏之神配……有司岁春秋二季行事，而以医师主之。”① 伏羲庙主祭伏羲，配祀炎帝神农和轩辕黄帝。每年三月三日、九月九日用太牢祭祀，礼乐仿孔庙，并申明礼部，由官府出资，由官员主祭。庙宇进一步扩建，崇祀空前绝后。

明初，沿袭元制。《明史·礼志》云：“明初仍元制，三月三日、九月九日通祀三皇。洪武元年令此太牢祀。”明洪武四年（1371年），明太祖朱元璋下诏令废止了三皇庙，祭祀只是在陵寝进行（河南陈州），各地普遍的祭祀被取消，但民间祭祀尚存。② 胡缵宗《太昊伏羲庙乐记》中有：“考之诞圣之郡，画卦之台，前代无不举祀，而国朝独缺焉。”就是指洪武之后、嘉靖以前不再主祭伏羲情形而言的。明正德十一年（1516年），巡按冯时雍奏请重修三阳川卦台山伏羲庙，获准，官祭恢复。明正德十六年（1521年），巡按许凤翔以祭祀不便为由，请拟立卦台山的伏羲庙改立秦州，获准。明嘉靖二年（1523年）陕监察御史陈讲、甘巡按御史卢问之，嘉靖十年（1531年）陕巡按御史郭圻、甘巡按御史陈世辅、秦州知州李楷均主持了对伏羲庙的补修。嘉靖十三年陕监察御史张鹏、秦州知州黄仕隆制礼作乐，祭祀进入了极盛时期。

---

① 刘雁翔：《伏羲庙志/天水地方志丛书》，甘肃文化出版社，2003年版。
② 刘雁翔：《伏羲庙志/天水地方志丛书》，甘肃文化出版社，2003年版。

进入清朝以后，明代祭礼废弃，祭祀只用少牢，省去乐舞。祭祀费用也没有保障，多由秦州官员捐助。祭祀也逐渐由一年两度改为一年一度，时间定在据说是伏羲的诞辰日农历正月十六。乾隆二年（1737 年），秦州知州李鋐（hong）带头捐资，与秦州州判吴三煌主持重修，乾隆四年（1739 年），李鋐（hong）申报甘肃布政司，请求动用公款恢复明代祭祀，未得答复。此后祭银列入州署财政预算，而祭祀不再由官府主办，转由伏羲城士绅组织的上元会主办。道光七年（1827 年）正月十五日，伏羲庙创办灯会，成为祭典活动的一项重要内容。晚清时期祭祀活动从正月十四日开始，城乡民众前往伏羲庙进香朝圣，同时上演庙戏，十五日出榜文，十六日正祭，正式举行典礼。此制一直沿袭到民国。①

民国年间，社会混乱，军阀割据，连年破坏，伏羲庙未见重修，但祭祀依旧进行。祭祀银两全靠香人捐助，仍由上元会组织主办，正祭时多邀请当地行政长官主祭。但祀礼与晚清同，只是更加简略。民国三十五年（1946 年）正月十六，时逢抗战胜利后的第一个正祭日，民众认为胜利与伏羲保佑相关，是年祭奠异常隆重；1949 年上元会解散，不再祭祀伏羲。②

1955 年 8 月，经甘肃省委批准天水师范学校（现天水师范学院）迁入伏羲庙，占有庙内全部建筑。1963 年，伏羲庙被列为省级重点文物保护单位；1966 年，“破四旧”高潮，上元会所藏祭祀器物尽数被毁。1970 年，伏羲庙划归部队，破坏严重；1979 年，部队清退，市文化馆进驻占用；1981 年 10 月，重新列为省级重点文物保护单位；1986 年 4 月，天水博物馆迁入，维修工作步入正轨；1988 年，天水市第一届伏羲公祭大会举行。

① 李燕杰：《伏羲人祖礼赞》，河南美术出版社，2004 年版。

② 刘雁翔：《伏羲庙志/天水地方志丛书》，甘肃文化出版社，2003 年版。

从此，正月十六的民间祭典也随之恢复。1989 年后，五月十三日的祭典活动发展为伏羲文化旅游节，使祭典和文化交流、旅游观光、商贸洽谈活动融为一体，为振兴天水地方经济起了不可估量的作用。

（二）天水历代官方祭祀伏羲仪式

1. 祭祀程序

据张鹏《太昊庙乐曲》、胡攒宗《太昊庙乐章》,[①] 明嘉靖时秦州伏羲庙的祭祀程序依次是迎神、初献、亚献、终献、彻撰、送神、望瘗（yi）七部分。仪式大致为：祭日的清晨，知州着朝服率僚属士绅等在鼓乐声中出榜迎神，而后由专职祭祀人员陈献各种祭品，比如牲牢、瓜果菜肴、黍翟稻粱、酒、玉帛等。《太昊庙乐章》第二章《亚献》说："牺牲即洁，俎豆载馨。"第三章《终献》说："洁帛既陈，清酣复献。"指的就是陈献祭品的情况。接着在音乐歌舞的氛围中结束供献。祭祀典礼正式开始，知州宣读礼部侍郎特颁的祭文，而后由主、陪祭人员行拜礼，最后城乡民众敬献香火。当暮霭降临，"旧欲螟兮月将晖，雾蔼蔼兮烟霏霏"，则撤去祭品，毕恭毕敬地送神灵升天。清代祭祀程序，礼仪较明代简略，民国则更加简略，祭器供品大不如从前，但祭祀仍旧是神圣严肃的。正月十六零点，礼炮九响，正祭开始，屠宰乌牛、白马、猪三牲献血，清洗后将头架于供桌，接着杂陈果品、糕点、茶酒等物，而后由民众敬香。早晨八时许，典礼开始，主祭、陪祭依次列香案前宣读祭文，行三拜九叩礼（后改为三鞠躬）。下午行送神礼，将榜文焚于先天殿前的琉

① 杜松奇：《伏羲文化论丛（2003）》. 甘肃人民出版，2004 年版。另天水伏羲庙祭祀礼仪入选首批国家非物质文化遗产名录。

璃塔上，最后将灰送至河中，祭祀仪式即宣告完毕。

2. 祭祀日期

汉代，伏羲被定为春皇，祭礼在立春之日举行。唐玄宗天宝六年（公元747年），朝廷确定每年春季三月三日、秋季九月九日祭祀三皇。金、元两代卦台山伏羲庙即依据这两个日期进行祭祀。明初沿袭元制，后将历代帝王的祭祀改为仲春、仲秋，即二月和八月，卦台山伏羲庙和秦州伏羲庙的祭祀日期都被确定为每年仲春、仲秋的上丙日，即二月三日和八月三日。①

清乾隆四年（公元1739年），秦州知州李鋐申报甘肃省布政司，请求恢复明代祭祀，未获批准，明代确定的祭祀日期逐渐废止。② 民间相传正月十六是伏羲氏的诞辰日，于是秦州伏羲庙的正祭日期遂改为正月十六，一年一度，而卦台山伏羲庙的祭祀日期则为正月十五和二月十五，一年两度，民国沿袭。1988年，时值龙年，天水市政府主持举办伏羲祭典活动。由于伏羲是龙的象征，农历五月十三传说为龙的生日，于是将1988年的公祭活动定在五月十三，此后正式成为天水伏羲庙的祭祀日期。③

3. 祭器祭品

唐代用少牢祭祀三皇，即用羊、猪两牲。宋改为用太牢祭祀，即用牛、羊、猪三牲。金、元两代，卦台山伏羲庙以太牢祭祀，明代秦州伏羲庙沿袭用太牢。据《明史·礼志》、胡攒宗《太昊庙乐章》所记，④ 祭祀时陈设的祭器有登、铏（xing）、笾豆、俎、簋、爵、尊等，分别盛肉类、羹、瓜果菜肴、黍翟稻

① 王剑：《论中华民族共同先祖的确认》，甘肃人民出版社，2004年版。
② 《天水伏羲庙祭祀礼仪入选首批国家非物质文化遗产名录》，见天水在线。
③ 《伏羲文化研究中心》2010年6月1日。
④ 《天水伏羲庙祭祀礼仪入选首批国家非物质文化遗产名录》，见天水在线。

粱、酒等祭品；另设玉帛等物。清代太牢、少牢交替使用，改太牢为乌牛、白马、猪等三牲，陈设祭器、祭品较前简略。民国在某些有特殊意义的年份才三牲俱全，同献的祭品有果品、食物、酒等。1988 年恢复祭祀，主祭品用猪两头，古代礼器不存，祭品用普通的盘碗陈设。

4. 祭祀乐舞

明嘉靖十三年（公元 1534 年），陕西监察御史张鹏巡察秦州，考察秦州伏羲庙的祭祀情形，见祭礼简陋，没有健全的乐舞制度，不足以突出“羲皇故里”的特色，便邀秦州知州黄仕隆制礼作乐。胡缵宗《太昊伏羲庙乐记》说：“（张鹏）乃邀仕隆召工制器，按八音以为乐，准八佾（yi）以为舞。盖琴、瑟、笙、镛之属必调，籥（yue）、翟、冠、袍之属必致；制周不合，度周不中，而敬可持矣。”乐舞大抵仿当时文庙使用的礼乐制作。据乾隆《直隶秦州新志·建置》伏羲庙条，可知明代乐舞规模大抵如下：“有迎神、初献、亚献、终献、彻撰、送神之乐。乐器三十有六，乐生四十有四人，冠服一百四十有四。舞器百有三十，舞生六十有六人，冠服二百六十有四。”可见场面十分壮观。清以来乐舞失传，晚清时祭祀已无乐无舞，或以一些戏曲中与祭祀场面和合的音乐代乐，或以夹板舞之类的舞代舞。①

5. 祭祀乐章

明嘉靖十三年（公元 1534 年），陕西监察御史张鹏、秦州知州黄仕隆主持制礼作乐，完善伏羲庙祭祀规程。张鹏自撰《迎神曲》、《送神曲》各一章，以配合祭祀作乐。乐章哀婉华

---

① 刘大军、蔡智忠、苏兴田、高海利、蔡中：《伏羲祭祀乐舞——夹板舞的历史演变及现代文化价值研究》，载《山东体育学院学报》2009 年第 8 期。

丽，文采飞扬，生动地描述了当时祭祀的盛大场面。同时，胡缵宗依据明代通行的文庙祭祀乐章撰《太昊庙乐章》七章。乐章规范典雅，展示了伏羲庙祭祀的所有程序。当时张鹏的乐章由黄仕隆负责刻石立碑；清乾隆五年（公元1740年），秦州知州李鋐（hong）支持重刊（碑现存天水伏羲庙西碑廊），可证明明清两代祭祀用的此乐章，而胡缵宗的乐章只是参考使用。

【附】祭祀乐章两篇①

1）胡缵宗《太昊庙乐章》

迎神

天生羲圣，广大变通。立极垂易，列圣枚宗。
天子致祀，仪文式崇。神之鉴之，昭格雍雍。

初献

牺牲既洁，俎豆载馨。鼓琴鼓瑟，惟圣惟灵。
文敷八卦，道衍六经。报功报德，惟格准散。

亚献

洁帛既陈，仪度酷复献。惟祀雍容，维灵缝络。
八卦初传，斯文式宪。神其来昭临散此亚饭。

终献

律吕既翕，仪度复详。在天上帝，在帝羲皇。
河图垂宪，龙马回翔。惟神昭格，眷此帝乡。

彻撰

神之来兮，见龙在田。神之去兮，飞龙在天。
牺牲斯报，琴瑟斯宣。神其眷注，鉴此衷虔。

送神

龙乘秘殿，云复行宫。卦台斯格，纪邑枚同。

① 天水在线之伏羲大典“历代祭文”。

太羹金注，元洒玉溶。瞻依犹切，险降局从。

望瘗（词与送神同）

2）张鹏《太昊庙乐曲》

迎神

山矗兮水悠悠，风瑟瑟兮云枚枚。殿闻旷兮鸟柔，声天元冥兮树色。幽谐鼓吹兮肴送，纷拜兮恭献酬。神之来兮灵色周，驾玉龙兮乘苍虫，蜜锵兮筛皓皓，宛在清虚烟上头。

送神

日欲螟兮月将晖，雾雾霭霭烟霏霏，湛桂醋兮天熹微，陈琼筵兮神依稀，钟鼓间兮琴瑟希，凤吹兮莺归。神犹眷兮欲挥鸣苍佩兮垂丹。来何从兮去何从兮何适，松柏穆穆兮鸟雀飞。

6. 祭文

明代正德十六年（1521 年）之后，秦州祭祀伏羲中心由卦台山移至秦州城。嘉靖二年（1523 年）秦州伏羲庙新建完工。为了体现对先皇的崇敬，明朝朝廷礼部向秦州特别颁发《太昊庙祭文》作为官祭时的标准祝词，代表朝廷致祭。清代废弃官祭，但祭祀从未断绝，至于用什么祭文不得而知。[①] 清末，“陇南文宗”任其昌曾撰伏羲庙祭文，可惜已失传。民国时天水学者张云石等所撰祭文亦不传（现存片段祭文附后）。1988 年天水市政府主持公祭伏羲典礼，陕西师范大学教授霍松林、甘肃诗词学会副会长张举鹏二位先生各撰有祭文一篇。此后每年都撰有新祭文。

附：明礼部所颁太昊庙祭文[②]

① 杜婷：《天水伏羲祭祀仪式的文化内涵及其旅游策划》，西北师范大学硕士论文，2007 年 5 月。

② 刘雁翔：《伏羲庙志/天水地方志丛书》，甘肃文化出版社，2003 年版。另天水在线之伏羲大典“历代祭文”。

维年月日，秦州某官某，钦奉上命，致祭于太昊伏羲氏。于维圣皇，继天立极，功在万世，道启百王。顾兹成纪之乡，实惟毓圣之地。爰承明命，建此新祠。用妥（按：疑应为“安”）在天之灵，并慰斯灵之望。时惟仲（春、秋），祀事陈式。神之格思，永言无。

1988 年伏羲祭文（霍松林）①

煌煌华夏，地灵人杰；自强不息，乃创鸿业。
慎终追远，缅怀太古；曰有伏羲，世称人祖。
生于成纪，史有文明；乘时崛起，清渭之滨。
观法于地，观象于天；始画八卦，文字起源。
民处草昧，茹毛饮血；始作网罟，以渔以猎。
历史发展，有此阶段；如草方萌，如夜初旦。
继此而往，代有贤能；耕耘教化，日进文明。
四凶咸殛，日月重光；绳其祖武，民气恢张。
深化改革，坚持开放；奋发图强，前途无量。
顾我西部，开发甚早；先哲遗泽，润及枯槁。
丝绸之路，横跨亚欧；汉唐文化，光耀寰球。
宋元以来，渐趋落后；人谋不臧，地利如旧。
今逢盛世，中华振兴；同奔四化，岂甘后人？
卦台效灵，麦积挺秀；羲皇故里，车马辐辏。
陇右贤达，海外赤子；齐心协力，繁荣桑梓。
人文蔚起，经济腾飞；工歌农舞，水美田肥。
敬告太昊，用表决心；超唐迈汉，共建奇勋。

① 刘雁翔：《伏羲庙志/天水地方志丛书》，甘肃文化出版社，2003 年版。另天水在线之伏羲大典“历代祭文”。

1988 年伏羲祭文（张举鹏）[①]

维我羲皇，华夏始祖。钟河岳之灵奇，诞于成纪；准天地而立极，建都于陈。象天法地，乃画八卦；自西徂东，孕育文明。兴婚姻嫁娶之礼制，开渔猎畜牧之先河。神州十亿同胞，谁非龙种；海外五洲华族，尽是传人，凡有血气，莫不尊亲。

时维龙年，神龙诞辰。殿宇巍巍，古柏森森。千秋之明德惟馨，旷代之隆仪备举。龙的家乡，笙簧并奏；羲皇故里，少长欢腾。物润时雨，瑞霭缤纷；暖送薰风，景行仰止。社会建设，方朝阳之喷薄；民主法制，随国运而崇隆。深化体制改革，党风好转；坚持开放搞活，众志成城。实现一国两制之构想，捐弃前嫌；奠定千秋万代之宏基，责在龙钟。致古国之繁盛，看巨龙之飞腾。卦台山高，渭水流长，赫赫祖灵，来格来歆。

7. 告文·榜文

天水伏羲庙祭祀出告文的祭俗始起于明朝嘉靖年间。祭祀之时，先出告文，向民众昭示伏羲氏的伟大功绩。[②] 告文是一种特殊的文体，类似于今天的告示。太昊庙告文指秦州（今天水）伏羲庙在祭祀伏羲氏之前出的告示，其告知对象是民众，主题为向民众昭示伏羲氏的功德。清代、民国祭祀时偶出告文，并非必有的程序。天水今存最早的告文为明朝刘尚义《太昊庙告文》［见后附：明嘉靖十三年（1534 年）伏羲祭祀过程“出告文”］。

祭祀迎神时出榜文，榜文类似于祈祷文，主题为告慰伏羲氏神灵，其比出告文更庄重严肃。出榜是伏羲祭典的固定程序。明

① 刘雁翔：《伏羲庙志/天水地方志丛书》，甘肃文化出版社 2003 年出版，另天水在线之伏羲大典“历代祭文”。

② 杜婷：《天水伏羲祭祀仪式的文化内涵及其旅游策划》，西北师范大学硕士论文，2007 年 5 月 1 日。

清两代出榜情形不详。民国时每逢庙会，于正月十五清晨迎神时出榜文，正月十六日下午送神时则将榜文焚于先天殿前的琉璃塔内，而后将灰送入藉河，祭祀即告完毕。所谓“迎神出榜、送神烧榜”是也。惜历代榜文均不流传。民国时榜文内容并不固定，民国三十五年（1946 年）伏羲庙会的榜文由天水诗人赵承撰，内容失传。①

8. 祭祀费用

天水伏羲庙的伏羲的祭祀费用，明朝时由州署负责解决，顺治《秦州志·食货志》说：“伏羲庙祭仪，原银十八两。”② 清朝前期，祭祀银两由知州捐备，形成惯例。乾隆四十六年（1781 年），知州侯作吴申请甘肃布政司每年拨银助祭，获得批准，数额为白银 20 多两，光绪《秦州直隶州新志·食货·礼俗附》记载：“国朝乾隆四十六年，知州侯作吴请于大府，每岁藩库给银二十两有奇，复用太牢。”乾隆之后，祭银列入州署财政预算，光绪《秦州直隶州新志·食货》说：“额支伏羲庙祭祀银 20 两，庙户工食银 12 两。”民国时期，祭资不再由官府拨付，完全依赖进香人的捐助。③

9. 祭祀组织——上元会

上元会是组织祭祀伏羲的民间组织。相传成立于明代，由伏羲城的绅民组成。清、民国沿袭，由于官府不再主持祭祀，上元会遂成为祭祀的总代理。1949 年后自行解散。1988 年 6 月 26

① 杜婷：《天水伏羲祭祀仪式的文化内涵及其旅游策划》，西北师范大学硕士论文，2007 年 5 月 1 日。

② 刘雁翔：《伏羲庙志/天水地方志丛书》，甘肃文化出版社，2003 年出版。

③ 杜婷：《天水伏羲祭祀仪式的文化内涵及其旅游策划》，西北师范大学硕士论文，2007 年 5 月 1 日。

日，恢复伏羲祭典时重组，除负责庙会祀典之外，还为恢复伏羲庙的文物做了许多工作。

10. 伏羲庙灯会

清《设立灯会捐资碑》记载，伏羲庙灯会于清道光七年（1827年）正月十五上元之夜在天水伏羲庙创办。从此，严肃的祭祀活动和活泼的文化活动相结合，使“玩灯”成为伏羲祭典的一项重要内容，并且灯会很快又和灯谜相结合，每逢灯会时在伏羲庙庭院古柏之间拉绳，悬挂各种各样的谜语，供参加朝庙的民众竞猜，猜中者有奖。无论是普通市民还是官僚士绅，都喜闻乐见。清进士任其昌、苏统武、刘永亨等都曾亲自创作灯谜。天水的花灯、灯谜名声远扬，是和一年一度的伏羲庙灯会分不开的。

附：明嘉靖十三年（1534年）伏羲祭祀过程[①]

（1）出告文

天水今存最早的告文为明朝刘尚义《太昊庙告文》，刘尚义为嘉靖十四年（1535年）进士，曾任秦州州判。该文见《直隶秦州新志·艺文》，文曰：“嗟惟太古时会洪荒其风简略文物未彰如彼晦冥昏朦元沤羲皇特起配天为王聪明神圣灵异靡常爰衍八卦始制文章男女有别化机乃扬人极爰立开我周行日月悬曜光照无疆往者绪绍来者轨张慨我黎庶是用是将惟木有本，枝叶其昌于帝振迹，麟趾顾长彼苍者天可与类行惟台小子迁于是方永念遗德肃将不忘陈彼腐亥只荐于旁明灵昭格奕其来洋。”

（2）出榜文

天水伏羲庙祭祀之时，先出告文，向民众昭示伏羲功德，迎神之时，又要出榜文，榜文类似于祈祷文，主题为告慰伏羲氏神

① 刘雁翔：《伏羲庙志/天水地方志丛书》（下篇），甘肃文化出版社，2003年出版。

灵，其比出告文更庄重、严肃。榜文今已无存。

（3）迎神

迎神是整个祭祀过程的主体议程之一，此刻，鼓乐齐鸣，载歌载舞。根据乾隆《直隶秦州新志·建置》记载，明代乐舞规模“有迎神、初献、亚献、终献、彻馔、送神之乐。乐器三十有六，乐生四十有四人，冠服一百四十有四。舞器百有三十，舞生六十有六人，冠服二百六十有四。”

（4）献供

据刘雁翔《伏羲庙志》记载，明代秦州伏羲庙祭祀规格沿袭金元两代卦台山伏羲庙规格，以太牢祭祀，即用牛、羊、猪三牲。祭祀时陈设的祭器有登、铏、笾豆、簠、俎、爵、尊等，分别盛肉类、羹、瓜果、菜肴、黍、稷、稻、粱、酒等祭品，另设玉帛等物。

（5）恭读祭文

恭读祭文是整个祭祀活动的中心活动之一，明代嘉靖二年（1523 年），秦州伏羲庙正式建成，祭祀活动渐次正规化、制度化。为了体现对先皇的崇敬，明廷礼部向秦州特别颁发《太昊伏羲庙祭文》作为官祭时的规范祭文，代表朝廷致祭。至此，秦州伏羲庙祭祀规格，达到有史以来的最高规格。现存明礼部所颁祭文曰：“维年月日，秦州某官某，钦奉上命，致祭于太昊伏羲氏。于维圣皇，继天立极。功在万世，道启百王。顾兹成纪之乡，实惟毓圣之地。爰承明命，建此新祠。用妥（按：疑应为‘安’）在天之灵，并慰斯灵之望。时惟仲春（秋），祀事陈式。神之格思，永言无。”

（6）送神

送神是祭祀活动的最后一项议程，“送神烧榜”即在此时。明代送神乐曲仍然由张鹏和胡缵宗分别撰写。

（三）天水现行伏羲祭祀仪式

伏羲祭祀仪式按历史上形成的固定程序，即迎请、祭祀、拜娱神祇，以达通神、悦神、祈福目的的礼仪行为模式。[①] 天水伏羲祭典包括公祭和民祭。公祭大典自 1988 年始发展，成为天水伏羲文化旅游节，它与商贸活动一起，已经成为中国未来最具潜力的十大节会之一。现以 2012（壬辰）年的公祭伏羲大典为例进行呈现。[②]

时间：2012 年 6 月 22 日

地点：中国甘肃天水伏羲庙伏羲广场

主持：甘肃省委常委、副省长咸辉主持大典仪式

第一项：全体肃立，奏乐。9 时 50 分，全国政协副主席李金华宣布公祭大典正式开始。9 时 50 分——寓意九五之尊配享之时，公祭大典在古朴的礼乐声中开始。

第二项：击鼓鸣钟。全场肃立，击鼓鸣钟，击响的 34 咚鼓声象征着全国 34 个省、区、市共祭人文始祖，9 响钟鸣代表了中华民族传统的最高礼数。伏羲祭祀广场，大家肃穆伫立，共同感悟人文始祖“一画开天、肇启文明”的创造精神，追怀伟大祖国辉煌灿烂、悠深久远的文化积淀，表达全体中华儿女对人文始祖创世功绩的崇高敬仰和无限尊崇。

第三项：恭读祭文。由甘肃省委副书记、省长刘伟平恭读祭文，[③] 告慰先祖伏羲。

惟公元二〇一二年六月二十二日，中华儿女，汇聚天水，谨

① 杜婷：《天水伏羲祭祀仪式的文化内涵及其旅游策划》，西北师范大学硕士论文，2007 年 5 月 1 日。

② 《2012（壬辰）年甘肃省公祭中华人文始祖太昊伏羲大典在天水市隆重举行》，天水最权威的新闻门户网。

③ 《2012（壬辰）年甘肃省公祭中华人文始祖伏羲祭文》，天水在线西汉水人。

以太牢雅乐（yuè）之仪，虔敬之心，致祭于中华民族人文始祖太昊（hào）伏羲。曰：

陇坻（dǐ）苍苍，渭水泱泱；太昊伏羲，成纪发祥。

三皇之首，肇启炎黄；为民立极，道传百王。

大哉始祖，圣迹昭彰；一画开天，文明之光。

仰观俯察，辨析阴阳；首演八卦，奥理蕴藏（cáng）。

开物成理，赡（shàn）民制器；初作网罟（gǔ），鱼猎有倚。

驯养家畜，庖（páo）厨充济；地穴建屋，寒暑以避。

烧制彩陶，日新其艺；广被（pī）教化，刻划书契。

推定历度，建分节气；以龙纪官，分部治理。

始制嫁娶，俪（lì）皮为礼；造瑟（sè）作曲，乐（lè）民庆喜。

伏羲文化，经天纬地；日月同辉，世代传袭。

中华辉煌，龙脉永昌；羲皇苗裔，开来继往。

改革开放，民富国强；科学发展，腾飞高翔。

以人为本，齐奔小康；众心归一，血浓情长。

九州和融，盛世共勷（xiāng）；和谐社会，福祉（zhǐ）无疆。

巍巍中华，屹立东方。民族振兴，协和万邦。

吾祖伏羲，德泽流芳；崇功报德，俎（zǔ）豆馨（xīng）香。

今日公祭，告慰羲皇；肴（yáo）馔（zhuàn）敬陈，来格来尝。

伏惟！尚飨（xiāng）！

第四项：乐舞告祭（由著名歌唱家毛阿敏演唱《说伏羲》，

通过优美华丽的祭祀乐舞，歌颂伏羲的丰功伟绩和先民祭拜伏羲的宏大场景）；

第五项：敬献花篮（全国政协领导，台湾国民党政要，国家有关部委领导，甘肃省委、省人大、省政府、省政协及省军区领导，世界著名华人华侨代表，港澳台代表，天水市领导，公祭大典“年度祭祀人”、“参祭人”代表等敬献花篮，伴随古筝演奏的古乐声，在礼仪人员的引导下，参祭领导和来宾进入伏羲庙内，向伏羲圣像敬献花篮和敬献鲜花，瞻仰圣像）。[①]

应邀出席本次公祭大典的有中国侨联主席林军，甘肃省政协主席冯健身，台湾中华战略学会会长王文燮，中共甘肃省委副书记欧阳坚，中共甘肃委常委、宣传部长连辑，中共甘肃省委常委、省军区政委傅传玉，中共甘肃省委秘书长刘立军，甘肃省人大常委会副主任崔玉琴，甘肃省政协副主席张世珍，中国侨联秘书长王宏，中国侨联文化交流部部长陈迈，国务院台湾事务办公室交流局局长程金中，国务院侨务办公室司长熊昌良，出席公祭大典的还有甘肃省省直部门领导、天水市四大组织领导及其他市州的领导。

来自美国、澳大利亚等 23 个国家地区的华侨代表；中国香港、澳门知名人士及台湾中南部青年代表团；“关中——天水经济区”六市一区代表、天水国内外友好城市代表；北京中植集团、金龙科技集团等经济界以及文化旅游界的代表和天水社会各界及群众代表一万余人参加了今天的公祭大典，同时 100 多家中央、省内外媒体 250 多名记者参会报道。[②]

---

① 《2012（壬辰）年甘肃省公祭中华人文始祖伏羲大典暨第二十三届中国天水伏羲》，西汉水人网络。

② 《2012（壬辰）年甘肃省公祭中华人文始祖太昊伏羲大典在天水市隆重举行》，天水最权威的新闻门户网。

（四）天水历代民间伏羲祭祀仪式

天水民间祭祀伏羲一年两次，一是春祭（农历正月十六，伏羲氏之诞辰），一是殁祭（农历七月十九，伏羲氏仙逝之祭日），除外还有群众自发形成的朔望日祭祀。朔望日祭祀为农历每月的初一和十五，善男信女们到伏羲庙烧香祈福，进行祭祀活动。

1. 现行正月十六的民间春祭仪式

（1）会首商议

最早在正月十三开始，一般在正月十四或十五上元会陆续进入伏羲庙，开始洒扫庭殿，大搞卫生，并商讨本年度祭祀事宜。包括推举主祭人、陪祭人；安排筹备接神仪式。主祭人由天水地方名流有声望者担任，陪祭人若干名，由上元会会众及地方人士组成。①

（2）请神

正月十六子时（现在为了方便则在正月十五某时），司仪宣读："洗手！主祭、陪祭就位，请神开始。"主祭、陪祭人等清水洗手，之后按照先中间后两边的次序，年长者居中，恭立伏羲庙内。②

所请之神共四位，伏羲、神农、轩辕和方神。伏羲是中华民族的人文始祖，位居三皇之首，故由神农和轩辕陪享。方神原来供于来游厅，现在则供于庙附近民间。据本土群众介绍，伏羲诞在诸神之先，为远古祖先，而非宗教，故一切众神无资历进伏羲

---

① 赵安生：《2012 年甘肃省公祭伏羲大典举行》。

② 伏羲太昊陵祭典，豫省级文化遗产；数据江西，淮海地区非物质文化遗产国家级项目——伏羲太昊陵祭典。

庙陪享，因方神为值日神，并传为最早修建伏羲庙者，故唯一能于是日进入庙内。方神历代累封各天圣烈显应盖国大帝黑池龙王，相传“姓雷名王保，生籍秦州，于晋代咸康年间历任诸州刺史，官至太常，既尚书左仆射金紫光禄大夫，后辞官入道修真于礼县之青君洞。元兴三年道成，上昇。因号其山曰雷五山。后郡人思其德行，立祠于天靖山之阳。”（见附录天水市秦州区坚家河黑爷庙《黑池龙王序文》。）

司仪宣读“焚香、点烛、击鼓、鸣钟、鸣炮；立祭人焚香化表，跪告白事”。神农，轩辕从暖阁中请出，供奉在阁前供桌伏羲圣像两侧。司仪宣读：“一叩首，跪、拜、行！二叩首，跪、拜、行！三叩首，跪、拜、行!”。

（3）领牲

领牲讲究“乌猪拱地，绵羊大颤”。挑选黑色（无杂色）公猪二口，黄土一包置放于先天殿大殿内，现在则置放在月台上。相传若此刻伏羲高兴，乌猪一上月台即会直奔黄土，用嘴去拱，此即“乌猪拱地”。若此刻伏羲不高兴，乌猪就会边拉边尿，这时，人们就要静候吉时。“绵羊大颤”指当主祭跪告白事毕，绵羊即会浑身发抖，意为伏羲领牲。（“领牲习俗”见附录）

（4）献、抢热血

屠杀乌猪时，拔猪鬃一绺放在盛热血的碟内，献供桌上，并焚香点烛，行三叩首礼。同时，所有群众抢蘸热血，有的用黄裱纸，有的用人民币，现在则大多数用人民币。蘸有猪血的纸可作开山纸，指猎人行猎将此血纸焚烧，即可进山行猎，虎避蛇退。还可作利市纸，即店铺开张开业时焚烧即可利市发行，财源滚滚。此外还可将血纸焚烧化灰服用，以治腹疼等。蘸有猪血的人民币还会保佑持票人吉祥如意，逢凶化吉。

（5）初献

主祭庆典正式开始，司仪宣读：“主祭、陪祭就位，鸣钟、击鼓、鸣炮、奏乐。”包括：一是敬酒、供酒、奠酒。二是敬献祝文，祝文一式两份，供于祝文架上。三是三献，指献佛手、寿桃、石榴各种面食点心及时果。四是献四著，筷子、条勺、小碟、餐纸。五是献围盘，指献凉菜，有四荤四素；四荤：猪肝、牛排、猪耳、肘子，四素：豆腐、豆芽、粉丝、胡萝卜。六是恭读祝文，恭读祝文后将祝文一份焚烧在殿内香炉中，一份仍置祝文架上。之后司仪宣布行三叩首，礼毕，再宣布初献礼毕。①

(6) 亚献

亚献即献肴，礼仪与初献相同。菜晌包括四大、四中、四小碟。四大碟有大杂烩、红烧肘子、虾酱肉、粉蒸肉；四中碟有一盘鸡、一盘鱼、一盘鸭、一盘海参；四小碟为八宝饭、蒸白菜、荤素菜、金钱菜。②

(7) 三献

三献即献撰，撰专指猪、牛、羊三牲。包括敬撰、贡撰、献撰。第一步将猪头、牛头、羊头逐级上供桌。第二步献盘。盘就是大蒸膜，平年献十二只，逢闰年献十三只。第三步上汤。献汤两碗，即双汤双碗。第四步分肴。用小刀子把猪、牛、羊头各割一片放在置有白酒的铁勺中，用火点燃白酒。这就是伏羲氏教民“始食熟”的遗俗。第五步冒汤。由主勺厨师亲自给热菜加汤，称为冒汤。上会赠送红包，答谢厨师。最后司仪宣布三献礼毕。③ 接下来，所有参祭人员互相拜年，之后共同瞻仰圣像。

(8) 送神

正月十八晨，根据本日喜神方位，将各样献饭，各取一点，

---

① 杜婷：《天水伏羲祭祀仪式的文化内涵及其旅游策划》，西北师范大学硕士论文，2007年5月1日。

② 【文化遗产】伏羲太昊陵祭典，豫省级文化遗产；数据江西，淮海地区非物质文化遗产国家级项目——伏羲太昊陵祭典。

③ 曹玮：《天水伏羲庙灸百病习俗调查》，载《民俗研究》2006年第3期。

再将毛血、祝文等一并朝喜神方向祭奠或焚烧。然后奠茶奠酒，此时酒必须是黄酒，再行三叩首礼。结束后，将神农、黄帝重新奉送大殿内暖格中，方神送归方神庙。之后将祝文和纸灰洒在藉河长流水中。

送神仪式结束后，祭祀仪式也就宣告结束了。

在每年农历正月十六的伏羲祭祀活动中，群众参与最多的就是纸人灸病的习俗了。农历正月十六，相传为伏羲生日。这一天，天水市民众自发集会祭奠“人宗爷”（按：天水人习惯将伏羲称为“人宗爷”），乞求幸福安详，新年好运气。伏羲庙内，古柏森森，庄严肃穆。按天干地支六十甲子排列循环，每年推选其中一株在庙内值班，于是这棵大柏树就成了伏羲旨意的直接体现者。它会治病疗疾，无所不能。时庙内神树上悬挂红灯作为标志，一供奉祀。

朝拜人宗庙的人们沿甬道鱼贯而入，毕恭毕敬地于露台之下三拜九叩，焚香化纸。而后各自走到神树前（其实庙内哪一棵柏数都可以，不一定是值班树），粘贴纸人，点香火灸病。带病者可以为自己灸，不带病者为亲友灸，哪个部位伤痛灸哪个部位。纸人以红纸为原料，剪成人形状，男人光头，女人是两只小辫子，大小均可。① 以前纸人均是自备，现在卖香蜡裱纸的小贩有售。灸是仿中医学上的针灸而为之，讲究的是用艾草贴自己伤病处与纸人相对应的部位，用香火焚燃，图方便的直接用点燃的香头戳相关的部位。② 心诚责灵，人们似乎从不考究是否灵验，是否真的能祛除疾疫。棵棵古柏在每年朝庙结束后身上总会粘贴上无数的小纸人，风起时哗啦啦作响；且每年还有递增的趋势，

① 王三北、杜婷：《渗透在天水伏羲庙纸人灸病习俗中的巫术观念》，载《青海民族研究》2006 年第 4 期。

② 雍际春：《伏羲神话传说的文化价值》，载《宁夏社会科学》2005 年第 4 期。

以至天水市博物馆为了保护文物树不得不用竹帘围遮树身。从十五日晚到十六日白天，最多时要进来三万人左右，于是就在每棵树都贴，庙会结束时，棵棵古柏的树干上总会粘贴上无数小纸人，非常壮观。这种习俗代代相传，年盛一年。

人的愿望总是向善的，谁不希望自己和亲友健康快乐呢？病是固有的，用纸人灸病不一定治愈，但用灸法获得一种心灵上的安慰，这又何尝不是一种治疗呢？因此，不必过问灵验与否。推其源，纸人灸病的习俗来自唐代以后中医界长期奉行的“医易同源”理论。[①] 唐代大医学家孙思邈在他的《千金要方》中即大谈医和易的关系。宋徽宗赵构作《圣济经》，即将《周易》和医学著作《黄帝内经》、《神农本草》一同归入他理解的三皇之书祭。按这一理论推论，则医学是易学派生的，易的基础是阴阳八卦，八卦又是伏羲首创，因此，用香火代银针灸烧贴在伏羲庙古柏上的纸人，理所当然的被认为能“治病”，朝拜人宗庙的人对此都坚信不疑。[②]

2. 天水现行七月十九日民间秋季祭祀仪式

相传农历七月十九是伏羲氏仙逝纪念日，其祭祀活动由“上元会”组织当地群众举行祭祀仪式，邀请当地秦腔戏班唱挂衣戏三天，祭祀程序较为简单。2009 年始，为了做好国家级非物质文化遗产保护项目——太昊伏羲祭典的保护传承和伏羲文化的研究，天水博物馆倡议，请热心伏羲文化研究的仁人志士筹备申请成立“天水市民间祭祀伏羲协会”，扩大祭祀影响，逐渐恢复传承历史秋祭典礼。自此，祭祀活动由天水市民间祭祀伏羲协

① 王三北、杜婷：《渗透在天水伏羲庙纸人灸病习俗中的巫术观念》，载《青海民族研究》2006 年第 4 期。

② 余粮才：《民间视野中的伏羲与女娲》，西北民族大学硕士论文，2008 年 7 月 14 日。

会（筹）、天水市博物馆和“上元会”共同组织实施秋季伏羲典礼，其规格、规模和程序均参照春祭活动进行，时间从农历七月十八至七月二十，为期三天。农历七月十八上午九时（具体时间按当日民俗喜神当值方位和时间确定），举行迎神、安神、出榜文仪式；农历七月十九日上午八时，迎供献饭，9：50 正式祭祀；农历七月二十日午场戏尾声，举行送神仪式。活动期间，邀请秦腔剧团公演秦腔剧目。秋祭伏羲活动中的请神、安神、迎献饭等仪式和春祭活动基本相似，但取圣水仪式是根据每年龙王治水风俗而定。

民间秋季祭祀仪式（以 2012 年秋祭为例）

时间：2012 年农历七月十八日至七月二十日（公历 9 月 3 日至 9 月 5 日），为期三天。

地点：天水伏羲庙

祭祀仪式：

（1）迎神、迎圣水、出榜文

时间：农历七月十八日

9：30—10：30 迎神、安神、出榜仪式

11：00 唢呐演奏

迎神、安神

农历七月十八日上午九时，方神黑爷从方神庙起驾，在仪仗队、唢呐队的护送下进入伏羲庙。方神黑爷拜伏羲后，在伏羲庙后院圣泉举行迎取圣水仪式。恭请伏羲行像，仪仗队鸣锣开道，出庙门至戏楼前，举行出榜文仪式。榜文悬挂之后，仪仗队、唢呐队、伏羲行像、黑爷像，依次出伏羲城东门，经双桥大街，行至伏羲广场南侧大道，由广场南侧牌坊登广场祭坛。按当日喜神方位，设香案，请伏羲行像和方神黑爷像安座。主祭人明烛、焚香、化表、献茶、鸣炮，主持咏颂迎神曲：

鸣钟呜呜　击鼓彭彭　今日恭迎　当值喜神
馨香五炷　上达帝廷　百姓人等　拜祖虔诚

之后，伏羲行像与方神黑爷起驾，绕祭坛一周，在展示圣水之时，主持人续咏颂《迎神曲》：

圣水引道　众神护佑　风调雨顺　五谷丰登
祈我中华　国运昌盛　佑我百姓　康乐无穷

随之迎神队伍进庙，伏羲行像归位，主祭者明烛、焚香、化表、跪拜后，抬黑爷回方神庙执事，迎神、安神、出榜仪式结束。（“黑爷的由来”见附录）

祭祖榜告

天水伏羲庙在祭祖活动中，历来有出示告文和榜文的程序。告文是在祭祖时，先行的一个程序。向广大民众榜示人文始祖太昊伏羲氏的伟大功绩，以唤起民众对老祖宗的怀念之情。这种祭俗自明嘉靖时（1523 年）始，一直沿袭至民国时期。清至民国时随着祭祀活动的简略，每岁不一定都出告文。近年来，为了扩大祭祀影响，让更多群众参与祭祀活动，每年民祭活动举办前几日，都会负责出示告文，告知群众活动的时间、地点，活动内容和相关事宜。

昭示榜文，则是祭祖典礼的固定程序。每岁祭祖迎神之时，出示榜文，告慰太昊伏羲氏之神灵，赞誉人文始祖太昊伏羲氏的伟大功德，以示子孙怀念老祖宗之诚意，迎请太昊伏羲氏神祇享用子孙们的祭奠敬意。每年榜文内容是根据当时时事而撰文。

壬辰（2012）年伏羲庙秋祭中华人文始祖太昊伏羲氏榜文：

农历七月十九是中华人文始祖太昊伏羲氏末祭日。中华儿女于每年此日，以太牢、时馐、清醴、鲜果之仪，在天水伏羲庙隆重举行祭祀中华人文始祖太昊伏羲氏典礼。今发榜文，告知各界。

榜示：

太昊伏羲　其姓为风　母曰华胥　履迹妊娠
历十二载　成纪诞生　聪明睿智　道合乾坤
文明肇启　垂裕后昆　三皇之首　五帝至尊
奥维旷古　时令洪荒　仰观俯察　八卦首创
创造书契　文字雏样　教民渔猎　网罟斯张
俪皮为礼　婚姻滥觞　耕荒成田　黍谷丰粮
庖厨畜养　熟食共享　甄陶成器　安居建房
研制九针　百草尽尝　推定历法　节气循章
立名封姓　民族兴旺　以龙纪官　六佐挈纲
设置九部　安民守疆　琴瑟作乐　礼仪兴邦
功盖万世　道启百王　华夏文明　渭河发祥
维木有本　枝叶繁旺　中华古国　龙脉永昌
与天地准　唯我羲皇　末祭祭祀　岁岁传扬
老幼膜拜　万民瞻仰　崇功颂德　源远流长

（2）迎献饭

时间：农历七月十九

8：30时，迎献饭

9：50时，祭祀典礼

迎献饭是祭祀仪式正式开始之前的一项重要活动。献饭由上元会事先准备，农历七月十九日上午8：30，身着朝冠礼服的专职祭祀生员抬上装有献饭的食盒，在彩旗队的护送和唢呐队吹吹打打的相伴助威下，绕伏羲庙前一周，然后将献饭迎接入庙，摆放在月台东侧的供桌，以备仪式开始后献供。迎献饭的队伍一路开来，浩浩荡荡、热闹非凡。献饭的种类也很多，主要有“太牢”，即牛头、羊头和猪头，还有各式各样的荤素盘子、三鲜、主食和清酒。

献饭是天水地区世世代代传承下来的，表达了天水人民对传统的尊重和祖先的怀念。现在的献饭仪式中，不但有祖辈流传下来的献饭的方式，还有现代的酒席。比如说八大碗、四盘子，还有干果、鲜果、献茶、奠酒等。

（3）正式祭祀仪式

时间：农历七月十九日上午 9：50 分，祭祀仪式正式开始，主持人宣布参加祭祀的领导和嘉宾名单。仪程共七项。

主持人：朱天才

恭读祭文：杜明富（原天水市人大常委会副主任、天水市民间祭祀伏羲协会筹委会主任）

9：45 时播放《说伏羲》歌曲。

作词：乔羽　作曲：林林　演唱：毛阿敏

9：50 时祭祀开始。

主持人宣布：壬辰（2012）年秋祭中华人文始祖太昊伏羲典礼开始。

第一项：全体肃立、奏乐（大开门曲目）、鸣炮（鸣炮 13 响）、击鼓鸣钟（击鼓 9 咚；鸣钟 5 响）。

第二项：明烛、焚香、化表。请主祭人、陪祭人、助祭人就位（主祭 1 人，陪祭 2 人或 4 人，跪于香案前；助祭若干人分别站于香案两侧）。助祭人明烛，交与主祭人，主祭人施礼后，再交与助祭人将蜡烛插入烛台。上香仪程与明烛仪程相同。后，主祭人、陪祭人化表，同行叩拜（一叩首、再叩首、三叩首）礼。

第三项：敬献祭品。

主祭人恭立于香案前，由助祭人传递祭品主祭人接祭品施礼上供；两名助祭人摆放祭品。（敬献祭品人员须衣着整洁，庄重严肃，举止文雅）。

奏乐（大开门、小开门、太子游四门等曲目轮换吹奏）

行初献礼、奏乐：（主持人唱报以下名称）

①献祭文（黄纸墨书）

②献鲜花（两篮）

③献时果（五盘）

④献糕点（五盘）

⑤奠茶、献茶（三奠一献）

⑥行三叩首礼

行亚献礼：

①献匙箸

②献围盘（八盘）

③献“太牢”（牛牲、羊牲、豕牲）

④行时馐之礼（菜名：金钱发菜、元宝鸡、佛手、黄花肉、海参、鱿鱼卷、全鸭、大虾、大酥肉、肘子、辣子肉、虾酱肉、黄焖鸡、八宝饭、全鱼、全家福）

⑤分肴

⑥冒汤

行终献礼：

①敬献三献（面食佛手、馓子、火烧）

②敬献主食（蒸盘十二个）

③敬献清酒［主祭人跪于香案前，助祭人（2 人）立于两侧，分别将酒壶、酒觞呈于主祭人，主祭执壶，陪祭有一人端觞，接连奠三次后，再斟酒，由助祭人献于桌上，主祭、陪祭、助祭等人叩首起身］

④行三叩首礼

第四项：恭读祭文

原天水市人大常委会副主任、天水市民间祭祀伏羲协会

（筹）委会主任杜明富恭读祭文：

维公元二零一二年岁在壬辰七月十九日，时值伏羲忌辰，天水各界代表谨以太牢、清醴（li）、雅乐、香花时馐之仪，敬祭于我人文始祖太昊伏羲氏，祝曰：

陇右秦州　人杰地灵　物华天宝　丝路要冲
圣祖羲皇　于兹降生　创世立极　肇启文明
始画八卦　创造文字　取用火种　创制甲历
发明网罟　以渔以猎　礼乐初生　始定嫁娶
鸿蒙初开　功归伏羲　人文楷模　万邦同祀
适逢忌辰　恭祭圣灵　秋阳艳艳　百果丰盛
伏维默佑　海晏河清　和谐中国　百姓安宁
风调雨顺　百业俱兴　秦州有幸　龙祖坐镇
社会稳定　百姓康宁　关天经济　日益繁荣
值此吉日　典祭告成　陈液献牲　礼隆情殷
秦腔声震　直达上听　赫赫人祖　来格来歆
以祝以告　沥尽赤诚　伏惟尚飨

第五项：焚祭文

上元会会长杨祥顺叩焚祭文

第六项：行三鞠躬大礼

全体肃立、面朝伏羲圣像行祭拜礼

主祭、陪祭人员跪拜，其他参祭人员行鞠躬礼。

第七项：瞻仰伏羲圣像

为人文始祖敬奉香火

（4）送神、送圣水、焚榜文

时间：农历七月二十日 17：00 时

农历七月十九日下午五时，主祭、陪祭人员在《送神曲》

的乐声中，向伏羲圣像行拜跪礼，礼毕恭敬地送神，请方神黑爷至伏羲庙月台。明烛、焚香、化表、献茶后，焚榜文，与祭文灰、圣水一同送往藉河长流水。

在民间秋季祭祀伏羲期间，请陕西唐梨园秦腔影视剧院在伏羲祭坛演出传统戏剧。农历七月十八（公历9月3日）下午2:30开始演出，至农历七月二十日（公历9月5日）晚结束，共三天六场。至此秋祭伏羲典礼结束。

四、伏羲祭祀仪式的文化内涵和现实意义

祭祀是人们为了表示对神灵或先祖的崇敬而举行的一种祭拜活动，从官方角度看，有正祭和淫祭两种。其中正祭指的是对被纳入国家政权承认体系的神灵的祭祀，淫祭则相反。[①] 伏羲是一个传说中的人物，被尊为中华人文始祖，对他的祭祀是在官方视野之下的一种行为。

（一）伏羲祭祀仪式变迁中的文化内涵

1. 伏羲祭祀仪式的变迁

根据可以查到的史料的记载，对伏羲的祭祀活动迄今至少已经历了1200多年的历史。通过对其分析我们了解到，伏羲的祭祀经历了官方祭祀—民间祭祀—取消—重新祭祀四个阶段。历史上，官方祭祀与民间祭祀是两条互相交叉的线索，民间祭祀从元代开始就一直在延续进行，官方祭祀则时断时续。

对于民间大众来说伏羲他只是神，是超越人间的力量，代表

① 马雪莲：《伏羲祭祀变迁中的文化内涵分析》，载《西北第二民族学院学报》（哲学社会科学版）2004年第1期。

的是当下的灵验以及承诺是否实现；而对于官方而言，伏羲是人类文明的始祖，他代表的是统一与教化。在对比这两种态度、两种角度时，还发现了两者不同之中的相同之处，是官方统治权力辐射体现于民间的信仰崇拜中；还是民众对于统治者的畏惧而导致了对政治的疏远转而寄予神的灵验，从而保持了两者的相安无事与表面一致；或者是两者的相互惧怕而导致了妥协也好。总之这种官方与民间的关系是一种进行时，它不断地需要某种东西来填充。这种填充可以是仪式性的，比如官方对民间信仰神灵的不断的追封、加封等；也可以是实质性的，比如民间的信仰对象被官方纳入祭典。

尽管伏羲的祭祀可以追溯到秦人，但正式规范的官方祭祀主要是从史料记载的唐玄宗天宝六年（公元 747 年）到明朝末期，从清朝初年到 1949 年主要是民间祭祀活动；从 1949 年到 1988 年，取消了对伏羲的祭祀；从 1988 年开始，公祭伏羲又重新开始。伏羲祭祀的变迁，体现着不同方面行为的变化。

清朝之前的伏羲祭祀，主要是由官方来主持，并且对祭祀的日期、规格、仪式、祭文格式等均有详细的规定，可见其对伏羲祭祀的重视程度。入清以后，祭祀用的牺牲只用少牢，即猪和羊，并且省去乐舞，祭祀费用也没有保障，官方行为逐渐隐去，主要以民间祭祀为主，但是官方的态度既不是绝对禁止，也不似元朝一样积极地提倡，而是由民间任其发展。在此过程中天水的地方父母官扮演了极其重要的角色。他们在任期间积极筹款修建庙宇，甚至自己纷纷出资捐钱，而且还不断地向上级打报告，以期重兴恢复对伏羲的祭祀。乾隆二年（1737 年），秦州知州李鋐（hong）带头捐资，与秦州州判吴三煌，吏目郑重主持重修，乾隆四年（1739 年），李鋐（hong）申报甘肃布政司，请求动用公款恢复明代祭祀，没有得到答复。①

1949年之后，中国进入了新的历史时期，指导官方行为的思想也发生了变化。对于“伏羲”这样存在于传说中、正史中未被记载的人物，为官方意识所不能认同。在1949年，祭祀伏羲的民间组织——上元会解散，民间不再祭祀伏羲。但是伏羲庙作为一个历史建筑，其文物价值依旧得到肯定，被列为省级重点文物保护单位，并拨了专款，进行维修。走入极端的“破四旧”浪潮，将伏羲庙推入到了被完全否定的地位，直到1978年改革开放之后，伏羲庙的身份才重新被得以确认。

1988年，天水市政府举办了第一届伏羲公祭大会，由官方出面主持的祭祀活动，在经历了约350年之后，再次举行。同样是在官方行政机构主持之下的活动，针对的是同一祭祀主体，但前代与现代祭祀的内涵已发生了改变。祭祀的关注点不再是对神灵的敬仰而是偏重于接受其文化传承的贡献。“突出伏羲文化博大精深的内涵以及伏羲氏对华夏民族与人类文明的卓越贡献及其功绩”②，就其祭祀的初衷与实质而言，已发生了变化。

2. 伏羲祭祀仪式变迁中的文化内涵

通过以上分析，我们了解到，伏羲祭祀的变迁不只是一种时间和地点的变换，仪式的内在意义本身已发生了变化，这体现着深刻的文化内涵。

（1）祭祀仪式如果与社会政治经济相联系，官方意识就成了仪式兴衰存亡的决定因素。

仪式“可以是特殊场合情境下庄严神圣的典礼，也可以是

① 杜婷：《天水伏羲祭祀仪式的文化内涵及其旅游策划》，西北师范大学硕士论文，2007年5月1日。

② 天水市文化局编：《关于赴外考察提高改进我市伏羲公祭活动情况的汇报》，2002年。

世俗功利性的礼仪、做法，亦可将其理解为被传统所规范的一套约定俗成的生存技术或由国家意识形式所运用的一套权力技术”①。当不同时代渗透着经济目的或政治目的的官方意识强有力地进入后，原有的生存环境被破坏，祭祀的主要目的就开始与官方的政治经济相联系。

唐代对伏羲的祭祀还是很重视的，“三皇五帝创物垂范，永言龟镜，宜有钦崇”②。但是祭祀仅仅在京师进行，并且对祭祀日期、祭祀规格等均有严格的规定。对上古帝王祭祀的独享，是以祭祀等级差别暗示社会等级的差别，通过对某一类祭祀的垄断，标志的是最高统治者的无上的尊严。

金代和元代，是少数民族统治中原优越感极强的汉族，强制的手段必然遭到来自社会各方面的反抗，这不利于社会的稳定。伏羲是人文始祖、上古三皇之首，他一画开天，是人类文明的开创者、世人公认的祖先，这就为各族的融合找到了共同语言。所以需要一个契机，凝聚各民族的精神世界，于是乎“伏羲”出现在了官方的视野之中。而且金、元两朝统治者不必顾及皇家的威严，是出于政治统治的需要，元代极力提倡对伏羲的祭祀，“初命郡县通祀三皇，如宣圣释奠礼……有司岁春秋二季行事，而以医师主之”③。诏令全国普遍祭祀，扩建殿堂庙宇，崇祀空前绝后。的确也为安定民心、巩固统治起到了很重要的作用。

明朝时，社会环境又发生了变化。朱元璋是汉族，朱明王朝以农民起义起家推翻元朝，不存在民族冲突的问题，为了建立威信，必须协调“天子”与“平民”之间的地位差别。体现在思想统治上便是洪武四年（1371 年），朱元璋下诏“三皇继天立

① 郭于华：《仪式与社会变迁》，北京社会科学文献出版社，2000 年版。

② 王溥撰：《唐会要》卷二十二。

③ 魏源：《元史新编》卷七十八《礼二十七》。

极，以开万世教化之源，而汩于医师，其可乎？自今命天下郡县毋得亵祀，上命有司祭于陵寝”①，使民间与皇家的仪式产生分离，以维护皇家在人们心中的神圣不可侵犯的地位，这与唐朝的政策理念如出一辙。

清朝统治者从一开始便倡导儒教，尊崇孔孟，追封孔子，重修孔庙，在各地兴建文庙，以儒家文化笼络明朝遗臣子民，从文化上寻找民族间的认同感。清代的统治者对伏羲祭祀的态度比较中庸，对于伏羲这样的人文始祖、“三皇之首”，统治者又不能正面去禁止，所以就采取了一种听任的态度，不提倡也不支持。清代与伏羲相关的事项，均由地方官自主进行。伏羲庙一再被重修、修缮，且多由地方官及士绅捐资进行，最高统治者并不加以干涉，但是当地方官奏请恢复明代祭祀时，史料称“议未定而止”，这五个字表明了上层统治者的态度。

1949 年之后，关于伏羲的民祭与公祭伴随着官方政策的转移也沉寂了。1988 年开始，伏羲祭祀再次公开化、正式化，但这绝不意味着回到了以前王朝统治时期的遗规。祭祀的内涵由前朝的无条件信奉，到有条件的尊重，再到现在的部分借用，究其实质，已发生了变化。分析历次的公祭方案可知，官方在举办祭祀的同时，也在有意识地引导着群众注意力的去向，正如在 2002 年祭文中所叙：“为追怀先祖功绩，弘扬文化之革故创新，开拓进取精神”②。2012 年祭文中所表达：歌颂伏羲功德，传达羲皇儿女继往开来之志，祈愿伟大祖国繁荣昌盛。强调伏羲的人文功绩，淡化神化色彩。

（2）祭祀仪式往往在主流话语权下，会成为一种无形的资源。

---

① 《明太祖实录》卷六十二。

② 《2002 年天水市伏羲公祭大会祭文》。

对于这点，有关记载明太祖朱元璋的史料值得关注：洪武四年（1371 年）明太祖朱元璋下诏废止三皇庙，各地普遍的官祭取消，祭祀只在陵寝进行。此后的 150 年内，禁令由强而衰，逐渐废弛，“明正德十一年（1516 年），巡按冯时雍奏请立庙于州北三阳川卦台山之上，十六年（1521 年）巡按许凤翔以祭祀弗便，请立庙于此（即秦州）”①，即获准拟立卦台山的伏羲庙改立于秦州。在这里，有一点必须引起注意，秦州的伏羲庙并非新建，而是之前便已有的。明成化十九年（1483 年），傅鼐（字天和）以秦州为伏羲生地，主持修建太昊宫（在现天水西关伏羲庙的香炉、牌匾等器物上尚留有“太昊宫”字样），明弘治三年（1490 年），经秦州士绅刘某等集资捐助，在州署支持下完成了工程。史料上说“立庙”而非“建庙”，说明是一种祭祀身份的转移与再确定，而并非建筑物的重新建立。

天水市现有两处伏羲庙，一在天水市北道区三阳川的卦台山之上，一在天水市秦城区西关。从建筑历史上看，卦台山的伏羲庙建于金明昌年间（1190—1196 年），明显早于建于明朝成化十九年（1483 年）建在西关的伏羲庙。从建庙的目的上看，据史料记载卦台山是伏羲的另一个陵寝，而西关伏羲庙则因秦州（古称成纪）相传是伏羲的诞生地。无论从历史或理由来看，卦台山伏羲庙似乎更应该是祭祀正宗，但是巡按许凤翔却以祭祀不便，而请立庙于秦州西关。天水，古称秦州，明代时其郡县衙门所在地在现秦州区，而卦台山，地处麦积区以北，离政治经济中心较远。地方官请立庙于秦州西关，是历史发展的必然，这正体现了官方在祭祀行为表层之下所隐藏的深刻的政治、经济动因。分析这段史料，不难得出这样的结论：地方官在祭祀中，首先考虑的绝不是祭祀主体是否名正言顺，而是地方利益的增损。

① 《乾隆直隶秦州新志》卷之三《建置》。

在探寻伏羲祭祀的变迁中，我们不能忽视一个群体的作用，即地方官。历朝官员，尤其是明清官员，往往在政府并不提倡的情况下主动捐资修庙，重立祭祀。明清两代时，封建制度已相当完善，在中央集权的统治之下，地方官的行为只能是俯首听命于最高统治者，而不敢稍有违逆。地方官在伏羲祭祀的问题上，却一反常规，积极主动，其目的也许有传承文化的因素，更多的恐怕是地方官群体利益的驱使。

其一，在本郡辖区内，修建、补缮三皇之首的庙宇，本身就是一件很大的政绩，其作用无异于政绩工程。其二，每次修缮、改建完毕之后，都会立碑纪念。研读历代重修的碑文，除了记叙羲皇的伟大、建筑的失修及工程的艰苦之外，字里行间透露着撰者的谆谆苦心、切切诚意，文后则必然赘列参与其中的官员名字，官职名称一一道来，名传后世。其三，祭祀无非是追思和祈求保佑，伏羲是上古圣皇，必然有着无限的神通，求一方百姓安宁也好，求自己仕途畅达也罢，总之是有百利而无一害。

天水是一座积淀了丰富的历史文化遗产和独特旅游文化资源的国家级历史文化名城，这里风景秀丽，气候宜人，素有“陇上小江南”之称。伏羲文化、石窟文化、大地湾文化、三国文化、秦文化，历史悠久、独具特色。如何挖掘、开发和利用独具特色的历史文化资源，大力发展旅游产业，变资源优势为经济优势，推动天水市经济快速发展，是官方所关注的问题。天水市试图将伏羲作为一种具有地域特色的文化资源，加以利用，以期带动经济的发展。有研究者提出“做伏羲的文章，打伏羲的牌，吃伏羲的饭，发伏羲的财”，“以弘扬伏羲文化为龙头，融大地湾、麦积山文化于一体，变文化资源为文化产业，坚持古为今用的原则，使古代文明为改革开放、招商引资服务，促进我市经济尽快发展”。

伏羲公祭在现代的复兴明确了这样一个事实：祭祀中心身份

的介入，在某种意义上会抬升一个地区的政治、经济、文化地位，对于这一地区而言，祭祀成为一种促进群体发展的历史记忆性资源，官方出于地区利益的考虑，对历史资源进行有条件的选择，并将可利用的历史资源赋予现实意义，这是一种历史记忆的选择性复兴。以2012（壬辰）年的公祭伏羲大典为例，与往届相比，公祭伏羲大典有了较大变化：①

一是公祭伏羲大典档次更高。全国政协领导，中侨联等国家有关部委领导，台湾国民党政要，海外著名华人社团组织、港澳台同胞等重要来宾参加公祭伏羲大典；二是祭祀乐舞水平更高。为提升祭祀乐舞艺术水平，增强现场震撼力，邀请全国著名词、曲作家作词谱曲，由著名歌唱家毛阿敏演唱《说伏羲》，由甘肃省文化厅邀请专家指导排练祭祀乐舞；三是祭祀影响范围更大。满足电视直播及广大群众观看公祭大典盛况需求，进一步扩大公祭大典的社会影响力，在公祭大典现场设立两个大型LED显示屏，在现场外设立1个大型LED显示屏；四是宣传力度更大。为扩大公祭伏羲大典宣传影响，6月8日—6月12日，甘肃省新闻办、天水市人民政府分别在北京、兰州举行了新闻发布会，公祭大典时人民网、新华网、中新网、中国网、中国甘肃网、甘肃人民广播电台等多家中央、省媒体同时现场直播，甘肃卫视现场直播公祭伏羲大典。邀请中央电视台、中央人民广播电台、人民日报、新华社、经济日报、光明日报、农民日报、中国网络电视台、中国经济周刊、中国新闻播报、国际在线、香港大公报、香港商报、香港文汇报、澳门华人报、广东电视台、云南电视台、山东电视台、甘肃日报、甘肃电视台、甘肃经济日报、甘肃人民广播电台、兰州晨报、兰州晚报、西部商报以及天水日报、天水

① 《2012（壬辰）年甘肃省公祭中华人文始祖伏羲大典暨第二十三届中国天水伏羲》，西汉水人。

电视台、天水在线等100多家中央、省内外媒体250多名记者参会报道；五是现场气氛更为庄重。通过发布招标公告，由全国著名文化设计策划公司对大典活动现场总体环境进行策划布置。充分利用古代文化元素和现代多媒体技术，营造庄重、肃穆、隆重、宏大的祭祀场面，体现“世界华人寻根祭祖”的主题，突出龙城龙年祭龙祖和伏羲文化氛围。同时，要求邀请嘉宾统一着正装，所有参祭来宾手持鲜花敬献先祖，表达对人文始祖的崇爱之心；六是节日文化氛围更浓。为配合伏羲公祭大典，6月22日晚中宣部专门安排了“唱响中国”天水演唱会。

总之，祭祀是具有一定文化意义的人类创造与实践活动，是一种被传统所规范的象征性的、约定俗成的行为过程。作为群体意识的行为体现，它存在于一定的社会环境中，与一定的社会条件相关联。在历史发展演变的过程中，其所依存的外部环境在不断地发生变迁，仪式本身也必然伴随一定的环境形势发生变迁。仪式本身的文化内涵也随着外部形态的改变，构筑着不同的内容，而这也正是官方话语发挥指导性作用的过程。

（二）伏羲祭祀仪式的意义

1. 伏羲祭祀仪式的文化意义

（1）伏羲祭祀仪式的文化内涵

中华本源文化。伏羲是中华民族的创世英雄、华夏始祖与人文初祖，伏羲时代正处于中华先民告别洪荒，迈向文明的中介点。[①] 探讨中华文明起源及其原生面貌，了解中华民族在远古时代的社会发展和文化生态，伏羲事迹及其文化创造活动，既是我们探索历史真相的参照和线索，其本身也构成中华文明生成的重

① 雍际春：《伏羲神话传说的文化价值》，载《宁夏社会科学》2005年第4期。

要内容。近年来考古学关于中华文明起源所取得的令人瞩目的成就，正在愈益清楚地将伏羲时代中华文明的原生面貌展示于世人面前。我们从伏羲文化的内容中，当可窥知中华文化的原初形态。如何使伏羲祭祀仪式既能体现伏羲文化的精华、本质、价值和精神，又能与时代相适应、能推动社会精神文明的发展、能推动中华民族的繁荣昌盛，是伏羲祭祀仪式的文化内涵的意义所在。

民族文化。中华文明起源于中华民族的形成，呈一体多元格局。伏羲为华夏始祖，无论是传说时代的不少非凡人物、部族与方国，还是古今属于祖国版图的大多数民族，都公认伏羲为其始祖，自认本民族为伏羲民族的后裔或支系。因此，“龙的传人”为中华民族所共享，龙文化成为中华文化的代称，龙图腾以及与之相关的龙蛇图案在长城内外、大江南北、东海之滨、西北高原均有大量发现。“龙”已成为中华民族的族徽和“胎记”，伏羲文化无疑是中华各民族寻根的归宿和母体。所以，学术界已有人提出用时代更早、更具广泛性、民族代表性的“华夏”取代晚起的“炎黄”，或以前后相继、代表不同时代的人文初祖伏羲、黄帝之简称“羲黄”，以代替“炎黄”，称中华民族为“羲皇子孙”。作为伏羲文化的一部分——伏羲祭祀仪式也正是发扬民族文化最直接的推动力。

哲学文化。伏羲的文化贡献之一是造书契、画八卦。八卦成为中华先民理性思维和科学思想的结晶和高度智慧的标志。由八卦到《周易》并由此形成的易学思想与体系，是中华民族解释世界、认识自然、规范社会人伦的钥匙与百科全书。八卦与易学体系在哲学层面上既是中华民族认识世界、指导人类社会发展的解释系统，也是一个操作系统。因而，这一完整严密、富有民族特色和阴阳变异、和合大同的辩证思维理论和逻辑方式体系，深刻影响了中华民族的思维方式和文化进程。在文化层面上，八卦与易学体系，是长期占据正统文化的儒家学说，与儒学并立而存的道家文化，是在民间社会有广泛基础的巫术占筮等神秘文化的活水源头。所以，八卦符号与易学思想，实乃中华传统文化的源泉与核心。①

民间民俗文化。远古神话的传承流播，其去向一是哲学化，二是历史化，三是仙话。与伏羲乃至女娲事迹相关的传说，与此三途均有关系。于是，伏羲之感生神话、兄妹成婚、洪水故事、葫芦神话、龙图腾与龙文化、龙蛇禁忌、八卦符号与各项创造发明，都伴随伏羲文化的泛化而进入民间文化体系和依附于民俗习尚之中，并在民间文化与民俗文化中占有重要地位，成为其发展演进中最具持久魅力的“元素”和动力。如以伏羲、女娲故事为例，有人从民间搜集的汉民族230例兄妹婚神话中，发现婚姻对象“兄”或“弟”是伏羲的有62个，“妹”或“姐”为女娲的有42个，其中“兄妹”是伏羲和女娲的有38个。在150多个少数民族同类型神话中，“兄弟”是伏羲的有22个，“兄妹”为伏羲、女娲者有4个②。这充分反映了伏羲、女娲兄妹婚神话的广泛性，也从一个侧面体现了伏羲、女娲事迹在民间文化与民俗文化中的持久性影响。

（2）伏羲祭祀仪式的文化意义

现在的伏羲祭祀活动，早已超出了原始祭祀的内涵，伏羲祭祀遍及全国各地，天水作为祭祀伏羲的圣地，在人们的心中已成定论，每年吸引全国各地人民、港澳台同胞以及海外华人前来祭奠，伏羲庙和卦台山已成为海内外华人寻根问祖，探本溯源的圣地。每年的伏羲祭祀对于增强民族凝聚力，激发爱国热情，连接

① 冈虎：《伏羲文化——中国传统文化之源》，载《五邑大学学报》（自然科学版）1994年第2期。

② 杨利慧：《伏羲、女娲与兄妹婚神话的粘连与复合》，载《北京师范大学学报》1997年第6期。

华夏民族文化，促进国家统一，带动天水经济的发展，发挥着非常重要的作用。同时，伏羲祭祀对于宣传伏羲，弘扬伏羲文化，传承优秀文化也具有重要意义。随着宣传伏羲文化的力度加大，伏羲文化已走向全国，走向世界。

其一，可以有效地强化民族“本根”意识，提高中华民族的凝聚力。数千年来，伏羲氏多以“三皇”之首受到人们的崇祀，被尊为中华民族之“共祖”，被公认为中华民族始兴的根与本，为中华民族的形成和壮大，为中华文明的产生和发展作出了重大贡献。不管是华夏民族，还是古代的戎狄蛮夷，今日苗、瑶等边疆少数民族，都以“龙的传人”自称，并以此为殊荣。这是由几千多年来的历史逐渐自然形成的，不是由某个人或某个集团而为的，所以，伏羲氏的“共祖”、文化纽带、精神感召等象征作用具有强大的历史惯性，是任何人或集团都无法阻挡的。由于历代统治者、当权者充分认识到了伏羲氏所具有的血缘纽带、政治纽带和文化纽带的巨大作用，所以，不管是汉族政权的统治者，还是少数民族政权的统治者，他们不仅在血缘上自认为伏羲氏的后裔，而且在政治上始终坚持大一统的政治观点，维系大一统的政治格局，在文化上将伏羲氏视为“人文始祖”。正因为如此，不论是在国家的兴盛时期，还是在朝代的更迭时期；不论是在民族的危难之际，还是在历史的转折关头，统治者们或在首都或在地方庙宇，或亲自或遣官，都要举行声势浩大的祭祀活动，以此表明不忘“本根”，宣扬伏羲文化和精神，强化其统治与国家的大一统局面。

正是由于这几千年来延绵不断地祭祀，增强了中华民族自古以来就具有的尊重传统的“本根”意识。在这种尊重传统的“本根”意识的主导下，极大地增强了民族的认同感，提高了民族的向心力，加强了中华民族的团结。遍布世界各地的“华人圈”，就充分显示了这种尊重传统、追寻“本根”精神的强大民族凝聚力。这是中华民族历数千年不灭、不裂、不散、不衰的强大力量所在。所以，即使在今天，伏羲的祭祀，在增强中华民族的“本根”意识，提高中华民族的凝聚力方面都将起到重要的作用。

其二、有利于继承民族优秀的传统，弘扬和培育民族精神。由伏羲文化所体现出来的伏羲精神，即伏羲独具的创造精神、奉献精神和和合精神为人类的生存和发展开辟了广阔天地。弘扬伏羲文化精神，就是对文明和进步的礼赞，对劳动和创造的肯定，对无私奉献者的感恩，这与我们弘扬民族优秀文化，培育民族精神，建设富强和谐国家的时代精神是相一致的，也无疑会对提高民族自豪感、增强民族凝聚力、激发爱国主义情怀起到积极的作用。伏羲文化精神无疑是塑造国民性格，开发民族智慧，推进民族复兴的精神源泉，具有永不枯竭的亲和力和感召力。

伏羲的祭祀，作为一种文化传承活动，是有别于其他文化活动的，它具有广泛性、官民共同参与性、庄严神圣性等特点。①这些特点，决定了伏羲的祭祀文化活动，在继承优秀传统文化，弘扬和培育民族精神方面具有特殊的作用。通过祭祀活动，可以体验到伏羲文化的博大精深，可以感受到伏羲精神的生命力、感召力和凝聚力，对增强人们爱国主义思想，纯洁人们心灵情感，激励人们昂扬向上，都能起到积极的作用。正因为如此，历朝历代统治者对伏羲的祭祀特别重视，不仅“御制祭文”，祭祀仪式被列入国家大典，而且作为一种礼制、制度确定下来。今天，伏羲祭祀又被列入国家非物质文化遗产，尽管伏羲氏的祭祀与历史上的祭祀有着很大的不同，但在继承先祖精神，弘扬和培育民族精神方面却有着相通之处，同样是一种重要途径。

---

① 杜婷：《天水伏羲祭祀仪式的文化内涵及其旅游策划》，西北师范大学硕士论文，2007 年 5 月 1 日。

不仅如此，伏羲祭祀在感召、凝聚海外华人关心、支持、参加祖国社会主义现代化建设方面，亦将发挥积极的作用。每年的清明节、重阳节或其他节日，都有大批海外华人回国祭祀、探亲、观光，他们以“龙的传人”的赤子之心自愿出资设立基金、奖学金等支援祖国的教育、文化事业，或回国参加祖国的现代化建设。他们以“龙的传人”为荣、自豪，以祖国的繁荣、强大而扬眉吐气。

今天，我们在国内面临实现现代化、全面建设小康社会、完成祖国统一大业，国际又面临经济全球化、政治多极化、文化多元化，以及世界民族矛盾上升，民族冲突、战争不断的形势下，伏羲的祭祀，不仅具有重要的现实意义，而且具有深远的历史意义。随着伏羲祭祀仪式被列入国家大典，程序化、规模化及伏羲庙整修工程的竣工，其对增强中华民族凝聚力，振奋民族精神，促进祖国的现代化建设和统一大业将发挥愈来愈大的作用。

2. 伏羲祭祀仪式的现实意义

以天水伏羲庙为依托的伏羲祭祀仪式已入选国家非物质文化遗产，伏羲文化旅游节也被国际节庆协会（IFEA）评为中国最具发展潜力的十大节庆活动之一。在对作为非物质文化遗产的古老习俗进行保护的同时，也应做到开发与保护并重，通过合理地开发促进保护。

伏羲是中华民族的人文始祖，天水是伏羲文化的摇篮，因此天水也就成了人们参与朝拜伏羲的圣地。中华民族历来具有慎终追远、饮水思源的道德传统，尤其在当前新时代，在“中华祭祖热”回归的新时期，如何使伏羲祭祀既能体现伏羲文化的精华、本质、价值和精神，又能与时代相适应、能推动社会精神文明的发展、能推动中华民族的繁荣昌盛、能团结海内外龙的传人，共同谋求大发展，这可能是当前最大的课题。

（1）伏羲祭祀仪式的开发机遇

其一、当今时代具有全球文化商机的人类寻根热活动。当今时代人类寻根热的精神愿望已自觉地引导旅游热点向东转移。马来西亚亚洲经济趋势分析人冯久玲女士说："过去，美好的生活只限于帝王贵族和那些控制土地资源和特权的少数者。今天世界近乎1/5的人口能够追求美满的生活，即美国人口中所谓的'goodlife'。"这一切已经改变了整个世界的经济景观，给衣、食、住、行各行业带来新机会。作为人类的根文化，在现代生活中追根溯源不仅是一种文化时尚，而且是人类本欲中不可忽视的一种消费倾向。[①] 就看怎样以这1/5的文化消费者的心理重新审视伏羲文化资源，然后将资源依照消费者的心理需求培育成产业发展的方向，再定位其层次、规模。还可以在发达国家首先开展伏羲文化旅游的长期宣传。另外还可以做一些旅游需求的调查，了解哪些旅游动机是各类消费者最佳出境旅游的兴趣。这些必要的可行性调查，可以为伏羲文化资源的产业化提供科学的决策依据。

其二、从旅游资源大省到旅游强省的观念的转变。近年甘肃省提出了建设旅游强省的设想。伏羲文化是中华民族博大精深的一笔人类根文化资源，伏羲的故乡在甘肃省天水市，这就意味着首先应该开发的文化资源就是伏羲文化资源。

早在2003年，经过多方论证确定并签订合同在甘肃省天水市卦台山建设以伏羲为主线的华夏文化纽带工程——"伏羲文化始祖园"。这本身就进一步丰富了卦台山旅游景点的内容，又为伏羲文化景点和伏羲文化等边缘旅游景点起到了枢纽作用。现今，天水市政府有积极筹建"伏羲文化城"，它将为甘肃省正在

① 周小华：《伏羲文化产业化近期思考》，载《甘肃社会科学》2004年第6期。

实施的“在甘肃建设以伏羲为代表的文化标志城”起到龙头作用。① 目前，甘肃省文化职能部门应努力研究以现代市场经济的立场观点和方式、方法，不断探索伏羲文化资源尽快转化为产业的问题。制定以伏羲文化始祖园为龙头，以适应国际、国内中、高收入阶层的消费人群为主体的文化产业发展的各类政策。积极引进、推广国外先进的文化产品营销方式，培育各类中介组织，吸引文化市场管理人才，为伏羲文化产业化寻找出路。

2013 年年初，甘肃建设华夏文明传承创新区获得国务院正式批复。“华夏文明传承创新区”建设思路中提到，将建设“以始祖文化为核心的陇东南文化历史区”，将加强对“文物保护、大遗址保护、非物质文化遗产保护传承、历史文化名城名镇名村保护利用、民族文化传承……”

其三、伏羲祭祀仪式的开发应当以研究和应用伏羲文化为主题。伏羲文化是中华民族的根文化，也应是面向未来的文化。伏羲祭祀仪式作为伏羲文化的有机组成部分，它的开发应以展示、弘扬伏羲文化为宗旨，在现代生活中激活这种文化，展示其亘古不衰的魅力。要通过旅游开发这种形式让更多的人认识它、了解它、接受它，在打造文化效益的基础上带动经济效益，并进一步用经济效益确保其文化内涵。在“保护性的开发”的大原则下，对传统的文化精华和精神财富要保留发扬，对一些不适应时代的做法要合理创新，适应当前社会和人民的物质文化生活水平，这也才能更好地继承传统文化。

（2）伏羲祭祀活动与旅游互动时的关键点

伏羲祭祀仪式被列为世界非物质文化遗产代表作名录，是对千年以来民众创造的伏羲祭祀仪式文化价值的肯定，也是开发伏羲祭祀仪式文化旅游产品的契机，使伏羲祭祀仪式文化与旅游事

① 周小华：《伏羲文化产业化近期思考》，载《甘肃社会科学》2004 年第 6 期。

业产生互动，产生良好的经济效益和社会效益。要使伏羲祭祀仪式文化和旅游文化达到完美的结合，必须要做好保护规划和旅游规划，以伏羲祭祀仪式文化为依托，通过旅游达到人类文化共享的目的。在此，应注意以下两个关键点：

其一、官方开发系统与民间开发系统。从官方开发系统与民间系统及其互动用系统论的观点看，伏羲祭祀仪式首先是一个民间文化系统，这个系统不是为了旅游者而存在的。伏羲祭祀仪式虽然可以用来作为旅游资源开发，但是祭祀仪式本身的这个系统主要是为了满足广大民众的心理需要而存在的。因此在开发时首先要照顾到广大民众的需要，然后才是旅游者的需要，不能本末倒置。① 祭祀仪式民间文化系统存在的历史已经很悠久了，之所以会形成对旅游者的吸引力，首先在于这个民间系统对当地民众的吸引力。正是由于广大民众的广泛参与，才形成了伏羲庙今天的规模、声势和吸引力。所以民众的参与是祭祀仪式进行旅游开发的前提，也就是说由于民众的广泛参与才形成了伏羲祭祀仪式这种旅游资源。

1988 年以来在天水祭祀伏羲的活动有公祭和民祭之分。随着国家对伏羲庙旅游资源开发的重视，伏羲祭祀中的另外一个系统在祭祀中扮演的角色也越来越重要。这个系统就是官方系统。在这里可以狭义理解为旅游开发主要是当地政府和开发商的事，也可以说是开发系统。这个系统是以带动当地经济发展和取得经济利益为主要目的的。相对于此，民间系统对祭祀的需求则是民众的一种精神需要，一种心理诉求，主要目的是为了获得精神上的满足和心理上的安慰。这两种系统有时是相互补充，相互交融的。

其二、警惕祭祀仪式的“庸俗化”“表演化”倾向。伏羲祭

① 尉富国：《伏羲陵庙会考察与旅游开发论略》，载《沧桑》2009 年第 12 期。

祀仪式表现的是民间信仰的制度化、规范化，突出了伏羲信仰的神圣性。伏羲祭祀仪式，所表现的是这种信仰已经融入民众的生活，对民众信仰习俗的尊重和保护，是伏羲文化生命力所在，也是旅游者追随伏羲文化的心理诉求。伏羲祭祀仪式的旅游开发是一项神圣而严肃的任务。要警惕目前在重要的非遗保护中出现的“庸俗化”、“表演化”倾向。在非物质文化遗产开发保护中我们常常听到一个熟悉的声音“打造 XX 文化品牌”，在这种口号下，肆意对保护对象加以改造，使非遗保护失去原来的意义，这是极其有害的。伏羲祭祀仪式有其神圣的祭祀空间——宫庙，这种空间不可随意移动。

（3）对伏羲祭祀仪式的保护措施

首先要立法为伏羲祭祀仪式的保护提供法律保障，从而使得该项活动的进行找到法律的依据。2005 年 12 月，国务院发布的《关于加强文化遗产保护的通知》决定，每年 6 月的第二个星期六为中国“文化遗产日”。2006 年 6 月 10 日是我国第一个“文化遗产日”，这为全体公民保护、宣传非物质文化遗产保护提供了政策上的依据。[①] 作为非物质文化遗产的伏羲祭祀仪式，在保护方面虽然有了政策上的依据，但是我们仍然需要健全和完善这项法律和法规，使得民间和政府能各自认清自己的作用和角色。

其次在整个保护过程中，政府的引导至关重要。1988 年，政府宣布恢复伏羲祭祀仪式之后，博物馆就进驻伏羲庙，负责并组织每次伏羲庙的祭祀仪式，并完成了伏羲祭祀仪式的“申遗”工作。与此同时，对伏羲庙内的建筑物进行着不断的修葺和完善，以明清伏羲庙的格局为参照，将伏羲庙除去明代修建的正殿之外，全部修葺一新。而且，他们在最近几年希望遵照明清祭祀

---

① 薛忠：《影响甘肃民间非物质文化遗产流失的因素探析——以松鸣岩花儿发展为例》，载《甘肃高师学报》

伏羲的过程来进行祭祀，所以恢复了上元会的组织机构，并新任了会长。但在调查的过程中，我了解到，上元会组织的确被恢复，但是有名无实。会长只是在庙会期间负责帮忙，组织群众来完成民祭仪式，而平时他们自己都没有任何权利来参与伏羲庙的任何管理事务。

太昊伏羲祭典是天水市发展经济的一张王牌，所以天水市政府对此给以极大的关怀。不论是民祭还是公祭，天水市政府都会派人指导工作或出席，甚至参与。市局相关单位，总是积极地给予配合和支持，诸如安全保卫工作和交通协调工作等，都必须由政府出面协调，届时无条件地为伏羲祭祀而服务。根据我们国家的政治体制，政府是国家权力机构，它拥有调动下属部门的特殊权利。非物质文化遗产保护的工作绝对不是由哪个团体或个人来完成的。因为这些实体都有他们自身的局限性，想要打通各个部门的脉络，并不是件容易的事，所以“政府主导”便成了最佳的选择。再说，政府在产生之初，就具备管理这种事物的基因，所有的实权机关都隶属于政府。根据中国的国情，若将国家比作一个人的话，党的机构就是一个人脑，而政府机构就像人的身体，包括手和脚，党指挥政府，政府就成了国家运作的实体。所以，“非遗”保护过程中选择政府主导的保护方针是唯一的选择。换句话说，就是只有政府才有足够的权力来实施这种事务。同时，只有在政府的统一领导指挥下，保护工作才能顺利有效地进行，才可以保证人民的生命和财产安全而不受任何影响，这样也有利于促进经济发展和人民的生活水平的提高。换言之，经济发展的方针也符合党为人民的根本方针，一手抓经济建设，一手抓精神文明建设，两手都要抓，两手都要硬。只有精神和物质同时在政府的职权范围内，政府才能掂量出政策应该偏向于哪个方面，才能使两个方面保持相对的平衡，使社会这驾马车顺利地往前走。

地方政府要切实负起责任，制定必要的保护条例和措施，为伏羲祭祀仪式传承活动提供必要的条件，即在人、财、物等各个方面保证伏羲祭祀仪式保护的各项行政措施得以落实，在祭祀活动具体实施的过程中，应当发扬“全民参与”的精神，适度放权，让民众自己去进行祭祀活动，尽可能的减少政府力量的介入。政府主导还可以包括，各级人民政府，将伏羲祭祀仪式保护事业纳入地方政府国民经济和社会发展规划，所需经费列入地方财政预算；建立伏羲祭祀仪式保护专项资金；鼓励通过捐赠等方式设立伏羲祭祀仪式保护社会基金等。①

再三积极倡导“社会参与”。“社会参与”是保护作为非遗的伏羲祭祀仪式的又一个很重要的方面。首先，“社会”广义上是指整个人类社会，狭义上说是指与这项“非遗”项目有关的个人或团体，还有他们赖以生存的社会环境及生活方式。总之，要让这个项目得以留存下来，就得凭借整个社会的力量，首先，社会中有一部分人在精神层面上有这个需要，其次，得有人能将这种东西流传下去，而这两方面，都与民间社会是息息相关的。

现在我们面临的问题是，民众在某些方面，可能有迷信的因素，所以政府得引导民众将封建的、不科学的成分祛除；另一方面，政府也有保护传承的效力，使得这项民众的精神文化遗产代代相传下来，即使若干年后，也能让后人知道前人的精神生活，从而提高人民的文化素养，丰富精神生活。

社会参与的关键，就是说不论是该仪式或活动的举行还是传承，都得依靠社会上民众力量的参与。只有凭借这些量，非遗项目才能保持它的持久生命力而不衰。就伏羲祭祀仪式来说，首先，得民众参与祭祀，正月十六的伏羲祭祀，是民间祭祀伏羲的

① 卢军伟：《“非遗”保护过程中民间角色与政府作用的探讨》，西北民族大学硕士论文，2009 年 4 月 1 日。

日子，一年一度。是时，我们看见作为市文化局下属单位的博物馆直接介入此事，从会场的布置，到祭祀的整个过程，都有博物馆的具体指导和参与。以至于一些来自民间的自愿帮忙的人，被安排到无关紧要的地方“赋闲职”。但让人不可思议的是，进伏羲庙上香，还得每人买五元一张的门票。对民众的这种种限制和轻视，不仅是阻止民众参与伏羲祭祀，更有可能破坏民众信仰伏羲的一个环境。民间伏羲祭祀渊源，是从民众开始的。不能仅仅因为地方发展和宣传的需要，就将民众放到一边。与现实情况相反，民众应该在整个过程中唱主角，而政府部门的作用，是应当极力地配合民众祭祀，搞好周边的协调工作。

伏羲信仰是抚慰人们心灵、教化人们的工具，可以使人怡情养性，调节欲望，保持心理平衡，达到情感宣泄的目的；另一方面，它的产生来自庶民百姓向往美好生活的愿望和对幸福、理想生活的追求。这种功利性的需要与愿望，首先蕴含了民众最切实、最基本的生存需求，同时又包含了深刻的社会需要和精神需求，它能接触个人生存之欲和人生苦痛，提升人生精神境界。随着现代化进程的加快，大众传播媒介大量进入民间生活，使人们大开眼界的同时，又深深地感叹外面世界的精彩，无奈自己生活水平底下，有时这种差距会使人的心理产生极大的不平衡，从而把对神灵的崇拜当作一种精神寄托，求得情感的满足，这可以说是一种无奈中的有为。

民众对伏羲祭祀是发自内心的一种精神需要，它是单纯而又淳朴的。没有接受过任何利益的熏陶与感染，所以我们应当鼓励民众的这种思想观念。而不应该仅仅为了追求经济效益，或者是广告效应，沉迷于如何将其做大的问题。就民间伏羲祭祀对整个社会的发展和文化的壮大的意义上来说，做好远远比做大重要得多。尤其是在民族冲突、战争不断的形势下，伏羲的祭祀，不仅具有重要的现实意义，而且具有深远的历史意义。随着伏羲祭祀仪式被列入国家大典，程序化、规模化及伏羲庙整修工程的竣工，其对增进中华民族凝聚力，振奋民族精神，促进祖国的现代化建设和统一大业将发挥愈来愈大的作用。

最后要通过保护伏羲祭祀仪式非物质文化遗产，引起人们对传统文化、传统民俗的重视，认识到伏羲祭祀仪式的意义和价值。

对传承人或传承单位进行适当的资助或授予相应的荣誉称号；对创造、保护和传承伏羲祭祀仪式代表的地区，授予相应的称号，利用公共传媒、公共文化机构以及各级人民政府举办的研究机构、艺术表演团体等，开展非物质文化遗产及其保护工作的介绍、宣传、展示和交流活动；开展学校教育活动；促进国际国内的相关学习和交流活动等。①

五、结　语

经前文的论述，我们得知伏羲祭祀活动是众所周知的，天水地区在这方面传承了古老的伏羲祭祀的传统，无论是从典籍记载的官方祭祀中还是民间记忆的民间祭祀活动，都很好地做到了这一点。但是从当前主要以官方为主的公祭还是民间祭祀活动来看，官方都参与其中，尤其在影响盛大的官方祭祀活动中，官方作为祭祀活动的主持者，承担着整个祭祀活动的人员调配和资源调配。这是不是意味着，作为祭祀的主持者，政府在推动经济工作的同时，民间传承的传统已经升格或者说重新作为官方文化工作的内容。

因此对于官方而言，伏羲的神话传说的真实性并不重要，但

① 薛忠：《影响甘肃民间非物质文化遗产流失的因素探析——以松鸣岩花儿发展为例》，载《甘肃高师学报》2007 年第 5 期。

神话形式所象征的政治伦理价值却有效地安抚了公众，并且有时对危机的化解相当奏效。对其进行有仪式、有组织、有定制的祭祀，并且加以某种荣誉称号或者嘉奖，明显是为了保持政治伦理秩序的稳定；当然作为一个政治体在长期的运作中，难免出现瑕疵以及难保完全正确也是重要的方面。这必然要求官方在面对伏羲的信仰和民间的崇拜时，竭力要去占据主导的地位。但是要保持绝对的权威也是不可能的，所以最终也不得不满足于大众只是在名义上接受官方的说法。这恰恰也让官方对伏羲的定义显得尤为重要和必要，但是一味的采取强制手段并不能解决切实问题甚至激化矛盾，有选择的迎合大众的心理，并且不完全否认伏羲的下层意义；对伏羲的祀典强加一个范式或者说一个结构，鼓励伏羲教化、文明的意义象征却不触动基于君权和神权的伏羲某方面神性的独享成为一个方针和策略。

民众看来，伏羲政治伦理的色彩是无所谓的，重要的是延续伏羲功能性神的价值。官方和民间各自清晰的脉络并行不悖，相安无事地共同刻画了伏羲的形象和赋予了伏羲的神圣和神性，两者是相对独立而又相互联系的两条线索。

作为国家非物质文化遗产项目的伏羲信仰与祭祀仪式，在天水乃至周边地区的影响范围大，影响力度强。伏羲信仰与祭祀仪式在发源地天水的旅游开发，使伏羲信仰文化的祖根地通过文化景观方式表现出来，使之表象化，增强天水的吸引向性，打造民间信仰寻根旅游品牌。但是令人担忧的是目前很多古老习俗都因为受到现代文化的冲击而渐渐消失或受到不同程度的破坏。万建中教授曾指出：“民俗是一种民众中传承的文化传统，其核心就是传统，其传播又是在复制、更新和强化文化传统。”① 所以，传统更多地被整理、挖掘、恢复、重建，最终被打造成地方旅游

① 万建中：《民俗的力量与政权》，载《北京行政学院学报》2003 年第 5 期。

的重要品牌。针对这种危机，很多专家、学者都呼吁要“抢救正在消失的文化”，而合理的旅游开发正是目前行之有效的一个途径。对伏羲祭祀仪式的开发应该以研究和应用伏羲文化为主题。伏羲文化是中华民族的根文化，也应是面向未来的文化。伏羲祭祀仪式作为伏羲文化的有机组成部分，它的开发保护应以展示、弘扬伏羲文化为宗旨，在现代生活中激活这种文化，展示其亘古不衰的魅力。要通过旅游这种形式让更多的人认识它、了解它、接受它，在打造文化效益的基础上带动经济效益，并进一步用经济效益确保其文化内涵。在“保护性的开发”的大原则下，对传统的文化精华和精神财富要保留发扬，对一些不适应时代的做法要合理创新，适应当前社会和人民的物质文化生活水平，这也才能更好地继承传统文化。

参考文献：

专著类

1. 刘雁翔：《伏羲庙志/天水地方志丛书》，甘肃文化出版社，2003年版。

2. 耕夫：《天水传说/天水地方志丛书》，甘肃文化出版社，2005年版。

3. 王剑：《论中华民族共同先祖的确认》，甘肃人民出版社，2004年版。

4. 李燕杰：《伏羲人祖礼赞》，河南美术出版社，2004年版。

5. 刘雁翎：《大哉羲皇——中华龙源与伏羲文化》，甘肃人民出版社，2000年版。

6. 霍想有：《伏羲文化》，中国社会出版社，1994年版。

论文类

1. 杨利慧：《伏羲女娲与兄妹婚神话的粘连与复合》，载《北京师范大学学报》（社会科学版）1997年第3期。

2. 杨利慧：《女娲信仰起源于西北渭水流域的推测——从女娲人首蛇身像谈起》，载《北京师范大学学报》（社会科学版）1996年第11期。

3. 马雪莲:《伏羲祭祀变迁中的文化内涵分析》,载《西北第二民族学院学报》(哲学社会科学版)2004年第1期。

4. 雍际春:《伏羲神话传说的文化价值》,载《宁夏社会科学》2005年第4期。

5. 霍志军、吴云霞:《伏羲文化源流探析》,载《天水行政学院报》2011年第1期。

6. 余粮才:《民间视野中的伏羲与女娲——以天水伏羲、女娲信仰为例》,载《西北民族大学学报》2005年第7期。

7. 曹玮:《天水伏羲庙灸百病习俗调查》,载《民俗研究》2006年第3期。

8. 杜婷:《天水伏羲祭祀仪式的文化内涵及其旅游策划》,载《西北师范大学学报》2007年第9期。

9. 张宏斌:《伏羲信仰微谈——官方与民间两条线索的考察》,载《首都师范大学学报》2009年第7期。

10. 卢军伟:《伏羲氏被神化的过程及民众信仰心理浅析》,载《西部丛》2008年第9期。

内蒙古“查玛”的表现形式与文化内涵

——以呼和浩特大召寺为个案

赵　丹

一、绪　论

本文以田野调查为基础方法，以内蒙古呼和浩特地区的大召寺“查玛”表演为个案，综合运用民俗学、文化人类学的相关理论，探讨内蒙古“查玛”的传入及发展，目的在于相对系统地揭示出内蒙古“查玛”表现形式、艺术体征及文化内涵，以进一步探讨在当今社会环境下内蒙古“查玛”的生存状况及其保护措施。

（一）选题背景与缘起

“查玛”是蒙古族民众日常及宗教生活中影响较大的一种宗教艺术形式，它的产生与发展同藏传佛教的形成与发展密不可分。藏传佛教以其潜在的文化影响力，在其所经之地，留下了藏传佛教一系列外显的表现形式，如：寺院建筑、唐卡、风俗习惯等，其中也包括藏传佛教的舞蹈“查玛”。“查玛”在内蒙古地区经历几百年的传承，已是蒙古族民众民俗文化生活的一部分。“查玛”产生于西藏，由印度大师编创，深深地打上了印度及藏民族文化的烙印，随着藏传佛教在内蒙古地区的深入，“查玛”已成为多种文化交融的产物。就“查玛”丰富的外在形式及多民族的文化内涵而言，它是蒙古族民俗中不可忽视的部分，是研究人类文化艺术遗产的重要资料。

第一次看到“查玛”表演时，便被它神秘的表演风格所吸引，经了解后发现，它不仅仅是一种宗教舞蹈，更包含着多层次的象征意义及民族文化内涵。因此，为了能更加深入地了解这一舞蹈形式而将它作为毕业论文的题目。

之所以选择内蒙古呼和浩特大召寺作为调查地点，是因为大召寺是内蒙古地区建立的第一座格鲁派寺庙，有着悠久的历史根源，甚至在有些资料中认为，格鲁派“查玛”最早也是在大召寺进行表演的，因此是了解内蒙古地区较为完整的“查玛”仪式，所以将大召寺作为调查点。

（二）研究现状与评述

“查玛”作为蒙古族文化艺术的组成部分，是蒙古族民众普遍喜爱的宗教舞蹈形式。目前对“查玛”的研究已取得了一定的成果，主要涉及以下几个方面。

1. 对“查玛”起源的探究

每篇涉及“查玛”的文章都会提到这一点，探讨“查玛”舞的起源在学术界有不同的说法：（1）“查玛”创始于古印度佛教，是释迦牟尼留下来的乐舞剧，是古代印度佛教婆罗门教和其他宗教徒激烈斗争的产物；（2）“查玛”来源于西藏的“羌姆”，“羌姆”是密宗大师莲花生编创的；（3）“查玛”的兴起与朗达玛的禁佛运动有关；（4）“查玛”始自黄教的创始人宗喀巴，目的是提醒本派僧侣要始终坚守自己所规定的戒律。笔者比较认同“查玛”来源的第二种说法，但具体的传入时间则没有相关的文献记载。

2. 对“查玛”舞表演过程的研究

这部分的文章主要是以寺院为单位对“查玛”进行划分。这些寺院主要有赤峰市喀喇沁旗的“查玛”、乌审召“查玛”、准格尔召“查玛”、广宗寺“查玛”、镶黄旗“查玛”、阿鲁科尔沁旗“查玛”、阜新县瑞英寺“查玛”、黑龙江地区“查玛”等。另外，对“米拉查玛”的探讨也很多，涉及表演过程及其中的角色分析。但对艺术形式保存较为完整的大召寺“查玛”则无人涉及，所以本文以内蒙古呼和浩特大召寺“查玛”表演为个案，试图为“查玛”表演形式的完善作出贡献。

3. 对“查玛”艺术特征的研究

这类文章从舞蹈表演的外在表现形式出发，如舞蹈动作、面具、音乐、服饰等。其中对面具的研究比较多，文章有《试论“查玛”乐舞之起源与传播》、《黑龙江省“查玛”文化浅析》、《论佛教乐舞“查玛”艺术——藏传佛教乐舞“查玛”艺术在内蒙古地区的传播》等，将面具分为三类即凶神面具、善神面具、动物面具。凶神面具又可分为：（1）护法神面具；（2）骷髅面具；（3）山妖、鬼王之类的面具。善神面具又被分为：（1）世俗人物的面具；（2）面相平和神的面具。动物面具被分为：（1）飞禽；（2）走兽；（3）水族。在“查玛”表演中乐器被分为：（1）打击乐器；（2）吹管乐器，具体的文章有《论佛教乐舞“查玛”艺术——藏传佛教乐舞“查玛”艺术在内蒙古地区的传播》、《试论“查玛”乐舞之起源与传播》、《查玛之舞与乐》等。对“查玛”服饰的研究有限，文章主要有硕士论文《论佛教乐舞“查玛”艺术——藏传佛教乐舞“查玛”艺术在内蒙古地区的传播》和期刊论文《查玛之乐与舞》、《查玛探析》等。

4. 关于“查玛”与傩文化关系的讨论

“查玛”被划归傩文化的范畴，虽然两者没有直接的渊源关系，但“查玛”表演佩戴面具、驱鬼逐疫和季节性等特征都与傩文化的核心内涵相同。所以在曲六乙、钱茀先生合著的《东方傩文化概论》中将“查玛”归入了寺院傩的范畴，同类的专著还有顾朴光的《中国面具史》、马成俊主编的《神秘的热贡文化》、刘志群先生的《西藏祭祀艺术》等，论文有：波·少布的论文《黑龙江省“查玛”文化浅析》和《浅析勃额教与藏传佛教、傩的关系》、白翠英的《科尔沁民族民间舞蹈与宗教》等文章。

5. 从舞蹈学的角度研究“查玛”

在1994年之后出版的关于舞蹈方面的专著都涉及了“查玛”，分别是《中国民族民间舞蹈集成·内蒙古卷》、《中国舞蹈志·内蒙古卷》和《中国区域性少数民族舞蹈》等。在《中国民族民间舞蹈集成·内蒙古卷》中提到内蒙古首座黄教寺院大召寺的落成典礼上第一次演出了“查玛”，但这种说法的准确性仍值得商榷。在三篇著作中都介绍了四种“查玛”的演出程序，分别是“娜若·卡吉德玛”、“乌审召查玛”、“广宗寺查玛”、“镶黄旗查玛”。另外，在《中国民族民间舞蹈集成·内蒙古卷》和《中国舞蹈志·内蒙古卷》两本书中又对其他的“查玛”表演进行了介绍，如“米拉查玛”、“法轮寺查玛”、“善通寺查玛”。尤其是在《中国民族民间舞蹈集成·内蒙古卷》中对“查玛”表演的动作、面具、服饰、主要角色等方面进行了详尽的介绍。并利用舞蹈学的知识对“查玛”动作上的一些蒙古文化内涵进行分析。

6. 国外学者对“查玛”的研究

20世纪初由丹麦探险家、人类学家亨宁·哈士纶所著的《蒙古的人和神》一书，对蒙古地区的藏传佛教舞蹈“查玛”艺术进行了较为系统的论述。这是国外学者对蒙古地区藏传佛教音乐文化方面进行的一次重要探索，这一探索性研究引起了国内学者的广泛关注。

在以上搜集的资料中，研究方向主要集中在“查玛”的起源、内容、主要角色、部分寺院“查玛”的表演过程及“查玛”表演中外在的表现形式等。这些研究更多关注的是某一寺院或地区“查玛”的表演，而没有对它进行一个整体的研究。因此在本文的写作过程中，（1）关注内蒙古呼和浩特大召寺“查玛”的表演过程；（2）分析“查玛”的外在表现形式及艺术特征；（3）揭示“查玛”所蕴含的象征意义；（4）从历时角度，分析“查玛”对多民族文化的记忆；（5）经过对“查玛”文化内涵的分析，思考“查玛”目前的生存现状，并提出相应的保护措施。

（三）本研究的目的、意义

1. 选题目的

本文是关于内蒙古藏传佛教舞蹈——“查玛”的民俗学研究，在对“查玛”历史渊源考察的基础上，运用细描的手法描述呼和浩特大召寺“查玛”的表演过程，揭示它的艺术特征。之后从象征人类学的角度分析“查玛”的象征意义及其多民族的文化记忆。选择“查玛”这一在内蒙古地区广泛流传的民俗事象，一方面是为了更加深入地了解这一传统的宗教艺术形式，另一方面是为了讨论“查玛”所蕴含的民族精神及文化内涵。

（1）对非物质文化遗产的抢救与保护。“查玛”作为一种传统的宗教艺术形式，必然受到社会结构和环境改变的影响，以及宗教本身的限制。由于它存在的社会基础日渐狭窄，它的生存也遇到了前所未有的挑战与危机。它体现的独特的民族精神、特有的思维方式和传统的文化内涵，将被现代工业社会产生的不稳定的文化观念所代替。所以，对“查玛”的保护，不能把它当成文物一样看待，只有把它纳入整个社会体系中让它获得新生，找到它在社会发展中的位置，把“死”的艺术形式变成活的文化，“查玛”才能生存下去。

（2）过去对“查玛”的研究，大部分是简单的描述和部分零碎的研究，均未对“查玛”作出整体性的研究。“查玛”是由它的外在表现形式和内在文化内涵构成的复杂的结合体。因此，对它的研究应包括两方面：一是“查玛”的表演过程及外在表现形式；二是“查玛”的文化内涵（包括：“查玛”的象征意义及文化记忆功能）。本论文将大召寺“查玛”的表演过程做了细致的民俗志描写。之所以将大召寺作为调查地点，是因为大召在内蒙古地区具有重要的历史地位及重大影响力，另外大召寺“查玛”是目前内蒙古地区保存最为完整的寺院之一。

2. 选题意义

“查玛”已被列入国家级第二批非物质文化遗产名录。它是多个民族文化相融合的产物，具有独特的外在表现形式，即神性十足的“查玛”面具、色彩绚丽的“查玛”服饰、多民族文化色彩的“查玛”乐器、庄重威严的“查玛”舞蹈动作，又具有多民族相融合的文化内涵。它是研究藏传佛教历史、蒙藏文化交融的重要素材。另外，在对“查玛”保护的过程中，如何使“查玛”在新的历史条件下获得新生，是现代宗教艺术形式面临的共同问题。

（1）历史研究价值。“羌姆”是藏传佛教的寺院舞蹈，产生于公元 8 世纪。16 世纪后，藏传佛教第二次传到内蒙古地区，“羌姆”艺术也随之在内蒙古寺院里扎根，音变为“查玛”。“查玛”承载着丰富的历史，是过去时代流传下来的历史财富，它不仅反映了其产生的特定历史条件，也折射了蒙古、藏等民族独特的精神气质与文化内涵。

（2）学术意义。首先，“查玛”是多种象征符号的集合体，是蒙藏民族民众特有的一种宣扬佛教精神的方式，有独特的审美价值。“查玛”具有独特的传统文化内涵和民族记忆，是一个民族赖以生存和发展的“根”。如果失去了这些，也就失去了自己的特性和持续发展的动力。其次，“查玛”是一种活态的流变艺术，它包含的“文化记忆”更容易随时代迁延与变革而被人们忽略或忘却，我们只有在重新唤醒这些记忆的基础上，才能真正懂得藏传佛教文化的整体内涵和意义。否则我们损失的不仅仅是“查玛”这一宗教艺术形式，更重要的是寄寓在“查玛”中宝贵的人类智慧和精神血脉，而这种损失将是难以挽回的。

（3）现实意义。“查玛”是流传在内蒙古境内一种传统的宗教舞蹈艺术。数百年来，它已经逐渐发展成为一种独具特色的民族民间艺术，其丰富的文化内涵堪称藏传佛教传播史的活化石。“查玛”艺术对丰富人民群众的文化生活，满足内蒙古地区广大人民群众在精神层次上的要求，都产生了重要的促进作用。另外，“查玛”是一种活态的历史，不仅弥补了史料的不足，更提供了一个直观的、形象生动的认识藏传佛教历史文化和蒙藏民族文化内涵的新视角。

（四）对本研究相关概念界定

藏传佛教是佛教的一支，又被称为西藏佛教或喇嘛教。公元 8 世纪，印度佛教传入西藏地区后，遭到西藏旧贵族及苯教法师的反对，在与苯教的长期斗争中，吸收融合了苯教的教义、教规及神祇，形成了独具特色的藏传佛教。

“羌姆”一词在贡珠·云丹嘉措所著并于 1982 年出版的《知识总汇》一书中作出了比较科学的定义。在藏语中“羌姆”最初的词义是指“有起伏的人体动作”，直接作意译，则是“跳舞”，或“跳舞蹈”。但是，在长期的使用中，“羌姆”一词的固定内涵逐渐形成，即指“宗教舞蹈”①，它是“藏传佛教各派僧众在自己寺院范围内表演的一种仪式隆重，场面壮观，气势宏大的集诵经、音乐、舞蹈三位一体的寺院大型舞蹈艺术。”②

“查玛”属藏传佛教法舞，源于西藏寺院舞蹈“羌姆”。“查玛”是藏语“羌姆”音译过来的名称，汉语俗称为“金刚舞”、“跳布扎”、“跳神”、“跳鬼”等，是指舞者戴上具有佛教象征意义的面具，在法器的节拍下直接演绎佛教教义的舞蹈形式，表现藏传佛教驱鬼镇邪等功能。“查玛”是藏传佛教传入内蒙古地区以后兴起的，主要流传于内蒙古地区的寺院中，是印度文化及蒙藏文化长期交流的产物，是一种集舞蹈、音乐、戏剧为一体的综合性的艺术形式。从 13 世纪传入蒙古地区开始，便对内蒙古地区的舞蹈文化产生了重大的影响，是蒙古族传统舞蹈的重要组成部分。

表现形式在本文中指的是“查玛”表演中直接呈现给观众的，观众可以通过这些形式能更好地理解“查玛”的艺术特征，如：“查玛”的面具、服饰、乐器、舞蹈动作等一系列表现在观众面前的形式。

文化内涵本文指“查玛”的艺术特征、象征意义及其所承

---

① 冯双白：《青海藏传佛教寺院羌姆舞蹈和民间祭礼舞蹈研究》，中国艺术研究院，2003 年版。

② 丹增次仁：《西藏民舞品种展示》，载《西藏艺术研究》1992 年第 2 期。

载的多民族文化的记忆。

象征是自然地代表具有类似性质的或在思想上或在实际上有关联的事物。“象征具有多义性和统合性的性质。象征的多义性，又称为象征的浓缩性，指的是每一个象征都是以最简明的形式来代表许多事情；象征的统合性指的是对彼此矛盾或相异的观念和事物的某种统合。一般来讲，越是主要的或占中心地位的象征，越具有多方面的含义或越能代表和统合更多的东西。”①

文化记忆是一个民族或国家的集体记忆。文化记忆依靠的主要媒体是文字和仪式，这里的仪式并不是普通日常生活中的礼俗和礼规，而是在特殊时间和特殊场合下的特别的庆典仪式。②“查玛”正是这种在特殊时间和特殊场合下表演的宗教仪式，由于“查玛”悠久复杂的历史渊源，又使得“查玛”蕴含着多民族的文化内涵，本文的文化记忆主要指的就是对各民族文化内涵的记忆。

（五）本文的研究方法

民俗学是一门现在的学科，它的主要资料来源仍存在于民间活的民俗事象中，这是一种既具有历史传承性，又表现为现实形态的民俗资料。以此，民俗资料的搜集，最主要的是田野作业的方法，但是涉及某一民俗事项历史研究时，就要注意到用文献学的方法来搜集资料。因此，本文对“查玛”这一民俗事象的研究方法有田野作业方法、文献学方法。

---

① 夏建中：《文化人类学理论学派》，中国人民大学出版社，1997 年版，第 310 页。

② 王霄冰：《文化记忆、传统创新与节日遗产保护》，载《中国人民大学学报》2007 年第 1 期。

1. 田野作业方法

田野作业方法是民俗研究中最重要最有效的方法。本文的田野调查以“查玛”为调查对象，以内蒙古大召寺为调查地点，通过无结构访谈及参与式观察的方法展开。无结构访谈的对象有大召寺主持排练“查玛”舞的总指挥巴根纳师傅、“查玛”舞“查干乌布贡”老人的扮演者热希师傅、大召寺“查玛”的非遗传承人金城师傅、现场的观众等。参与式观察共有三次，分别是2010年正月十五及2011年正月十五两次的祈愿大法会、2010年农历六月十五大召寺的善缘法会，在三次法会中都有“查玛”舞的表演。由此得到的资料，使我们看到了活的民俗形态，看到形形色色蕴含着民俗含义的文化物品，从而使此次研究建筑在一个坚实的基础上。

2. 文献研究方法

本文旨在挖掘内蒙古“查玛”的渊源、现状、仪式的表演、仪式中的文化内涵等深层次的结构，除立足调查地的实际情况外，还要通过各种文献典籍中对“查玛”民俗方面的分析论述进行研究。一方面去图书馆大量翻阅历代有关藏传佛教、藏族“羌姆”、内蒙古“查玛”等方面的书籍，一方面依靠网络多方查找有关信息。在对内蒙古“查玛”的研究中，一方面重视文献中的民俗资料，因为他们是前人的直观记录，具有不可替代的历史价值。另一方面，又要采取精细鉴定、慎重使用的态度，既不随意摒弃也不盲目使用，而是自觉地、适当地运用资料，使它们能更好地展现生活的本真。

二、“查玛”的基本情况及呼和浩特大召寺“查玛”的生存环境

（一）内蒙古“查玛”的基本情况

1. 内蒙古“查玛”的渊源

“查玛”属藏传佛教法舞，源于西藏寺院舞蹈“羌姆”。藏传佛教是佛教的一支，又被称为西藏佛教或喇嘛教。公元8世纪，佛教传入西藏地区后，遭到西藏旧贵族及苯教法师的反对，在与苯教的长期斗争中，吸收融合了苯教的教义教规及神祇，形成了独具特色的藏传佛教。

蒙古先民信奉萨满教，藏传佛教的传入有着漫长的历史过程。最早与藏传佛教发生联系的是成吉思汗，在长期的征战过程中，使他深刻地认识到宗教在一个民族及国家中的重要影响。因此，在对外扩张的战争中，成吉思汗十分注意利用宗教，以达到政治目的及军事目的。成吉思汗“于藏历第三饶迥火虎年（公元1206年）进兵卫藏地区，当时卫藏阿里各地的首领都无力抵御，请求归顺。萨迦派的喇嘛首先与蒙古联系，从卫藏把许多佛像和经典带到蒙古地区，这是佛教传入蒙古的开始。”① 可见，成吉思汗出于政治目的与西藏喇嘛发生过联系，但并未邀请僧人来蒙古地区传教。蒙古人中第一个皈依佛门、信仰藏传佛教的是阔端王子。在蒙哥时期，蒙哥命忽必烈在上都主持召开一次道教

① 东噶·洛桑赤列著，陈庆英译：《论西藏政教合一制度》，民族出版社，1985年版，第37页。

与藏传佛教的辩论大会，最后藏传佛教获胜。此后，藏传佛教在蒙古地区已有较高的地位。总体来说，蒙哥还是“谨守成吉思汗遗教，对任何宗教，待遇同等，无所偏袒。”① “史料记载说明，藏传佛教传入蒙古是在蒙哥时代，兴盛发展是在忽必烈时代。”② 1260 年，忽必烈继位，授封八思巴为“国师”尊号，授赐“灌顶国师”玉印。1264 年，八思巴领总制院事，管理全国佛教事务，称为朝廷供奉的大喇嘛。从此，忽必烈开始放弃成吉思汗关于同等对待各类宗教的遗嘱，偏向于藏传佛教，使得藏传佛教在内蒙古地区有了较高的历史地位。在元朝近百年的统治期间，基本上都执行了忽必烈制定的这一宗教政策，积极扶持和发展藏传佛教。但藏传佛教的主要活动范围，是在元朝宫廷和上都、大都，以及元朝统治的一些中心城市和地区。但元朝的藏传佛教只属于宫廷贵族信奉的宗教，在整个蒙古族民众中影响不深，在广袤的蒙古草原，没有扎下深厚的根基。因而，随着元朝的败亡，藏传佛教在蒙古民众中的影响也很快消失，萨满教仍是蒙古族民众信奉的主要宗教。此时传入到内蒙古地区的“查玛”据记载“是元朝重要的宫廷仪式表演。”③ 当时的流传范围仅是蒙古贵族之间，蒙古地区的普通民众仍离之甚远，所以在元朝退出历史舞台后，藏传佛教的影响也随之在蒙古人的生活中消失，自然“羌姆”也中断了在蒙古地区的传播。

“蒙古敬信黄教，实始于俺答”④，这是藏传佛教第二次传入

---

① ［瑞］多桑著，冯秉钧译：《多桑蒙古史》，中华书局，1989 年版，第 264 页。

② 德勒格：《内蒙古藏传佛教史》，内蒙古人民出版社，1998 年版，第 15 页。

③ 郭净：《心灵的面具：藏密仪式表演的实地考察》，生活·读书·新知三联书店，1998 年版，第 88 页。

④ 《圣武记》，转引自德勒格著：《内蒙古藏传佛教史》，内蒙古人民出版社，1998 年，第 86 页。

内蒙古地区。藏传佛教格鲁派是在俺答汗的扶持和倡导下，兴盛和发展起来的。1571 年，藏族高僧阿兴喇嘛到蒙古地区传教，会见俺答汗，劝他皈依佛法，敬奉三宝。1576 年，鄂尔多斯的洪台吉劝说俺答汗信奉藏传佛教，以求来世之福，建议他邀请藏传佛教中名望最高的格鲁派首领索南嘉措来青海会面，并于此年发出邀请。1578 年，俺答汗与索南嘉措在青海仰华寺相见，举行了盛大的法会，欢迎索南嘉措，并举行了隆重的入教受戒仪式。同时，二人互赠尊号，俺答汗赠给索南嘉措的尊号是"圣识一切瓦齐尔·达喇·达赖喇嘛"，意思是"藏传佛教中，在显宗、密宗方面取得最高成就的、超出世间的、学识渊博到了尤似大海一样的大师"①。索南嘉措赠给俺答汗的尊号是"咱克喇瓦尔第彻辰汗"，意思是"能转千金法轮的聪明智慧的汗王"②。俺答汗向索南嘉措许愿，在呼和浩特兴建寺庙，并用八宝装饰释迦牟尼佛像。回到土默特后，为了兑现其许诺，在呼和浩特兴建了蒙古地区第一座格鲁派寺庙大召，并塑镀金银制三世佛像，供奉寺内，故又称大召为"银佛寺"。俺答汗为了表示对藏传佛教的虔诚及扶持格鲁派的决心，作出了相应的法律规定，如禁绝萨满教等规定。明朝政府认为这是俺答汗停止掠夺，改悔好善的表现，故积极推动藏传佛教在内蒙古地区的传播。所有的这些都促进了藏传佛教在内蒙古地区的兴盛和发展，并使其成为蒙古族民众至今信奉的主要宗教。

随着藏传佛教格鲁派再次传入蒙古地区，"羌姆"也再次传入到蒙古地区的寺院中，并得到了广泛的接受，其舞蹈所传达出的宗教意义也完全相同。"查玛"在继承藏族地区"羌姆"的基础上又有所发挥，从内容到形式都有变化，从而使其蒙古化，形

---

① 德勒格：《内蒙古藏传佛教史》，内蒙古人民出版社，1998 年，第 96 页。

② 德勒格：《内蒙古藏传佛教史》，内蒙古人民出版社，1998 年，第 96 页。

成了具有蒙古族特色的法舞形式。同时，内蒙古地区各寺院的舞蹈形式，也有差异，各寺院都有自己独特的风格特色。但整体而言，各寺院的“查玛”都以基本统一的方式去教授、训练和演示。“查玛”按照密宗教义进行，以祭祀先祖神灵、为众生消灾驱邪、祈祷福寿为其宗教意义是一种严肃隆重的宗教祭祀活动。所以，现在内蒙古地区的“查玛”是具有蒙古族特色，融蒙、藏宗教文化和音乐舞蹈文化为一体的宗教乐舞艺术形式。

2. 内蒙古“查玛”的内容

“查玛”最初出现在西藏的桑耶寺，佛教大师莲花生根据印度金刚舞，吸收西藏的鼓舞和面具舞而编制出了最初的“查玛”舞。当时苯教在西藏具有很大的影响，是阻碍佛教发展的主要因素，因此佛教大师编创了“查玛”舞，一方面是为了显示佛法的宏大，另一方面是为了弱化苯教在藏族民众中的影响力。在藏传佛教的后弘期，根据朗达玛灭佛这一史实，寺院的僧人们认为朗达玛的灵魂经常出现在佛教寺院并捣乱，为镇压这股邪恶势力，“查玛”在更多的寺院中开始表演。传入到蒙古地区后，藏传佛教面临了同刚传入西藏地区同样的困境，在蒙古几千年的历史中，萨满教一直是蒙古族民众信奉的主要宗教，因此消除萨满教的影响并取而代之成为藏传佛教在蒙古地区新的任务。综上所述可见“查玛”出现的最初内容就是佛教与异教势力的斗争，并最终取得了胜利。“查玛”舞将佛教的教义、教规与文娱表演结合在一起，无形当中给观众灌输了一种思想，即佛教是可以战胜任何宗教的，佛教是能为信徒消灾解难最有效的宗教。

在佛教取得多次的胜利后，为了使佛教在人们的生活中产生更加根深蒂固的影响，僧人们在“查玛”中开始增添新的内容。对任何宗教的绝对信奉，首先要使人们有一种崇拜的心理。所以在“查玛”中逐渐增加对佛法的赞颂部分，赞颂佛教神灵无边法力及宽大的胸怀。

“查玛”的另一个重要内容就是表现人物的传记故事。藏传佛教来源于西藏，这些人物故事以西藏佛教故事为题材，同时吸收蒙古族的文化因素，使其内容更加丰富，且颇具特色。如在内蒙古地区影响较大的“米拉查玛”，正是以西藏高僧米拉日巴为主要人物，依据“15 世纪后藏僧人桑杰坚赞撰写的《圣者米拉日巴劝化记》改编”①，其中又增加了黑老头这一角色，成为蒙古地区萨满教的代表。可见，“米拉查玛”是藏、蒙古两个民族的艺术相融合的产物。

所以说，蒙古地区的“查玛”从它的内容上大体可以分为降妖镇魔的降伏舞、赞颂佛法的颂赞舞及表现人物的传记故事类等。

3. 内蒙古“查玛”的主要角色

“查玛”因其角色的表演而获得生命力，各寺院的“查玛”表演角色都十分丰富，多则上百，少则数十。因此弄清这些角色，是理解“查玛”的重要一步。“查玛”的角色按功能大体可分为四种类型：大查玛神、小查玛神、世俗普通人物、动物神。

大查玛神，泛指藏传佛教信奉之主神。在内蒙古寺院中的“查玛”，主神包括阎王神“朝依济拉”、游方僧“阿扎拉”、四大天王“玛哈仁扎”、白老翁“查干乌布贡”、千手观音化身“官布”等。“在舞蹈中‘大查玛’的动作沉稳犷悍、神态超然，举手投足都很有造型性，体现着强烈的宗教内涵和人物的情感意绪。”②

① 中国舞蹈志编辑委员会编：《中国舞蹈志·内蒙古卷》，上海世纪出版股份有限公司，2006 年，第 131 页。

② 中国民族民间舞蹈集成编辑部：《中国民族民间舞蹈集成·内蒙古卷》，中国 ISBN 中心出版社，1994 年版，第 15 页。

小查玛神，泛指一般神或藏传佛教初兴时，作为藏传佛教的敌对力量，后被征服，供主神驱使的小神。包括头戴骷髅面具的“陶德格木”、武神“扎木苏荣”等。“‘小查玛’动作灵活、节奏明快、不拘形态、较少神威。”①

世俗普通人物，内蒙古“查玛”中有一类角色虽然戴着面具，但面相和蔼。他们就是内蒙古诸多寺院都出现的老翁、老妪的角色，他们代表了人们的父母，喻义是祝福所有人的父母健康长寿；也表现了天地人间都有喜怒哀乐，舞蹈表演风趣幽默，逗人发笑。

动物神，指佩戴动物形象的面具并表现独特宗教意义的神灵。如：蝴蝶神“额勒布骇”、白狮“森哥噶热布”、鹰神“沙鲁克”等。“以动物形象出现的诸神，无论是模仿还是拟人，都颇具个性，体现着很强的韵律风格。”②

4. 内蒙古“查玛”表演时间与地点

内蒙古“查玛”的表演时间，通常都是在各寺庙大型的法会结束或佛教节日中举行，除此而外，“有的寺庙遇到本寺奠基、落成等有纪念意义的日子，都要举行诵经念佛等活动，在活动期间表演查玛乐舞。”③ 佛教的宗教节日是相同的，但每个寺院在哪个节日举行“查玛”表演又是不完全相同的。表演的天数也有所不同，这完全要看各寺院的安排。一般来说，“查玛”的表演时间有：正月初七至十五，各寺院都要举行诵经大法会，

---

① 中国民族民间舞蹈集成编辑部：《中国民族民间舞蹈集成·内蒙古卷》，中国 ISBN 中心出版社，1994 年版，第 15 页。

② 中国民族民间舞蹈集成编辑部：《中国民族民间舞蹈集成·内蒙古卷》，中国 ISBN 中心出版社，1994 年版，第 15 页。

③ 色仁道尔吉：《试论“查玛”乐舞之起源与传播》，载《内蒙古艺术》2007 年第 2 期。

也称祈愿大法会，蒙古语称“麦德尔”经会，这是一年一度的盛大法会，聚集的喇嘛和信徒很多，盛况空前，在此次法会的最后一天正月十五要举行“查玛”舞表演，这也是一年中规模最大的一次；四月八日到十五日，各寺举行“拉布都仲干堆钦”（佛陀入胎、诞辰、出家）大法会，奉送甘珠尔经，以纪念释迦牟尼诞辰，十五日这天，举行大型跳“查玛”舞会；农历六月十五各寺庙举行善缘法会，在十五这天举行“查玛”舞表演；农历七月十五是盂兰盆节，又被称为中元节或鬼节，十五这天也会表演“查玛”舞；八月二日到十五日，举行嘛呢大法会，举行大型的诵经活动，跳“查玛”舞；“农历腊月（农历十二月）二十三日、二十九日‘跳神节、佛祖圆寂日’，是一年中最后一次大型法会，法会结束时要表演‘查玛’乐舞。”① 各寺院在众多的佛教节日中，一般每年只表演两次“查玛”舞，这要依据各寺院的实际情况来定。

对“查玛”舞的表演地点没有严格的规定，一般不会超出寺院的范围。在“查玛”表演前会在寺院内的广场上画一圆圈，以此来界定“查玛”表演的范围，圈内是“查玛”舞演员的表演空间，圈外是蒙古族民众观看表演的空间，“查玛”的表演正是一种文化空间的统一与分割。“所谓统一，就是其都在一个空间内，所谓分离，就是空间有高下之分，也就意味着表演者与公众之分。由于仪式中将出现鬼神的形象扮演，就意味着仪式全民的参与转变为少数人的表演与多数人的观看。只有在这样的空间分割下，仪式才具有意义。”② 至于寺院内具体的表演位置只能由各寺院依据自己的实际情况而定。

① 色仁道尔吉：《论佛教乐舞“查玛”艺术——藏传佛教乐舞“查玛”艺术在内蒙古地区的传播》，内蒙古师范大学，2006 年。

② 邢莉：《藏传佛教的傩戏在当代的展演——以北京雍和宫 2007 年跳“查玛”为个案》，载《文化遗产》2009 年第 4 期。

（二）呼和浩特大召寺“查玛”的生存环境

大召，蒙语称伊克召，意为大庙，汉语译为无量寺。坐落于内蒙古自治区呼和浩特市，始建于1579年，明代改名为弘慈寺，历史上又有银佛寺、大乘法轮召、甘珠尔庙、帝庙等多种称谓。1640年重修后，定名为无量寺，沿用至今。大召是蒙古地区建立的第一座黄教寺院，数百年来一直是内蒙古地区藏传佛教的活动中心之一。

1. 呼和浩特基本情况

（1）呼和浩特的地理环境

呼和浩特位于内蒙古自治区中部广袤的土默川平原上，北依大青山，南临黄河水，东部蛮汉山，总面积17224平方公里，城区面积77.9平方公里。介于东经110°46′～112°10′，北纬39°51′～41°51′。辖玉泉区、回民区、新城区市内三区和郊区土默特左旗、托克托县、和林格尔县、清水河县、武川县六个旗县区。地势东北高西南低，成自然缓坡形状，属中温带大陆性季风气候，四季气候变化明显，差异较大，其特点一是冬季漫长严寒；二是夏季短暂炎热；三是春秋两季气候变化剧烈。土默特平原土地肥沃，物产丰富，是著名的米粮川。

（2）呼和浩特的历史人文环境

呼和浩特是内蒙古自治区的首府，是内蒙古的政治中心和第二大工业城市。

呼和浩特仅有四百多年的建城史，但却有着十分悠久的历史文化。这里养育了多个民族，并创造了灿烂的文明。在市东郊发现的“大窑文化”证明，早在40万到50万年以前，人类始祖就已生活在这里。关于此地最早的文献记载是《史记》，战国时期，赵国在土默特平原设置了“云中郡”，秦始皇统一六国后，实行郡县制，“云中郡”为36郡之一。公元前206年，汉朝沿用秦制，亦称“云中郡”，后将云中郡的南部划归“定襄郡”管辖，昭君出塞就产生在这一时期。“东汉、魏、晋、南北朝时期，边疆少数民族进入内地，形成一个民族大迁徙、大融合的新时期。”① 在土默特平原的广大地区内，已经成为汉族和许多游牧民族杂居和错居的地方，增进了各民族之间的经济文化交流，对民族团结曾起过重要作用。呼和浩特地区先后为鲜卑、柔然、突厥等游牧民族占有，而其中以鲜卑拓跋部统治时间最长，影响最大，拓跋部“在呼和浩特南四十五公里的盛乐举行了一次各部落酋长的祭天大典，并在那里建都城。”② 北魏时期的“赤勒族”也位于土默特平原的阴山脚下，呼和浩特便有了“敕勒川”之称，“敕勒川，阴山下，天似穹庐，笼盖四野。天苍苍、野茫茫，风吹草低见牛羊。”描绘的就是该地美丽动人的风光。隋唐时期，呼和浩特地区称为白道川，唐曾在此地设立“云中都督府”和“定襄都督府”，后又设立“云中都护府”，不久又将名字改为“单于大都护府”来统辖云中、定襄都督府。“公元758年，唐政府又在呼和浩特南设置振武军节度使，因此当时也称呼和浩特地区为‘振武军’。”③ 五代十国时期，呼和浩特地区被契丹占据，契丹建辽以后，这个地区始置丰州，这是呼和浩特被称为“丰州”的开始。12世纪，女真没辽建金后，仍称呼和浩特为“丰州”。元建立后，丰州文化发展迅速。刘秉忠路过丰州时曾写《过丰州诗》：“晴空高显寺中塔，晓日半明城上楼；车马喧阗尘不到，吟鞭斜袅过丰州”写出了当时丰州商业的繁荣。公元14世纪下半叶，明朝代替了元朝。元朝统治者的残余势力

---

① 白因、冯士亮：《今日内蒙古·呼和浩特》，内蒙古人民出版社，1997年，第7页。

② 戴学稷：《呼和浩特简史》，中华书局，1981年，第16页。

③ 戴学稷：《呼和浩特简史》，中华书局，1981年，第22页。

元顺帝逃到长城以北后，企图重新恢复对中原地区的统治，继续和明朝对抗。至此，丰州城在多次的战火洗劫后变成了断垣残壁，曾经的闹市变成了荒凉的原野。直到俺答汗到这里驻牧，呼和浩特地区才又被重新建立起来。1913 年，民国政府将"归化"和"绥远"合并为"绥远省"。1937 年沦陷。1949 年 9 月 19 日绥远省宣告和平解放，1954 年中央决定撤销绥远省建制，划归内蒙古自治区，恢复原蒙古语名称"呼和浩特"并定为省会城市。

如今的呼和浩特城是由明朝兴建的"归化城"和清朝兴建的"绥远城"共同组成的。从内蒙古土默特部驻牧和定居在土默特平原后，在俺答汗的统治下，经济上发展迅速，畜牧业增长很快，农业和手工业都有了显著的进展，商业贸易也较以前发达。1572 年，俺答汗动土建城，建成后，明朝赐名"归化城"，这座城市在层峦叠嶂的大青山的辉映下，显露出一派苍郁的生机，当地蒙古族人民给她起了一个美丽的名字"库库和屯"，意思是"青色的城"。1735 年，在归化城东北五公里开始建城，在此过程中，清政府"将驻在山西右玉'建威将军'调来呼和浩特，并改称'绥远将军'，这座城以后便定名为'绥远城'。"①呼和浩特各族人民均将归化城称为旧城，将绥远城称为新城。

呼和浩特有着悠久的发展历史和深厚的文化底蕴。在漫长的历史进程中，这里养育了多民族人民，也形成了多元的民族文化传统。在多元的文化中，宗教是对内蒙古文化影响最为深远的因素，从古至今，在内蒙古地区存在着多种宗教。首先是，最为原始的也是土生土长的萨满教。萨满教在蒙古历史中有着深远的影响，从生活习惯到价值观念，蒙古民众的生活都深深地打下了萨满教的烙印。其次是藏传佛教，从明代就已取代萨满教成为蒙古

① 戴学稷：《呼和浩特简史》，中华书局，1981 年，第 50 页。

族民众信奉的主要宗教，它对内蒙古地区的影响也深入到其生活的多个方面。伊斯兰教传入呼和浩特地区可追溯到元朝前期，当时的丰州城内就居住着信仰伊斯兰教的回族人。如今在呼和浩特旧城仍有一回民区，这里是回族人聚居的场所，清真寺也很普遍，连这一区的建筑都带有明显的伊斯兰文化风格，也是呼和浩特不可或缺的文化因素之一。汉传佛教传入呼和浩特地区是在明朝，当时俺答汗率领为开垦土默川的荒地，特招募山西、河北和陕西的汉族农民来此。藏传佛教是不吸纳汉族人参加的，因此，归化城里的汉族人，为了满足精神上的需求，开始集资兴建汉传佛教寺庙，同时也建起了儒教和道教的庙观。于是，本藏传佛教寺庙众多的归化城，很快就出现了儒、佛、道三教并存的景象。道教早在成吉思汗时期就已传入蒙古地区，只不过没有产生很大的影响。真正开始产生影响是在380年前，旧城的新生街建起了呼和浩特最早的道教庙宇玉皇阁，供奉玉皇大帝。“清朝乾隆初年，在修建绥远城的同时，还在城中和城外建起12座道教寺庙，以‘安定边陲，驱邪佑正’，并由北京的白云观选派12名道士，跟随着八旗官兵来到绥远城，一人一庙分住在12座道庙中传教讲道。”① 道士们为了生存，在道观中增供了佛祖，绥远城出现了佛道合流、两教相融的情景。呼和浩特地区还受到耶稣教、天主教等西方宗教文化的影响，但这些宗教的流传时间较晚而且缺乏相应的文化基础，所以这些宗教对呼和浩特地区民众的影响并不是很大。真正产生影响并有很大作用的还是那些流传时间较长，有较为深厚的文化根基的藏传佛教文化、萨满教、汉传佛教及道教。

从古至今有多个民族在呼和浩特地区活动，并在历史上都创

① 魏铎：《呼和浩特各宗教的历史与现状》，载《广播电视大学学报》2007年第3期。

造了辉煌的成就及文化。呼和浩特地区又是一个兼容并蓄的地区，在这里融合了多种宗教，多种文化相互影响、相互渗透。因此可以说，呼和浩特地区是蒙古族文化的代表更是一个多元文化并存的地区。

2. 呼和浩特大召寺的概况

大召寺位于呼和浩特市旧城玉泉区的大召前街。清代时，呼和浩特被誉为“召城”是因为这里寺庙众多，难以数计。民间有“七大召、八大召、七十二个绵绵召”之说。大召居于明清著名的“七大召”之首。

大召，占地约 3 万平方米，坐北向南，主体建筑布局为“伽蓝七堂式”。沿中轴线建有牌楼、山门、天王殿、菩提过殿、大雄宝殿、藏经楼、东西配殿、厢房等建筑。寺院外面还建有环绕召庙的甬道及东西仓门。大雄宝殿是寺内的主要建筑，是藏汉相结合的喇嘛庙，由三部分组成：前部是双层三开间的前殿，下层为空廊；中部是经堂，围绕经堂的是藏传佛教的转经筒，墙壁上绘有唐卡；后部是佛堂，佛堂内正中供奉的是银铸释迦牟尼佛像，佛像前有一对金色的木雕巨龙蟠于木柱之上，周围墙壁上有建召时所绘的壁画，现已用保护膜保护起来，这是大召的“三绝”。整个殿堂金碧辉煌，庄严肃穆。除大雄宝殿、释迦牟尼殿外，召内其他殿堂皆为汉式庙宇布局。

大召建成至今已有四百年的历史。1576 年，蒙古土默特部首领俺答汗与藏传佛教（格鲁派）领袖索南嘉措在青海仰华寺会晤后，返回归化城后，即在城南建造寺院。1579 年大召建成，明政府赐名“弘慈寺”。1585 年，应俺答汗之子黄台吉的邀请，三世达赖喇嘛来到归化城为大召释迦牟尼佛像主持了开光法会。大召是内蒙古地区建造的第一座格鲁派召庙，成为内蒙古地区最有名的召庙之一。

大召是俺答汗为了在蒙古地区传播藏传佛教而兴建的，对内蒙古地区传播藏传佛教的发展产生过重大作用。1588 年，三世达赖喇嘛索南嘉措在内蒙古去世，四世达赖喇嘛云丹嘉措转生在土默特部。为纪念这一蒙古族达赖喇嘛，所以他的铜像供奉在大召寺内。

1640 年，皇太极命土默特部都统古禄格·楚琥尔扩建大召，竣工后将寺名改为“无量寺”。1652 年，五世达赖喇嘛进京觐见顺治皇帝，途经呼和浩特时驻锡于大召九间楼上，所以大召内也供奉着五世达赖的铜像。

1685 年，在大召东院建归化城喇嘛印务处，统一管理呼和浩特地区的寺院和喇嘛。1696 年，康熙亲征噶尔丹途经呼和浩特到大召礼佛，同年呼和浩特掌印札萨克达喇嘛托音二世动用自己的庙仓财产，主持修葺大召，“奏请康熙皇帝恩准将佛殿青瓦换成黄琉璃瓦，改为‘帝庙’，在大殿内将皇太极坐过的座位设置成‘皇帝宝座’，供奉‘当今皇帝万岁’的一块金质神牌，象征着康熙皇帝犹在呼和浩特一般，以安定人心，稳定局势。”①

1904 年，大召札萨克达喇嘛凯穆楚克集资重修大召，更换了瓦顶，对整个建筑进行了彩绘，在大殿内绘制了佛像和壁画。这是大召寺在新中国成立前的最后一次修缮。

1959 年，为迎接十世班禅，市政府派人维修大召部分建筑，并在经堂内安装了电灯。1966 年至 1980 年，“文化大革命”期间，被服装厂、商店占用。1980 年，落实宗教政策，恢复宗教活动。1983 年，服装厂迁出，内蒙古民委派专人修缮大召山门、藏经楼及部分殿堂，佛殿加装避雷针等设施。1984 年，大召管理组成立。1986 年，大召列为自治区重点文物保护单位。1997 年至 2002 年，市政府拨专款及自筹资金，对大召及召前广场进

① 德勒格：《内蒙古喇嘛教史》，内蒙古人民出版社，1998 年版，第 588 页。

行了陆续的维修、扩建和购置相应配套设施。2003 年内蒙古自治区人民政府拨专款 100 万元，对大召经堂、佛殿及配殿进行全面维修。2004 年至 2005 年，通过捐款和自筹资金 200 多万元，对大召后院进行地面硬化和修建排水设施，并在大召西侧修建了八座 5.2 米高的汉白玉塔，同时乃春庙、藏经阁也修缮一新。2006 年，自筹资金 180 万元将大殿前东西殿配置铜鎏金“千佛殿”。2007 年，自筹资金 800 多万元复建玉佛殿、菩萨殿。2008 年，自筹资金 300 多万元复建弥勒佛殿、100 多万元添置玉佛殿、菩萨殿壁画。2009 年，自筹资金 800 多万元复建大白伞盖殿和公中仓。2010 年修复了释迦牟尼殿和菩萨殿。2010 年十一期间，藏经阁也已修葺一新。现已恢复原寺院占地三万平方米的规模。

大召历经四百多年的风雨，依然是内蒙古地区最有影响力的召庙之一，如今它已成为一种文化的象征，并成为见证藏传佛教在内蒙古地区传播的最有力证据。作为藏传佛教的重要寺院，每当重大的佛教节日，人们便聚集在大召，排解心中的不快、说出自己的祈愿，它已成为蒙古族民众参与藏传佛教活动及心理寄托的主要场所。

三、大召寺“查玛”的表演过程及艺术特征

（一）呼和浩特大召寺“查玛”的表演过程

1. 表演前的准备工作

每个寺院的“查玛”仪式都是以年为周期的循环往复的举行。大召寺的“查玛”仪式每年举办两次，分别是在正月十五和农历六月十五。为保证“查玛”舞的演出质量，寺院要提前

将乐队和舞队集中起来进行排练。大召寺“查玛”表演的场所是密宗护法神殿前的广场上。在“查玛”仪式开始前，大召各处都会挂上经幡，并在广场北面将长6.67米，宽5米的未来佛的大型唐卡挂上，前面供奉着六供水、米、花、香、灯、塔和七政宝即：法轮（轮宝）、海螺（嘛呢宝）、菩萨（妃宝）、文官（臣宝）、白象（象宝）、白马（胜马宝）、武士（将军宝）。在广场正中已画上一个大圈，所有围观的群众只能站在圈外观看表演，圈内是“查玛”舞表演的场地。圈外东北方向是乐队的座位，伴奏的乐器有两面扇面鼓、两个钹、两个或四个长3米的铜钦、两个唢呐等。长寿殿是“查玛”表演时的化妆地点，平时摆放在密宗护法佛殿橱窗内的“查玛”面具、服装和道具都已放置在长寿殿。

2. 表演行进中的角色出场

“查玛”是一种仪式表演，是融诵经、音乐、舞蹈三位一体的宗教乐舞艺术。“查玛”的表演有着严格的规定与模式，大召“查玛”的仪式共分为四个部分：第一部分是诵经活动；第二部分是转召；第三部分是“查玛”舞的表演；第四部分是送“巴令”。

诵经活动一大早便开始，召中所有的喇嘛聚集在大雄宝殿内诵经，主要是根据“查玛”仪式所表达出的意义，诵“赞颂经”、“祈愿经”、“降伏经”、“超度经”、“驱邪平安经”等，乐队按规章吹奏，气氛森严。大殿四周围绕有大批的信徒手拿佛珠跟着诵经，场面庄严、严肃。

转经是“最大众化的信仰方式，即以某一圣物或圣地为中心，环绕它行走。”[①] 转经分为内转、中转、外转三种形式，中转指围绕寺院围墙巡行的转经。大召的转经正是围绕寺院进行，所以属于中转，又被称为转召。转召从早上十点左右开始，由主持带领着众喇嘛围绕大召寺行走并诵经。在转召队伍的最前面，由手拿长柄鼓和长筒号的喇嘛组成，演奏佛教音乐。转召主要目的是为了把召庙四周的鬼怪驱逐出来，以便在接下来的“查玛”舞中，把这些给人们带来厄运的鬼魅驱逐干净。

十一点“查玛”舞表演正式开始，所有观众环绕在场地四周观看。大召寺“查玛”舞的表演共分为十二场。第一场是头戴老翁和老妪面具的“旁芒”。老翁蒙语称“旁”，老妪蒙语称“芒”。他们肩并肩地从长寿殿中走出，从北面进入表演场地后，分开向相反的方向走。当走到东西相对的位置时两人开始起舞，单腿转圈跳至场中，再跳回其刚刚站立的位置，之后放下手中的拐杖，继续单腿在场中起舞。在本场的中间阶段，老翁和老妪分别捡起自己的拐杖后接着跳，直至本场结束。老翁内穿蓝色长袍，外穿黑色马褂，所戴面具是白须、白眉、黑发、大耳，双耳带有银制大耳环，穿蒙古皮靴，手拿拐杖，在拐杖的上方系有五色彩绸。老妪内穿红色长袍，外置蓝绿色长坎肩，面具是黑发、大耳，耳朵上也戴有银制环形耳环，穿蒙古皮靴，手拿与老翁一样的拐杖。这两位老者在“查玛”中象征父母，所戴面具的大耳、长眉又是中国传统文化中长寿的象征，所以这里也喻义着祝福所有人的父母健康长寿。

第二场、第三场出场的都是头戴骷髅面具的骷髅鬼“陶德格木”，每场两个骷髅鬼。两场的角色戴的都是白色面具，眼睛镂空，半套头面具，后面用黄布遮盖住后脑勺，身穿白色中式衣

① 郭净：《心灵的面具：藏密仪式表演的实地考察》，生活·读书·新知三联书店，1998年，第127页。

裤，系三色查玛裙，穿黑色皮靴，手握彩棒（见图1）。同样从北面入场，两骷髅鬼向东西两个方向前进，双手将彩棒举至头顶跑入场中，在场中正东西方向上停下，相对起舞，主要是在原地的跳舞，双手仍将彩棒举至头顶。下场时两骷髅鬼并肩同时跳出场外。"在场中骷髅鬼的舞蹈动作有头顶绕棍、单手绕棍、单腿跳转、跳起蹲下等一些技巧性的动作，左手叉腰右手持小木棍向前平举，单腿交替高抬前跳的动作始终与其他舞蹈动作交替出现在舞蹈中，"① 所以音乐方面时而节奏规整时而节奏舒缓，以节奏渐快的音乐为主，贯穿在整场的舞蹈中。在下场时则是跳两步回次身，总共三次回身后，才会下场。此两场的骷髅鬼代表了破坏捣乱的鬼怪。依据蒙古族传统，骷髅代表着邪恶与灾难，所以此两场代表的是破坏捣乱的鬼怪形象。

图1 "陶德格木"

① 李华：《塔尔寺羌姆——"法王舞"宗教音乐研究》，载《青海师范大学学报》2007年第1期。

图 2 “阿扎拉”

第四场出场的是四个戴棕色面具的护法神“阿扎拉”。意为游方僧，即四处云游的印度僧人。他们的面具都是高额头、高眉深目，穿黄色查玛袍，袖口宽大，并由五色彩绸装饰，披有查玛云肩，胸前胸后都佩戴护心镜，背后装饰有和查玛袍等长的彩绸，腰扎黄色蒙古腰带，脚穿黑色蒙古皮靴（见图 2）。左手拿驱魔号，右手拿五色彩绸。四位护法同时出场，在场中的四个方向站住后，开始起舞，四个人相互对舞，舞蹈动作开阔、宏大。两护法同时退场。这一场的四个僧人是佛教大师莲花生、寂护等人的形象象征，代表的是藏传佛教先驱。

第五场出场的是尸陀林主“额勒布亥”。身穿白色中式衣裤，头戴白色骷髅面具，眼睛镂空，嘴的轮廓用红色勾勒了出来，头上饰有五骷髅冠，耳朵饰有五彩双翼，身后有五色彩绸装饰，扎查玛裙，脚穿黑色蒙古皮靴，手中无任何法器。尸陀林主神在“查玛”中的主要任务是将躲藏在四面八方的恶灵招致此处，并对其发出警告：要老老实实，及早收敛恶行，不要再作怪，其更深层的意义是向世人宣示死亡之不可避免和生命轮回之无常。

第六场出场的是带有鹿头面具的护法神“沙吉克钦布”。身穿红色龙纹装饰的查玛袍。披查玛云肩，胸前戴有护心镜，身后有五色彩绸的装饰，穿黑色蒙古皮靴。左手拿五色彩绸。鹿在藏传佛教中代表吉祥如意，“查玛”中的鹿能驱逐人内心的各种恐惧。

第七场出场的骷髅鬼“陶德格木”，头戴黄色的面具，眼睛镂空，很像第二场小鬼的面具，穿白色中式衣裤，臂肘有五色的彩绸装饰，腰扎查玛裙，穿黑色蒙古皮靴。左手拿彩棍，顶头带有五色彩绸的装饰。表示的意义与二、三场无别。

第八场出场的是头戴棕色面具的护法神“阿色而尼”，同样是高眉深目的印度人，穿红色查玛袍，披查玛云肩，胸前带有护心镜，扎黄色蒙古腰带，穿蒙古黑色皮靴（见图 3）。两人肩并肩同时上场，手中都拿一只蛇，蛇身绿色，尾部呈红色。蛇代表着邪恶，在护法将要离场的时候将蛇丢掉，代表着将邪恶丢掉。

第九场出场的是护法神“依克达克姆”。棕色面具，双目圆睁，大耳。身穿红色查玛服，袖口有五色的彩绸装饰，腰扎查玛裙，脚穿黑色蒙古皮靴，手中没有法器。

图3　“阿色而尼”

第十场出场的是内蒙古“查玛”中最有特色的一个形象白老翁“查干乌布贡”，白色面具，长眉、长须、大耳朵。身穿兽皮，腰扎查玛裙，同时还有一只蛇盘踞在他的腰间，红色灯笼裤，黑色的蒙古皮靴。在白老翁入场时由两个小喇嘛搀扶入场，缓步走到场中。在跳查玛的过程中，他会将蛇从腰间解下来，拿在右手上，围着场地一边跳一边将蛇伸向周围围观的观众，观众则频频后退。把蛇甩在空中。白老翁夸张的白胡子和眉毛，塑造了白老翁诙谐幽默的性格，他将眉毛高高的撩起，随着音乐的节奏上下颤动，双眼眯着，头部晃动，颈部颤动，脸部表情得意洋洋。脚步高抬轻落，挺胸背手昂头。在跳过一圈后，白老翁在圈中悠闲地走动，但并未下场。白老翁代表长寿的土地爷，此场表示的是长寿老人前来拜佛，请护法神来人间除魔。此场白老翁与周围围观的群众互动，气氛活跃，人们为求吉祥长寿纷纷向白老翁献哈达。在此场结束时，白老翁做出迎请的姿势。

图4 “查干乌布贡”

第十一场出场的是由白老翁请出的两位护法神，一位是戴鹿头的“沙吉克钦布”，另一个是戴牛头的“朝依济拉”。“朝依济拉”黑面，额头正中有一眼，三目圆睁，牛状阔鼻，张口吐舌，面目狰狞恐怖，头上长有高双角，戴五骷髅冠。身穿蓝色查玛袍，披查玛云肩，胸前有护心镜，扎蒙古腰带，黑色蒙古皮靴(见图5)。左手五色彩绸，右手拿饰有骷髅头的木剑，此角色是怖畏金刚，又称大威德、阎魔敌，藏语叫“却吉勒”，此为阎王的名号，“在藏传佛教中被认为是死界的统治者，是文殊菩萨的化身，旨在借表现死神的形象以征服死神。并将死亡与生命展现为一个普遍的过程，从而使个别的死亡变得渺小。”① “朝依济拉”是藏传佛教极为重要的护法，取其威猛之意，以其智慧摧毁一切烦恼，将众生解脱出来。“沙吉克钦布”装束与第六场相同，右手拿剑。他们在场中起舞，动作沉稳缓慢、威严神圣，具有所向无敌的气概。此场表示的是两位护法神将世间所有妖魔鬼怪都清除干净。

图 5 “朝依拉济”

① 郭净：《心灵的面具：藏密仪式表演的实地考察》，生活·读书·新知三联书店，1998 年，第 207 页。

图 6　“黑帽咒师”

第十二场是呼勒查玛，所有上场表演的护法神、小鬼等角色都纷纷上场，按顺时针方向走大圈。在场地中央位置，有一黑帽咒师“阿格巴”，登场时头戴黑色宽沿法帽，又得名“黑帽”，他的装饰异常华丽森严，头戴的黑帽上端饰有骷髅、金刚、金云等，身穿各色图案的宽袖彩袍，披荷花状黑色披肩（见图 6）。表示众神佛勇士战胜邪恶后，胜利凯旋，大家聚集一起欢庆胜利。

“查玛”仪式的最后一个环节是送“巴令”，即“送鬼”之意。送“巴令”是要先诵经祈祷，之后由两名喇嘛将“巴令”抬出山门外用火焚烧，蒙古人认为，火有驱逐邪恶之功能，火可涤除一切罪孽。所以送“巴令”寓意着将一年之中的晦气和灾病送走，祈求吉祥如意。至此，整个“查玛”仪式才真正地结束。

（二）内蒙古“查玛”的艺术特征

“查玛”这种宗教艺术形式之所以会被蒙古族民众广泛接受，是因为它所要表达的深奥的教义教理，借用简单的表现形式呈现给观众，这种表现形式是了解“查玛”内涵及寓意的最有效方式。“查玛”表演的外在表现形式主要有以下四个方面：面具、服饰、乐器及舞蹈动作。

1. 神性十足的“查玛”面具

“查玛”面具，形象逼真，富有感染力，这是“查玛”中最有特色的一部分，也是必不可少的部分。在“查玛”的表演中，面具为“查玛”营造了一种神圣、庄严的宗教气氛，也成为区分神与人的重要手段。

“查玛”面具按其造型可以分为“凶相面具、善相面具和动物面具三类”①。凶相面具，面具形象狰狞恐怖，常作多眼多手状，在“查玛”的表演中占比例很大。特别是各类护法面具中威猛愤怒相最为引人注目，如“陶德格木”、“依克达克姆”、“道尔吉道鲁德”等。善相面具，面目和善、祥和、安详，多为佛、菩萨形貌或各类世俗人物，如“阿扎拉”、“查干乌布贡”、“旁芒”等。“查玛”中有很多动物形态的面具，一类是具有动物造型的护法神，如“朝依济拉”、“沙吉克钦布”等，另一类是属于真的动物造型，如乌审召“查玛”表演中出现的白狮“森格嘎热布”、广宗寺“查玛”中鹰神“沙鲁克”等。

内蒙古地区的“查玛”面具，属半面立体型，一般都是由纸、布等一些较轻的材料制成。一些较重的面具均是古代传下来

---

① 顾朴光著：《中国面具史》，贵州民族出版社，2002 年版，第 276 页。

的，现在表演中已不再使用，而把它当做一种圣物，挂在佛教殿堂中起辟邪护佑的作用。“查玛”面具的制作方法是：“第一步，面具整体形象塑造。确定面具的尺寸，面具高度大体都在30cm—50cm之间，先用胶泥塑造出面具的整体造型、面部表情及结构关系，这叫打泥稿，除独立于头部的形体。泥稿制作完成后，用布裁成小块沾上胶水逐层贴在泥稿上，待附着在泥稿上的布晾干后分片取下，去掉泥稿。在布壳内层用布蘸上胶水将其再合为整体，这时面具的大体形象已经展现在我们眼前。而整个面具形体并非完整闭合的，正面的形体在下颌处结束，背面的形体只局限于头顶，大体与眉同高，留出来的空间以便于表演者们摘戴方便，面具上嘴部是镂空的，表演者就是透过这里看到外面的。第二步，独立形体的制作。护法面具、动物面具都有一些如冠上的骷髅、鹿角等相对独立的形体造型，这些造型都是用木棍与面具整体进行连接，在另一端用布条缠出造型的大致体量，最后用胶泥塑造出相应的形体。第三步，面具的表面处理。在布制的面具上薄薄地覆盖一层胶泥，弥补缝隙，覆盖住布的纹理，使面具上相对独立的形体与整体的衔接更加自然，并通过对面具表面的处理，使形体更加明确，五官更加清晰，质地更加光滑。第四步，纹饰的刻画。在需要刻画纹饰的地方（如眉、须等处），用泥片塑造出所需纹饰的外轮廓形体和大小，粘贴在面具上，而后再用雕塑工具以刻线的方法细致地刻画出纹饰，并将其处理的光滑圆润。整个面具的造型由浮雕、圆雕、线刻相结合，凸显出面具高低起伏和疏密的节奏变化。第五步，打磨上色。在面具上用砂纸、粗布进行打磨，将面部处理光滑，加强纹饰柔和的韵律关系并进行上色。首先，根据角色的不同用油漆描绘出面部的主要颜色，根据形体转折绘制出色彩的过渡关系，其次，分别描绘五官、头饰、纹饰以及面具上的装饰等。上色时尤其注意眼球的描绘，因为眼球上没有任何塑造，且没有眼睑遮挡。由于面具着色多以纯色或副色为主，因此色彩非常艳丽，对比强烈，在室外环境舞动时非常醒目。第六步，佩饰。面具的佩饰样式很多，根据角色的不同佩饰也各具特色，材料上更是多种多样。有纸、金属、线绳、布等，都是面具制作完成后在上面打眼儿，用铁丝、绳子连接上去。这些佩饰不仅对于面具有一定的装饰作用，同时也是不同角色身份的标志。第七步，面具内部构造。面具内部以多根藤条、柳条缠绕成圆环，再用红布条包裹在环上，并固定在面具里面嘴部偏上的位置，表演者戴上面具后，这个圆环卡在头顶，起到固定的作用。面具底部还垂下两个布带，系在表演者的下颚和颈部，而表演者的视线正好透过面具的嘴观察到外面。面具后面大多都用布遮住，避免露出表演者头部。”①

“查玛”面具出现在内蒙古地区至少也有四百年的历史，在长期的发展过程中，它借鉴了蒙古族的审美风格与地域特色，逐渐形成了融蒙、藏、汉文化为一体的佛教密宗文化。首先，蒙古民族的色彩意识赋予了各角色性格化的特征。“查玛”的面具多为蓝、黄、红、白、黑五种，是因为这五种颜色代表了“五智五蕴佛系统，通常，蓝色象征威猛和正义，红色象征权的庄严，黄色象征肃静和忠实，黑色象征凶厉和罪恶。”② 在内蒙古这几种颜色有其独特的象征意义，蒙古族把符合自己审美习俗的部分接纳过来，不符合的部分则作出了相应的改变。白色和蓝色是蒙古族崇拜的两种颜色，因为白色是奶制品的颜色、蓝色是苍天的颜色，所以白色象征着纯洁、高尚、温和、长寿，如：“查玛”中的“查干乌布贡”。蓝色象征了坚毅勇敢、沉着，如：“朝依济拉”。黄色代表了广博、神圣，黄色面具就代表蒙古族勇敢、

① 刘可新：《鄂尔多斯地区准格尔召内现存傩面具考察》，载《内蒙古大学艺术学院学报》2009 年第 3 期。

② 李欣华、李晓久、邱冠雄著：《藏区服饰文化中的宗教色彩》，载《中国民族》2006 年第 12 期。

意志坚强、为百姓利益战斗的英雄形象。红色象征着热烈、权力智勇，红色面具在“查玛”中代表了威武、能征善战、并给百姓带来和平的英雄形象。“绿色象征生命力、功业、成绩、德行，绿色面具代表能够征伐恶魔而且感化恶魔的女性英雄形象。”① 黑色在“查玛”中的意义则发生了很大的变化，黑色代表了凶厉与罪恶，但“黑帽咒师”这一角色却表达了完全不同的意义，他在“查玛”中代表的是朗达玛灭佛时期，刺杀朗达玛的英雄形象。其次，夸张的造型手法使“查玛”达到了一定的宗教效果。藏传佛教属佛教密宗，密宗正是以其神秘、深邃、诡谲的教义著称，这就要求“查玛”舞要运用夸张的造型来显示其荒诞滑稽、狰狞恐怖、严肃威严等效果。例如：白老翁长眉毛和胡子，不仅夸张地显示了他的年龄特征，更有效地增强了他诙谐幽默的效果。

2. 色彩绚丽的“查玛”服饰

内蒙古地区的“查玛”服饰分为帽子、衣服、鞋子、法器、配饰五类。帽子有黑帽咒师的帽子、五骷髅冠，衣服分为长袍、马褂、坎肩、中式紧身衣裤、皮袄等，鞋子均为黑色皮靴或毡靴，法器有驱魔号、长剑、彩棒、长蛇等，配饰有前后心法轮、腰带、披肩、佛珠、查玛裙、哈达等。

根据大召寺巴根纳师傅的介绍，“查玛”服饰的搭配是有严格规定的。如：大召寺内骷髅鬼的服饰都是由简单的白色中式紧身衣裤组成，腰扎查玛裙，手握彩棒作为法器，没有披肩、佛珠和法轮等配饰。披肩、佛珠、法轮只会在主神和主要护法神身上出现，如：“阿扎拉”、“朝依济拉”等。“查玛”表演中用到的

---

① 特古斯：《试论蒙古族在“查玛”中体现的审美意识》，载《内蒙古艺术》2004第2期。

帽子，仅有两种。一是黑帽咒师的黑帽，为黑色宽檐帽，顶饰骷髅、金刚杵，两边装饰着黑云。另一种是骷髅冠，由五个人头骨连成的冠前装饰，根据上面对面具制作方法的介绍，可以知道内蒙古地区的骷髅冠现在已不是在表演时特意带上的，而是在制作面具时直接就镶在面具上的。“查玛”的服装被分为长袍、马褂、坎肩、中式紧身衣裤、皮袄。主神和护法神登场时穿形制宽松、颜色各异，绣有龙、水纹、骷髅等各种图案的长袍。他们长袍的颜色也是有严格规定的，不能随意搭配。蓝色象征威猛和正义，红色代表勇猛庄重，黄色代表高贵，黑色代表威严，绿色代表宁静。而骷髅鬼和“额勒布骇”穿的是白色中式紧身衣裤，白老翁在“查玛”中穿的是皮袄，老翁“旁”穿的是马褂，老妪“芒”内穿长袍，外穿坎肩。“查玛”各角色在表演中，均穿黑色蒙古皮靴，这个没有角色的区分。法器的使用也有其严格的规定，这些法器在“查玛”舞的表演中都有它独特的象征意义，并不是偶然出现的。例如，“朝依济拉”手中拿的带骷髅头的木剑，因为他是藏传佛教中极为重要的护法，能将众生从妖鬼邪魅中解脱出来，所以这里法器的使用更加增添了他的威猛。“沙吉克钦布”右手拿剑，因为他在“查玛”中代表的是处置妖魔鬼魅的角色，所以长剑的使用增加其威严神圣的气概。配饰是“查玛”中又一重要的组成部分。披肩一般都为绸、布拼成的各种图案，缀于前胸后背及两肩，在内蒙古“查玛”中，只有穿长袍的护法神才搭配披肩和各色腰带，在护法神身上装饰了佛珠和法轮，查玛裙只有在小鬼及“查干乌布贡”身上才可看到。

从以上的叙述中，可以看出“查玛”表演中，对于各角色的服饰是有严格限制的。其中包括角色对服装颜色及样式的选择，包括对配饰和法器的严格限制。由此可看，各角色的功能特征不仅体现在所佩戴的面具上，也体现在服饰上。

3. 多民族文化色彩“查玛”乐器

内蒙古地区的“查玛”大部分都是以哑剧的形式展现在观众面前的，只有“米拉查玛”在表演中会有相应的歌唱。“查玛”是集诵经、音乐、舞蹈为一体的艺术形式，因此音乐是了解“查玛”的另一途径，整个仪式自始至终都伴随着鼓乐的伴奏，有力地渲染了宗教氛围，增强了弘扬佛法的效果。“查玛”乐队由打击乐器和吹奏乐器两部分组成，打击乐器有长柄鼓、钹、法铃等；吹奏乐器有长筒号、唢呐、甘登等。

图 7　唢呐

长柄鼓蒙语称为“恒格勒格”，早期属西藏苯教的法器。鼓身为圆形，两面蒙皮，鼓槌为弓形。在转召时，喇嘛左手拿鼓身，右手拿鼓槌敲击。在为“查玛”舞表演演奏时，长柄鼓放置于支架上，右手操弓形鼓槌击打。长柄鼓在表演中成对出现，一般和钹一起演奏控制舞蹈节奏，使舞蹈者在统一的节拍中进行表演。

图8　长筒号

钹是汉族的传统乐器，在民间又被称为“镲”，蒙语称为“苍”。一般为圆形铜质，两个圆铜片，中心鼓起成半球形，正中有孔，可以穿绸条等用以持握，两片相击做声。演奏方法较为灵活，击中间、击钹边都可以，音量、音色变化明显，是表演者变换动作场面时的主要依据。

法铃，为佛教密宗法器，蒙古语称为“洪豪”，铜制，平口，形似钟，顶端饰有吉祥花纹。内悬金属铃舌，摇铃发音，声音清脆悦耳。

长筒号蒙语称为“铜钦”，铜制，长度2—5米，三节相套，可缩短也可拉长。如需移动演奏时由人肩扛，若在某一固定地点演奏，可用木架支撑放于地上。“演奏时基本只有三个音：低音‘多尔’、中音‘雄’、高音‘帝日’。低音至中音之间约八度音程，中音至高音约五度音程。通过这三个音在次数、强弱、时值上、长短上的变化组合，加上滑奏、轮奏等技巧，而体现出丰富的表现力。”① 音色低沉宏厚，音区较低，节奏简单，是整个乐队的基础低音部。演奏时，几个演员轮流演奏，使“查玛”显得严肃、庄严。

唢呐蒙语称“得梨”（见图8），在演奏时需要两只。由铜制喇叭口，木制管身，铜管及苇哨构成音色，幽雅洪亮。

“甘登”人腿胫骨形状，铜制，属藏传佛教的专用法器，声音忧伤哀怨，有如发出绝望的呼声，在“查玛”中属于高音位置，以运气的变化发出上下滑动变化的长音。“甘登”和唢呐在“查玛”表演的开始和结束时都要吹奏。

“查玛”乐器体现出了多民族文化相融合的特征，这些乐器有印度佛教的传统乐器法铃、长筒号，有苯教的传统乐器“长柄鼓”，有汉民族的传统乐器钹和唢呐。这些具有多民族文化色彩的乐器在“查玛”舞中却体现出了相同的宗教功能，第一是为“查玛”的表演者提供了节奏的依托，第二是烘托了“查玛”表演时的宗教氛围。

4. 庄重威严的“查玛”舞蹈动作

“查玛”是藏传佛教宣传教义、教规，弘扬佛法的重要艺术

---

① 郭净：《心灵的面具：藏密仪式表演的实地考察》，生活·读书·新知三联书店，1998年版，第326页。

形式。虽属藏传佛教体系，但作为一种民俗活动，首先是一种舞蹈，其次才是它的宗教含义。内蒙古“查玛”的舞蹈动作具有以下特征：

第一，以基本的舞蹈动作表现复杂的情感。在关于藏传佛教舞蹈的众多著述中，贡珠·云丹加措在《知识总汇》中将藏传佛教舞蹈分作九种技艺，分别是：妩媚、豪迈、可厌、凶猛、可笑、恐怖、恻隐、威武、温和。亦可将以上九种技艺分为：“优美、英姿、丑态等三种为身技（形态）”；“凶猛、嬉笑、恐怖等三种为口技（声态）”；“悲悯、愤怒、和善等三种为心技（情态）”①。“查玛”不会超出这九种技艺的范围，借用这些基本的动作显示出多种不同的情感，动作缓慢舒展以示温和的情绪，清晰明朗以示其豪迈的情感，刚健迅急以示人物的愤怒。只有掌握好以上的技艺才能表演好“查玛”。

第二，融蒙藏文化为一体的舞蹈动作。“查玛”来源于藏族的宗教舞蹈“羌姆”，虽经长时间的发展，但仍可看到藏族舞蹈中的基本动作。同时作为一种包容性极强的艺术形式，在内蒙古地区长期的传播过程中，为保持其长久的生命力，势必要从当地的民族、民间舞蹈形式中汲取营养，因此今天展现出来的“查玛”是融多民族文化为一体的宗教舞蹈仪式。藏族“羌姆”较为重视腰部及腿部的动作，腰部的动作非常丰富，腰是人体表现舞蹈动感、灵活的最佳地方，腿部动作以单腿转、矮步蹲转、屈膝、膝盖颤抖等动作为主。内蒙古地区的舞蹈则更多的重视肩部及手部的动作。例如“陶德格木”的舞段，腿部以左右腿交替蹦、提腿跳、蹲转为主，注意上身及双手甩动、抖腕、绕腕、提腕、托腕为主。“沙吉克钦布”舞蹈中的侧腰、下后腰动作把腰

---

① 《知识总汇》，参见郭净：《心灵的面具：藏密仪式表演的实地考察》，生活·读书·新知三联书店，1998年，第313页。

部动作做到了极致，两腿频繁地穿蹦、跳越加双腿蹲跳和蹲转，双臂不时在身体两侧左右甩动、上下翻飞，动作敏捷。可见，这两段舞蹈正是在保留了藏族“羌姆”中关于跳跃、下腰、蹲转等动作的同时，又增加了蒙古族肩部及腕部的动作。

第三，宗教体态语言的保留。“查玛”虽然在舞蹈中追求着艺术美的旋律，但其核心部分是紧扣着密宗的体态象征语言。在密宗舞蹈中，手印和金刚步是两项基本的体态语言，在“查玛”中最常用的是斯克印，“各护法出场，多作此印，以示对敌魔的镇服。据说这种手印能显示极大的威力。”① 对于金刚步在藏传佛教宗教舞蹈中的演变，佛教密宗于公元8世纪在桑耶寺设立了藏地的第一个坛场，就是按金刚步的走法建立了多角围墙。可见，金刚步占据了寺院的行法空间、净化了坛场的形态语言，“查玛”中的金刚步仍体现着这一宗旨。“它由莲花生凌空舞蹈的‘乌鸦金刚步’开始，逐渐发展成复杂的舞步，如五金刚步行，分展右足、展左足、毗舍法、周围、平立五种步伐，于四方及中央此地而作；又如四金刚步行，仿照金刚杵的形状，分独股金刚、三股金刚、五股金刚和杂金刚步行。”② “查玛”是一种宗教法舞，以体现它的宗教内涵为其主要内容，所以密宗的形态语言必然存在其中。

四、“查玛”仪式的象征意义

仪式有广义与狭义之分，广义的仪式是指日常生活中所必须遵循的行为规范，比如见面时说“你好”，狭义的仪式是“一种

---

① 郭净：《心灵的面具：藏密仪式表演的实地考察》，生活·读书·新知三联书店，1998年，第317页。

② 郭净：《心灵的面具：藏密仪式表演的实地考察》，生活·读书·新知三联书店，1998年，第321页。

综合性的文化行为，它不只是一个表演过程，而是通过特殊的‘仪式语言’，譬如舞蹈、音乐、游戏、竞争性行为、游行、戏剧化的感情表达（哭、笑、怒）等，和它们之间的程式化的搭配，来直接传达文化的含义。”①“查玛”是一种仪式，从其仪式的行为来看，“查玛”已被仪式化了，仪式化指“某种类型化的、重复的姿势和姿态，是包括人类在内的一切动物所共有的、具有表现性的行为方式。”②“查玛”仪式是由四个固定的部分组成的，具有行为模式化的特点。“查玛”的动作，是一种超越时效与实用目的的非常态行为，它的目的在于表达某种特殊的意义。从仪式的情境来看，仪式行为与其非实用、非常态的表现性相适应，表现出表演性的特征。“查玛”仪式是一系列的行为组合，就是一系列的表演组合，仪式的情境就是它表演的情境。如“查玛”表演者运用各种面具及一些其他道具共同营造出了一种神性的、深邃的表演情境。从仪式的意义方面来看，“查玛”是一种有意义的行为，这种意义不同于日常的实用性意义，是精神领域的意义。仪式是一个用感性的手段作为意义符号的象征体系，所以要了解“查玛”的意义，就需要了解“查玛”的象征体系。象征是指任何文字、文本或非文字仪式中表示间接地、隐蔽的、深层的意义的文化系统。“查玛”作为一种象征体系，包括了象征符号和象征意义的结合。

（一）“查玛”仪式的符号性象征意义

民俗符号传递着极为复杂多样的或明显或隐蔽的文化密码和信息。任何民俗符号都是由民俗表现体和他们所表现的抽象的民

① 王霄冰：《文字、仪式与文化记忆》，载《江西社会科学》2007 年第 2 期。

② 刘锦春：《仪式、象征与秩序——对民俗活动“旺火”的研究》，南开大学，2005 年版。

俗含义结构而成。民俗符号由两部分组成即民俗指符和民俗所指。“民俗指符是民俗符号被人们直接感觉到的民俗层面，民俗所指则是民俗符号被人们推想而知的民俗层面，它们是民俗符号不可能分解为二、单一存在的统一体。”① “查玛”的符号价值，在于用可感知的、简单的外在表现形式，表示复杂的、抽象的象征意义。

人类对世界的认识是由能够理解和控制的那部分推及到不能理解和把握的部分，并总是以看见的推知看不见的。对于“查玛”仪式来说，面具、服饰、乐器等一系列的民俗符号是它的外在表现形式，是能看见的部分，而隐藏在符号下的深层的宗教意义是看不见的部分，要想理解“查玛”的意义，这些民俗符号是最有力的手段。

在“查玛”表演的广场上，挂有弥勒佛的唐卡画像，供奉弥勒佛的六供也有其独特的象征意义。这六供有水、米、花、香、灯、塔。水代表清净一切杂染，出生清凉大智慧泉，代表着净水和饮水；米代表如幻法悦禅密藏为供养事物；花代表庄严佛身，具有佛陀相好；香代表遍熏法界，具足大乐幢；灯代表如来无尽正觉心灯，照亮诸暗；塔代表佛陀入灭后置其舍利以求供养。另外，此六供也代表菩萨的“六度”：忍辱、禅定、布施、精进、般若、持戒，“度”是指菩萨之大行。水象征忍辱，即为了利益友情，忍受苦痛、屈辱，终不放弃救度众生之志。米象征禅定，即一心定除妄念之法，“禅”即思维真理，定止散乱之心的要法。花象征布施，即以福利给予人，包括财施；以物质利益施予大众；无畏施；保护大众没有畏惧恐怖；法施，将真理告知大众。香象征精进，即不懈、勤奋、勇猛地修善段恶，致力于自觉觉他的事业。灯象征般若，意为智慧，即为自觉觉他而修禅定

① 乌丙安：《民俗学原理》，辽宁教育出版社，2001 年版，第 229 页。

和智慧。塔象征持戒，即受戒律而不触犯。“戒”有防止一切恶性，修集一切善行，饶益有请三种，“饶益有请”是菩萨行中最根本的戒。“查玛”的表演场地并没有严格的规定，只要是在藏传佛教寺院内即可。“查玛”表演前会在表演广场上画一圆圈，圈内为“查玛”表演的场地，象征天、地、万物一体，围观者自然而然地在圈外形成一种“天然屏障”，这象征了查玛“宗教堡垒”的无懈可击与不可突破性。从而也构成了两个统一的空间，即神性的表演空间与民众的观看空间，两者统一于“查玛”的表演中。

由“查玛”的面具可知，每一种面具象征着一定的角色，这是有着严格规定的。如：阎魔的面具只能是蓝面三目的牛头形象。“查玛”的面具及服饰的颜色一般有黑、白、红、黄、蓝五种颜色，这些颜色在蒙古族文化中又有其象征意义的。黑色代表威严、白色象征圣洁和吉祥、红色代表勇猛庄重、黄色代表高贵、蓝色象征威猛和正义。如：“朝依拉济”的蓝色长袍就增加了其威猛和正义之意。

乐队是“查玛”表演中最重要的元素，其中使用的乐器，也都有其独特的象征意义。长柄鼓蒙语称为“恒格勒格”，长柄鼓的敲击声，在“查玛”中象征了众喇嘛诵佛教经典之声。钹是汉族的传统乐器，在民间又被称为“镲”，“象征一切修成正果的飞禽在飞动时双翅发出的声响。藏传佛教有普度众生的说法，认为世间一切生灵，只要修行积德，皈依佛门，就可修成正果、立地成佛。这既显示了佛祖的无边法力，也表明了佛教不拘一格广结善缘的气度。”① 法铃，声音清脆悦耳象征着天堂的无忧无虑、清净逍遥，令人心旷神怡。长筒号声音雄厚，象征着文

① 田小军：《呼和浩特地区藏传佛教召庙中的“恰木”乐舞》，载《西北民族大学学报》2004 年第 2 期。

殊、普贤、观世音三大士的坐骑狮、象、犼的吼声，借此象征每逢佛祖登坛说法颂扬佛法时，三巨兽均欢腾雀跃。唢呐吹奏时欢乐明快，在“查玛”中显示欢乐吉祥的景致。“甘登”其声呜咽凄切、如鬼魅，在“查玛”的表演中象征一切鬼魅。

在舞蹈动作方面，“查玛”中最常见的密印“斯克印”，各护法多作此印，象征着对鬼魅的镇伏，也显示出了极大的威力。

（二）“查玛”仪式多义性和统合性的象征意义

任何一种宗教仪式的教理、教义都必须用一种看得见摸得着的形式表现出来，而不仅仅是心灵上的理解。“查玛”已将表演与教理、教义融为一体，它除驱魔镇邪的意义外，还有着更为深刻的精神内涵，这种精神内涵正是“查玛”仪式所具有的象征意义。著名人类学家特纳指出，“象征具有多义性和统合性的性质，前者又可以称为浓缩性，指的是每一个象征都是以最简明的形式来代表许多事情；后者指的是对彼此矛盾或相异的观念和事物的某种统合。一般来讲，越是主要的或占中心地位的象征，越具有多方面的含义或越能代表和统合更多的东西。”①

1. “查玛”仪式的多义性象征意义

“查玛”是一种佛教密宗艺术形式，由于佛教密宗神秘、诡谲等特点，必然导致“查玛”本身蕴含着多种精神内涵。象征的多义性指的是每一象征都以简单的形式来表现许多事情。

“查玛”每年在寺院中举行两次，一次在新年伊始，另一次则在特定的佛教法会上。正月的祈愿大法会，正处在上一年刚刚结束，下一年刚刚开始。因此“查玛”的表演中承载了人们对

① 夏建中：《文化人类学理论学派》，中国人民大学出版社，1997 年版，第 310 页。

上年的遗憾及对下一年满满的希望。如此，“查玛”是在新旧交替时刻举行，驱除上一年的厄运，迎来新一年的吉祥如意作为它的第一层象征意义。

佛教传入藏地时，遭到苯教的激烈反对。据说，在建造西藏第一座佛教寺院桑耶寺时，曾遭到苯教鬼怪的破坏，以至于白天建好的殿堂，晚上又被拆毁，莲花生为使凶神恶魔伏法，才在寺院中跳起了藏传佛教舞蹈。在藏传佛教传入内蒙古地区后，又与原始宗教萨满教产生了激烈的冲突，“查玛”又成为对抗萨满教进攻的武器之一。所以“查玛”又有驱逐异教势力、弘扬佛法的象征意义。

“跳‘查玛’舞，能医治人体中的404种疾病。”① 这种说法也得到了内蒙古大召寺的热希喇嘛的认可。在“查玛”仪式的表演中，最后一个部分是送“巴令”，而“巴令”的寓意是去除一切人身上不好的东西包括疾病和霉运。在“查玛”表演的过程中也可看到，有些老人在家人的陪同下来到大召寺观看表演，目的是让“查玛”神送走他身上的疾病，以祈延年益寿。因此，“查玛”又有驱除疾病的象征意义。

“查玛”可以驱除异教势力、疾病等外部敌人，也可驱逐人内心的魔障。藏传佛教的修行者注意内心的安静与纯净，而潜藏在修行者内心的“我执”和欲念，是修行者在修炼时力图征服的内敌，这时“查玛”作为藏传佛教修行者修行中内在助力，使他们内心安宁、平静祥和。所以，“查玛”仪式通过身、语、意三密的仪式化表演，对于表演者及观看者都是在精神上追求旧我的死亡，新我的再生。这是“查玛”净化心灵的象征意义。

根据藏传佛教的理论可知，生活在人世间的生灵死后都要依据其生前的作为分别进入天道、人道、修罗道、畜牲道、饿鬼道

---

① 德勒格著：《内蒙古喇嘛教史》，内蒙古人民出版社，1998年版，第572页。

等六道轮回。其中西方极乐世界指的就是天道，转入其中的生灵在那里将获得永生，只有经过数世的修行才可能到达那里。相反，如果生前作恶多端，死后将历经磨难，遭受痛苦。正是这些教义的宣传和“查玛”舞所营造的神秘的、神性的宗教氛围，才使得“查玛”具有规劝世人多行善事、否则将要受到严惩的宗教含义。

在佛教的生死观念中，一致认为生与死是人生的两大课题，生、死存在着相承相和的二重关系。生是精神皈依肉体，死是两者的脱离，是另一期生的开始。“中阴救度”是藏传佛教中帮助死者顺利通过死亡阈限的过关仪式，它的目的已从追求死后的救度转向追求生者的救度，从而使死者救度仪式，转化为生者的救度仪式。“查玛”通过舞蹈这一载体，使生命救度这一重大主题得以充分的展现，为“查玛”转化为世俗化的朝圣活动作了铺垫。“查玛”的表演为民众揭示了中阴镜像及生命奥秘的本质，以求得自身及大众的解脱。如此，“查玛”为民众展示了佛教的生死观念。

2. “查玛”仪式的统合性象征意义

象征的统合性，“对彼此矛盾或相异的观念和事物的某种统合，而且越是主要的或越占中心地位的象征，越具有多方面的含义或越能统合更多的东西。”① 即通过对“查玛”多层面象征意义的分析，就要找到一个具有统合性的更高层次的象征含义。这种更高层次的象征，需要从“查玛”仪式的根本性特征入手。

驱邪祈福一直是“查玛”仪式所要表达的一条主线内容。从“查玛”的起源来看，“查玛”最初起源于西藏，莲花生为消

---

① 刘锦春;《仪式、象征与秩序——对民俗活动“旺火”的研究》，南开大学，2005 年。

除苯教对佛教的破坏，而跳起了藏传佛教舞蹈。后来，为除掉朗达玛这一灭佛君主，西藏高僧贝吉多吉刺杀了朗达玛，可朗达玛阴魂不散，继续在佛教寺院捣乱，为使朗达玛的灵魂不再来寺院捣乱，所以各寺院均跳起了藏传佛教舞蹈。后传入内蒙古地区，“查玛”成为对抗萨满教的有力武器，“查玛”被内蒙古多个寺院普遍接受并获得长足的发展。所以“查玛”的宗旨是驱除世间的邪灵，其中包括苯教神灵、朗达玛的灵魂和萨满教的鬼怪等。在后来的发展中，这些要被驱逐的对象逐渐模糊化了，而统称为驱邪。

“查玛”舞蹈的表演是有周期性的，使得“查玛”具有区分新与旧的标志意义，同时时间本来是毫无感情色彩的，在这里也被赋予了善与恶的观念，过去的、旧的时间总被认为是陈旧的、不好的，故旧的时间被民众所驱赶。与之相对的，未来的、新的时间是崭新的、善的，是应顺利到来的，也是民众在“查玛”中要真诚迎接的。所以，驱除邪恶与迎新纳吉构成了“查玛”表演的主题。

除旧与迎新是两个彼此相异的主题，但迎新不是为了除旧，而除旧正是为了迎接新的开始，正所谓旧的不去，新的不来。“查玛”正是体现了这种除旧迎新，为了迎接新一年的美好生活而要把前一年的烦恼与霉运都去除掉，这是“查玛”背后核心的文化内涵。

“查玛”作为一种超现实的、非常态的、模式化的行为，具有表演性，其动作的目的在于表达某种特殊意义，而这种意义是通过仪式符号的象征意义和其本身所具有的多义性和统合性的象征意义来共同实现的。

五、"查玛"中的文化记忆内涵

20世纪90年代，德国学者扬·阿斯曼首次提出了文化记忆这一概念，文化记忆就是一个民族或国家的集体记忆。文化记忆依靠的主要媒体是文字和仪式，这里的仪式并不是普通日常生活中的礼俗和礼规，而应该是在特殊时间和特殊场合下的特别的庆典仪式。

文化作为一种复杂的社会现象，在诞生之时，特征尚不可能得到确认，是作为事后被认识到的。这意味着，文化要存在就必须保存自己过去的经验，而对于过去经验的传递和保存必须通过文化记忆来构造和维持。"查玛"对形成时期的印度及藏族文化就起到了一种保存的作用。"查玛"作为民族文化系统的基础部分和深层结构，不是一种静止的、孤立的存在，而是一个动态的传承过程，是一个在不断地创新与纳异中保持和巩固自己的过程。"查玛"作为内蒙古民众民俗生活的一部分，在其传承和扩布的过程中，必然引起自发和渐进的变化。"变异是民俗文化保存和发展的内在动力"①，所以，"查玛"采取开放的态度，在新的社会环境与自然环境中保持自己的特色、融入新的文化因子。如果对"查玛"的深层意义进行剖析，就会发现其中承载着多民族的文化记忆，更会发现它是人类感性存在和精神世界的桥梁和融合体。

（一）"查玛"对印度文化的记忆

公元7世纪中叶以后，印度教在印度获得了前所未有的发展，佛教为适应新的社会形势，积极向印度教靠拢，吸收了印度

① 钟敬文：《民俗学概论》，上海文艺出版社，1998年版，第18页。

教的一些内容和形式，并进行了一些变革，使它符合佛教的理论体系，而后形成了佛教密宗。“查玛”由印度佛教密宗大师莲花生大师创编，作为民俗文化的一种，以其传承中的稳定性特征，使得现今语境下的“查玛”仍带有较强的印度文化色彩，主要体现在以下几个方面。

“查玛”中出现最多的形象就是护法神的角色，“查玛”直接属于藏传佛教体系，所以其中一些重要的护法神均来自佛教密宗神。如：带牛头面具的“朝依济拉”，最早来源于印度教，是掌管阴间的主神，后被吸收进佛教体系中。他是“查玛”中最重要的护法神，舞蹈中，由白老翁“查干乌布贡”迎请其出场，更显示了其地位的尊贵。“阿扎拉”面具是棕、黑色，高眉深目，带有明显的印度人特征，这个形象作为印度佛教的阿阇梨师(导师)。赤松德赞时期，大量印度佛教徒来西藏传教，“查玛”中的这一角色正反应了这段史实。当时被称为阿阇梨的有莲花生和寂护等人，这一形象的出现显然是为佛教歌功颂德的。

“查玛”中使用的面具与印度文化有着明显的渊源关系。“查玛”的面具被分为怒相神、善相神和动物神三类，怒相神面具的造型特征来源于印度教中的“威猛愤怒相”，其相貌的典型特征是三只眼、张口龇牙、做愤怒状、头冠上一般都饰有五个小型骷髅头。莲花生在编创“查玛”时，为显示它的神秘恐怖，直接将这一形象引入。在长期的发展过程中，有些面具的造型还是发生了一些变化，有些护法神的形象是多手多头的，但在表演中并不适用，而将这些角色进行简化，都变成了两手一头，但其所表现的宗教意义并未发生改变，这些形象仍给人狰狞恐怖的印象。

根据才邦氏关于藏传佛教舞蹈的评论“什么嘎巴拉，乃是一颗死人头骷髅，瓦斯达颜原来是肠子，鼓吹号原来是人腿骨，所谓大张皮就是人皮，罗达品是抹血之供品，所谓坛城花花绿绿的、所谓舞蹈珠是骨头珠，所谓使者是个光身子，所谓加持作假骗人的、所谓神脸不过是面具，哪是佛法，是印度人交给的坏东西。”① 从中可以看出，依据印度文化的表演形态，表演“查玛”舞蹈时是不穿衣服的，但这是藏族的文化传统所不能被接受的，所以在以后的“查玛”舞蹈中各角色都是盛装演出。“查玛”的帽子和饰物有着明显的印度文化特色。目前，骷髅冠在“查玛”中应用非常普遍，如：“朝依济拉”，带有典型的印度文化的特色。佛教密宗神秘、恐怖的文化传统，要求“查玛”以恐怖神秘的形态展现出来，所以“查玛”中保存下来了对骨物崇拜这一传统。

“甘登”是“查玛”表演中最为常见的乐器，来源于印度。根据文献记载，“甘登”最初是由死人的腿胫骨制成的，目前各寺院所使用的都是铜制的。从才邦氏的话中可以看到，“甘登”在莲花生编创藏传佛教舞蹈之初就已使用这种伴奏乐器，目前仍是内蒙古“查玛”伴奏的主要乐器。

印度舞蹈最有特色的部分就是将有特殊意义的手势语言运用到舞蹈中。将“查玛”中密印与印度舞蹈中的手势动作进行比较，可知，“印度佛教密宗的‘密印’与印度舞的手势不仅在手指的姿势上完全相同，而且在名称上也有着明显的亲缘关系，如‘莲花部三昧印’与‘莲花苞联手’手势，‘金翅鸟王印’与‘嘎鲁达鸟’手势等。”② 在目前内蒙古“查玛”中不仅可以看到最普遍使用的“斯克印”，仍可看到的印度舞中的鹿头手势、下转指手势以及为“沙吉克钦布”、“朝依济拉”等神普遍来用的狮子头手势。

---

① 《莲花生大师本传记》，转引自郭净：《心灵的面具：藏密仪式表演的实地考察》，生活·读书·新知三联书店，1998 年版，第 35 页。

② 高历霆：《藏传佛教寺院舞蹈“羌姆”探源》，载《西藏艺术研究》1988 年第 3 期。

综上所述，印度文化仍是“查玛”构成的主要文化因子，虽然在漫长的传承过程中，有些元素发生了变化，但是印度文化对“查玛”的整体影响力是不容忽视的重要部分。

（二）“查玛”对藏族文化的记忆

莲花生在编创“查玛”舞蹈时，结合了印度与藏族文化。另外，“查玛”在西藏经历了几世纪的发展后才传入内蒙古地区，所以其中所保留的藏族文化更是显而易见。

首先是“查玛”中有对西藏原始傩戏表演方式的记忆。面具是傩戏最重要的艺术特征，根据傩文化研究，“查玛”表演佩戴面具、驱鬼逐疫等一系列特征，是傩戏最主要的特征，“查玛”被划归入寺院傩的范畴，傩属原始的图腾崇拜，而“查玛”属于藏传佛教系统，但其所表达出的宗教功能却是相同的。所以“查玛”对西藏傩的借鉴，不仅仅是表演形式面具的借用，更与傩在宗教功能上一脉相承。

其次是“查玛”将西藏苯教神灵作为其普遍使用的角色。尸陀林主原为苯教厉鬼，在莲花生到达西藏时，曾与莲花生较量，后被降伏，由于在沸水中煮成了骷髅，所以它在“查玛”的表演中以骷髅的外形出现，在佛教众神系统中它的地位是很低的。后在藏族的“羌姆”中演变成了滑稽的角色之一。牛原是苯教的崇拜对象，当莲花生来到西藏时，“鄯部（是西藏的地名）神变成一个白牦牛站在山上，从嘴和鼻孔里吐出风雪，但法师一下子用金刚杵勾住它的嘴……当它被完全降伏后，就吐出心血，发誓保护佛法。”① 后被编入“查玛”成了护法神。“查玛”中的黑帽咒师，据说代表的是刺杀朗达玛的藏族高僧贝吉

① 见《莲花生传》，转引自霍夫曼著，李有义译：《西藏的宗教》，中国科学院民族研究所印，1965年版，第36页。

多吉，这一角色也担当着“查玛奔”的角色，意思是“查玛”舞的总指挥。

最后是“查玛”对藏民族民间舞蹈的文化记忆。在乐器方面，鼓是“查玛”表演中使用的主要伴奏乐器，也是西藏的传统乐器。在古代的西藏，鼓是苯教徒驱鬼酬神时的重要法器，如今这种击鼓而舞也是“查玛”的主要特征。在舞蹈动作方面，内蒙古“查玛”中有一非常典型的动作，即一条腿独立，另一腿前屈抬起的舞蹈姿势，在汉族中被称为“商羊腿”，在印度和西藏的舞蹈中也都有这一舞蹈动作，但“印度舞中的这种‘商羊腿’式的舞姿，一般都是以一种静态的造型出现，而且上身姿态挺拔向上、重心平稳。这种身段特点我们亦可以在密宗的舞蹈神像上看到。而藏族民间舞和‘羌姆’中的这个舞姿却是在流动过程中完成的，并且上身姿态或侧倾、或仰俯，与手臂扬举的动作配合起来，往往给人以一种生动欲飞的感觉。”① 由此可以判断，这个舞蹈动作是受到了藏族民间舞蹈的影响。

“查玛”中对印度、藏族文化的记忆，是形成之初的最原始的记忆，“记忆的效能如何，从根本上说要看各存储单元内信息存储量的多少，存储的越多，则记忆越有效。”② 印度及藏民族文化是“查玛”中存储最多最有效的信息，它的原始形态表演意义都是依据这两种文化而确立起来的。

（三）“查玛”对蒙古族文化的记忆

在西藏“羌姆”传入内蒙古地区时，此时的“羌姆”形式已比较成熟。虽有宗教教义的限制，但在四百年的流传过程中，

① 高历霆：《藏传佛教寺院舞蹈“羌姆”探源》，载《西藏艺术研究》1988 年第 3 期。

② 康澄：《象征与文化记忆》，载《外国文学》2008 年第 1 期。

藏传佛教舞蹈的形式还是发生了一定的变化，而且表现出了浓郁的蒙古族文化色彩。这是蒙古族民众长期的生活习惯和民族自觉意识的共同作用。

首先，在内蒙古“查玛”中出现了带有浓郁蒙古族文化色彩的新角色。内蒙古“查玛”最有特色的就是白老翁“查干乌布贡”，这一角色仅存在于内蒙古地区的寺院“查玛”中。“查干乌布贡”是一个白面长须的、慈祥的长者形象，身着的服装不同于一般的“查玛”服饰，他穿的是白色羊皮袄，典型的猎人装束。据说这一角色来自于萨满教山神“白那查”。这一形象的引入，可以视为藏传佛教对萨满教原始神灵的吸入。西藏与内蒙古地区都有“米拉查玛”的表演，与西藏的“米拉查玛”相比，内蒙古“米拉查玛”中多出一黑老头的角色。“米拉查玛”反映的是高僧米拉日巴的事迹。在西藏的表演中，以米拉日巴和猎手“贡保多吉”的对话为主要内容，是一种宗教说法的表演。内蒙古“米拉查玛”中，有两个猎人的角色，一个是白发白须的白翁“贡布道吉尔”，另一个是黑须黑发的黑翁“鄂尔勒代”。两人经米拉日巴的劝化后做出了不同的选择，白翁最后皈依佛教，而黑翁却冥顽不化，最后受到惩罚。内蒙古“查玛”的表演已不是单纯的宣传教义，更主要的目的是为了显示藏传佛教与萨满教的斗争，白翁代表的是原信奉萨满教后归降藏传佛教的人，黑翁代表的是萨满教顽固的信徒。这也是藏传佛教传入内蒙古地区后，根据当时的现实情况，对“米拉查玛”作出的改变。

其次，内蒙古“查玛”的表演场地体现出了蒙古族尚圆习俗。蒙古族自古就有崇尚圆形的风俗，在“查玛”表演前，广场中心会画上一圆圈，作为“查玛”的表演场地。另外，在“查玛”的队形上也体现了对圆的崇拜，在“呼勒查玛”中，所有上过场的神灵都会按圆的形状环绕场地几周，之后才会结束“查玛”表演。

第三，依据蒙古族文化，“查玛”中角色功能的转变。内蒙古与“查玛”的原产地西藏相比，有很多的共同特征，但并非完全一样，因此“查玛”为了适应在内蒙古地区的发展，作出了相应的改变。首先是骷髅鬼这一角色的变化，在西藏的表演中，一般都将骷髅鬼作为表演中的善神，虽然地位不是很高，但却属于已归附佛教的苯教神灵，但在大召的表演中，骷髅鬼代表的是给人们带来灾难的邪恶神灵。蒙古人自古认为，人死后灵魂是不灭的，失去肉体的灵魂生活在另一个世界，也需要吃喝住行，也有喜怒哀乐，他们具有超人的力量，能够对人间产生很大的破坏力，甚至作祟于人间，给民众带来灾难与疾病。而没有肉身的骷髅架正好表现了这种有灵魂而无肉体的形象，所以在蒙古人看来，骷髅是邪恶的，是要被驱逐的。也正因如此，“查玛”表演中骷髅鬼才会出现这种功能的变化。另一个发生功能变化的是“阿扎拉”，在西藏“阿扎拉”代表来藏传教的印度僧人，后期这一角色在西藏的功能已变成维持场内秩序。但在内蒙古“查玛”中这一角色失去了他维持场内秩序的功能，而演变成一个纯粹的护法神。维持场内秩序的工作则交给了“查干乌布贡”老人。

第四，“查玛”对蒙古族舞蹈动作的记忆。“查玛”的“舞蹈动作多吸收蒙古族高原生活中原始狩猎舞蹈和萨满作法时的舞蹈语汇，形成了蒙古族宗教舞蹈自己的风格特征。在蒙古草原上形成的‘查玛’既沁浸着大乘佛教的教义，又显示出草原原始舞蹈的粗犷、豪迈、野性与神奇，是蒙古族人民依据自己审美要求所创作演绎出来的藏传佛教舞蹈的表演形式。”① 另外，蒙古族舞蹈尚圆的习俗也体现在舞蹈动作中，如：“朝依济拉”腿步以划圆为主要动作，多次反复，增强了观众的视觉效果，上身动

---

① 徐英：《论蒙古族舞蹈的宗教渊源》，载《内蒙古大学学报》2003 年第 3 期。

作的甩臂、甩绸等动作都以划圆为主要动机。

（四）“查玛”对汉族文化的记忆

“查玛”仪式不仅具有印度、藏、蒙民族的文化因素，还显示出汉民族文化的影响。从松赞干布开始，从内地到西藏传教的僧人为数不少，以及在之后的“查玛”传承过程中，汉民族文化也在无形中对“查玛”产生影响。

在“查玛”表演中，汉民族文化体现得最为明显的就是汉民族传统乐器的使用。唢呐和钹都是汉民族的传统乐器，现已是“查玛”表演中必不可少的主要伴奏乐器，并与其他民族的乐器共同演奏着同一音乐。可见它不仅仅是对汉民族文化的简单借鉴，更是对汉民族文化的一种融合。

蛇是“查玛”中多次出现的道具之一，在中国传统文化中，蛇有多重象征意义，一种是正面的，象征吉祥长寿；另一种是负面的，表示邪恶与阴险。在人们的普遍观念里都会比较认可后者的意义。在“查玛”中蛇所表达的意思是邪恶与灾难，在表演中，蛇都会被扔掉，正是寓意着驱除所有灾难与霉运。

“查干乌布贡”是“查玛”中特有的角色，在表演中除象征山神外，还代表了寿星这一意义。主要是因为“查干乌布贡”的面具前额高高凸起、长眉长须等特征，正是中国传统文化中寿星的形象。对于这一形象的来源，很可能是藏传佛教寺院为了吸引汉族群众而作出的这一适合汉民族文化内涵的改变。

“哈尚罕”这一角色出现在广宗寺的“查玛”表演中，代表的是一名汉地和尚的角色。表演中，表布施之意。之后又融入了内地布袋和尚的形象，所戴面具与内地的布袋和尚一致，增添了喜庆的气氛。这一角色的出现便体现了汉地和尚在松赞干布时期出现在西藏这一历史事实。

六、对“查玛”生存现状的思考及其保护

“中国在过去两千年中从没有发生过全部的、永久性的变迁，而只有适应性的、循环的变迁，这是因为中国的文化在一个静态性的农业社会中，富有一种自足的系统，而在世界秩序中，享有一种自觉与不自觉的光荣的孤立。”① 正是在这样的传统的中国社会中，各民族文化的发展变化平缓，始终处于一种自行的渐变与量变的状态中。正因为如此，“查玛”一直处于一种自发的渐进式的变化中，是一种常态的平稳进化。

“查玛”自形成以来，就深深地根植于蒙古族民众的心灵深处，具有悠久的历史和厚重的文化传统，体现了多个民族在其中积淀下的生活方式、思维方式及价值观念。蒙古族民众的信仰发生重大变化是在新中国成立以后，特别是文化大革命时期，藏传佛教被贴上了牛鬼蛇神的标签，藏传佛教协会成了牛鬼蛇神的黑窝。内蒙古地区的很多藏传佛教人士被打成了所谓的“黑线人物”，一些上层喇嘛被列入打击对象。直到1981年，内蒙古自治区召开全区宗教工作会议，这是宗教工作方面拨乱反正的会议，是恢复和落实宗教政策的会议。从此，藏传佛教才又开始活跃在蒙古族民众之中，“查玛”舞也寻找到了其存在的现实意义，各寺院又开始了“查玛”舞的表演，并成为蒙古族民众参与宗教活动的主要方式。

“查玛”是一种民俗活动，必然包含了世俗化的成分，但即使是民俗活动，也必然要有宗教信仰作支撑。如果仪式不具有一定程度的神圣性，它就不可能存在。这正好明确地表达了神圣信仰与仪式活动之间的关系，仪式活动依赖于信仰，一旦神圣的信

① 金耀基：《从传统到现代》，广州文化出版社，1989年版，第109页。

仰消失了，仪式也就随着消失了。按照这种理论分析，随着藏传佛教在蒙古族民众生活中影响的逐渐消退，“查玛”的神圣信仰也正在衰落，它作为一种仪式性活动存在的意义也处在瓦解之中。

现在各寺院“查玛”仪式的表演却有兴盛的趋势，这又与“查玛”神性降落的结论有所矛盾。究其原因，一方面它满足了广大的受众驱除霉运、祈求幸福平安的心理期待，另一方面，寺院在今天的发展中更多的将旅游与法会活动相结合，使得“查玛”不再是单纯的宗教表演，更多的是一种经济活动。正是在这种经济利益的驱动下，使得“查玛”本身所具有的文化属性已被人们所忽略，人们看到更多的是它能够给人们带来那些实际的利益。

与传统生存环境分离后的“查玛”艺术，在当代蒙古族民众的眼中代表着自身的文化传统，代表着遥远的过去，在外来游客的眼里是一种特殊的旅游产品，是异文化的象征。对传统的“查玛”艺术的保护，一方面是为了留住传统，确保民族的文化记忆得以传承；另一方面也是为了能更好、更合理地开发藏传佛教舞蹈资源，使其在众多的民间艺术之林中占有一席之地，体现自己独具魅力的艺术特性并让传统服务于今天。对“查玛”的保护是一个必须经过多方面的共同努力才能完成的综合性的文化工程。

第一，政府行政部门的组织协调。明清时期藏传佛教在内蒙古地区的发展，主要是统治者的扶持。今天，为保护“查玛”这种独特的宗教艺术形式，为保证“查玛”的保护行动有条不紊地开展和顺利实施，政府部门的扶植必不可少，国家要通过制定和执行相关的法规政策来对“查玛”的保护实行有效的统筹规划、组织协调、监督与控制。主管部门应建立相应的学术研究机构，有组织地对各地、各寺院不同的表演方式进行搜集、记录，以确保它完整的原生态的保存。

第二，专业人士指导。“查玛”是民族活动的一种，属民族民间舞蹈。民俗学家有责任与义务参与到对“查玛”的保护中，他们作为保护方案的设计者和顾问，更是相关政策法规的倡议者与起草者。另外对于“查玛”保护的专家来说，他们能更准确地认识传统与现代之间的关系，能对“查玛”的保护树立正确的观念，“查玛”是中国传统文化的重要组成部分，它不是僵化的、不变的，它的存在是历史选择的必然成果，其中所蕴含的多层的文化内涵更是在保护中要特别注意的部分。

第三，媒体是“查玛”艺术形式的有力宣传者。媒体的宣传不仅提高了“查玛”表演的公共性和公开性，更能加强“查玛”所渲染出的宗教氛围，提升它的宗教效果。另外，在目前内蒙古地区的汉族群众来说，他们也正积极地参与到藏传佛教的宗教活动中，但对他们来说是完全陌生的，加强媒体宣传力度的同时，更能调动汉族民众参与进来的积极性。

第四，对“查玛”的生态环境的保护是整个保护过程的关键。“对于非物质文化遗产的保护来说，一个根本的也是最好的和最理想的保护方式就是将活态的非物质文化遗产放在其生存环境内加以保护和传承，也是在日常的民俗生活实践中的‘活态’保护和涵括非物质文化遗产生态环境的综合性、整体性保护，这即是非物质文化遗产保护的生态性原则之内涵。”① 因此，将“查玛”与其生态环境相剥离的保护，是一种脱离了其所依附的现实生活基础与真实语境的保护，也是一种没有持久生命力的保护方式。“查玛”的保护和传承应根植于它存在文化空间，更不能离开蒙古族民众这一文化承载体。

---

① 平锋：《族群记忆、文化认同与壮族非物质文化遗产的保护——以壮族歌咏文化为例》，载《广西师范大学》2003 年。

七、结 语

“查玛”属藏传佛教法舞，源于西藏寺院舞蹈“羌姆”，是指舞者戴上具有佛教象征意义的面具，在伴奏乐器的节拍下直接演示佛教教义的舞蹈，表现藏传佛教驱鬼镇邪、迎新祈福等多种宗教功能。“查玛”是随着藏传佛教在内蒙古地区的发展而传入的，主要流传于内蒙古各藏传佛教寺院中，是印度文化及蒙藏文化长期交流的产物，是一种集舞蹈、音乐为一体的综合性的艺术形式。

“查玛”是蒙古族民间文化必不可少的一部分，在内蒙古几百年的传承中吸收了蒙古族文化，形成了不同于藏族“羌姆”的宗教艺术形式，同时也对蒙古族民间舞蹈产生了重大的影响。目前流行于赤峰地区的舞蹈“好德格沁”便受到了“查玛”的影响，“好德格沁”演出时戴面具，几个角色中有白翁和黑翁，与“米拉查玛”有着一脉相承的关系，可以说“好德格沁”是“米拉查玛”从宗教寺院走向民间的产物。在科尔沁地区的“莱青”舞，也被称为“喇嘛博”，是藏传佛教舞蹈“查玛”与萨满教融合而成的新的舞蹈样式。另外，著名的舞蹈家贾作光创作的《鄂尔多斯舞》；巴达玛创作的《蒙克珠拉》；那托克旗乌兰牧骑创作与表演的《达拉根巴雅尔》等，都是取材于“查玛”舞，并赋予了新的思想感情与内容之后创作出来的。可见，“查玛”舞不光吸收了蒙古族舞蹈的营养成分，也成为蒙古族舞蹈创作的新源泉，是内蒙古传统舞蹈的重要组成部分。

人生活的世界总是能分作日常的、能理解和控制的部分和神圣的、不能理解和控制的部分，“查玛”仪式正是由以上两部分组成的。对世界的认识，总是由少到多，由能理解、控制的那部分推及不能理解掌握的部分，对“查玛”仪式的认识也是由可认识的民俗符号推及深层次的精神内涵。“查玛”仪式是一种象征意义的表达，一方面是仪式中象征符号指符和所指的统一，另一方面是整个仪式表演所呈现出的象征意义。“查玛”作为一种仪式性的表演，虽然有其固定的宗教含义，但不同的接受人群又给它赋予了不同的象征含义，这正是“查玛”所体现出的多义性，但它所传达出的所有象征意义一直贯穿着一条主线，即驱邪与祈福宗教意义的统一。“查玛”是一种灵肉合一的动态舞蹈，内蒙古民众用一份执著的信念，把自己的生命和期盼每隔一定周期做一次总结与悔悟，把未知托付给自己信奉的保护神。“查玛”舞的表演正是一种信仰的表白、情绪的宣泄，信徒们全身心地交出了自己，换取迈出脚下生活步伐时的一份心理上的踏实。

“查玛”独特的历史渊源，使得“查玛”成为多种生态环境交互作用下的产物，它一方面保持着所有藏传佛教法舞的宝贵样式，另一方面又具有鲜明的民族个性。诞生于西藏的“查玛”舞，经历千百年历史长河的冲刷，本色越发鲜艳夺目。在其漫长的传承中，它置身于汉族大的文化体系中，秉承着印度独特的宗教信仰、审美情趣，借用藏族本土之傩戏、苯教之神灵，依据内蒙古本土文化之特色，共同促成了当今内蒙古“查玛”“活化石”的特征。

“查玛”是一种民俗活动，必然包含了世俗化的成分，但即使是民俗活动，也必然要有宗教信仰作支撑。仪式活动依赖于信仰，一旦神圣的信仰消失了，仪式也将随之消失。按照这种理论分析，随着藏传佛教在蒙古族民众生活中影响的逐渐消退，“查玛”的神圣信仰也正在衰落，它作为一种仪式性活动存在的意义也处在瓦解之中，因此对“查玛”的保护迫在眉睫。对传统的“查玛”艺术的保护，一方面是为了留住传统，确保民族的文化记忆得以传承；另一方面也是为了能更好、更合理地开发藏传佛教舞蹈资源，使其在众多的民间艺术之林中占有一席之地，体现自己独具魅力的艺术特性并让传统服务于今天。

参考文献

1. 胡朴安：《中华全国风俗志》，大达图书供应社，1935 年版。

2. 戴学稷编：《呼和浩特简史》，中华书局，1981 年版。

3. 郭净：《中国面具文化》，上海人民出版社，1992 年版。

4. 中国民族民间舞蹈集成编辑部：《中国民族民间舞蹈集成·内蒙古卷》，中国 ISBN 中心出版社，1994 年版。

5. 王克芬、金立勤、霍德华：《佛教与中国舞蹈》，天津人民出版社，1995 年版。

6. 尕藏加：《西藏佛教神秘文化：密宗》，西藏人民出版社，1996 年版。

7. 王铭铭：《象征与社会：中国民间文化的探讨》，天津人民出版社，1997 年版。

8. 才让：《藏传佛教信仰与民俗》，民族出版社，1998 年版。

9. 郭净：《心灵的面具：藏密仪式表演的实地考察》，生活·读书·新知三联书店，1998 年版。

10. 刘建、孙龙奎：《宗教与舞蹈》，民族出版社，1998 年版。

11. 钟敬文：《民俗学概论》，上海文艺出版社，1998 年版。

12. 郭于华：《仪式与社会变迁》，社会科学文献出版社，2000 年版。

13. 乌丙安：《民俗学原理》，辽宁教育出版社，2001 年版。

14. 董晓萍：《田野民俗志》，北京师范大学出版社，2003 年版。

15. 段宝林：《中国民间文艺学》，文化艺术出版社，2006 年版。

附　录：调查图片

图9　正月十五大召寺门前

图10　跳“查玛”舞的场地

图 11　长柄鼓与长筒号

图 12　“查玛”乐队

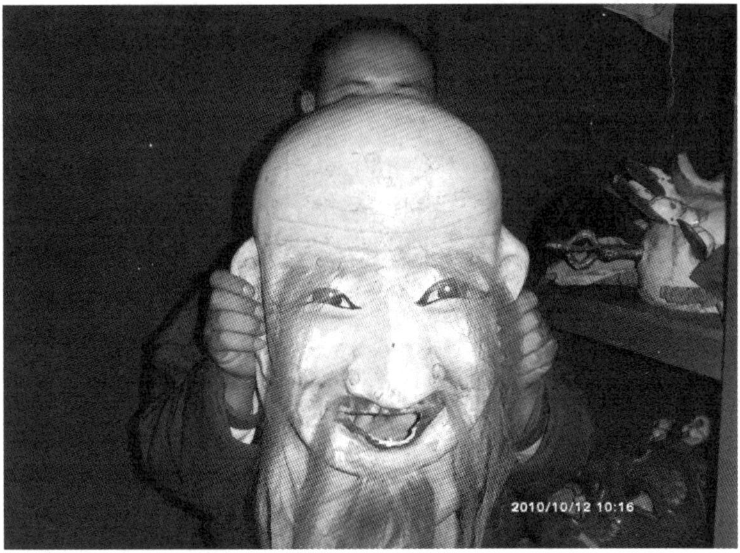

图 13　“查干乌布贡”面具

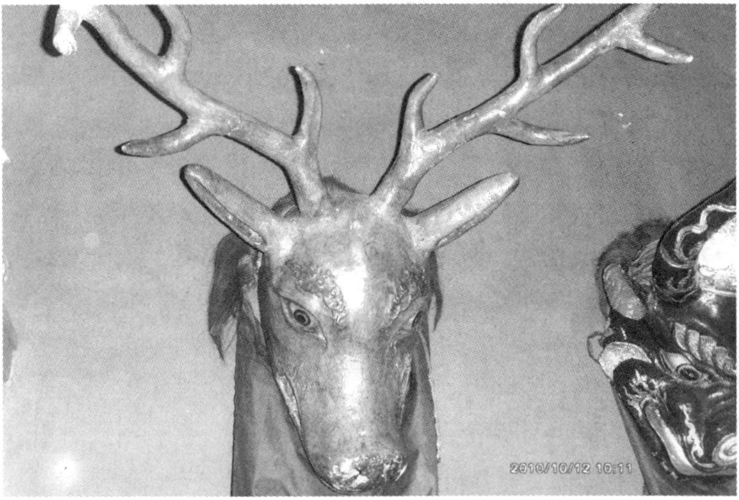

图 14　“沙吉克钦布”面具

图 15　“额勒布骇”面具

图 16　笔者与大召寺巴根纳师傅

甘肃省临洮县衙下集拉扎节跳神活动调查研究

马根权

一、绪　论

（一）研究背景

传统节日是人类社会古老的文化现象，也是民族文化的重要组成部分，它集口头传统、民俗信仰、饮食以及游艺等多种民俗元素于一体，集中体现着民族文化的精华和民族精神的特性，是人们认知天地人生的重要表达与生动实践。因此，节日研究也成为民俗学、人类学等诸多学科、学界备受关注的课题。中国传统农村社会是一个以农业文明为依托，以血缘关系为根基的家族式村落社会，一些家族式的祭祀或庆典活动也在此基础上逐渐演变成为整个村落社会甚至周边更大区域范围内的大型文化活动。由此而形成的一些地方性传统节日，虽不能与传统节日，如春节等相媲美，但就其象征意义及其社会文化功能方面来说，这些地方性传统节日的重要性对这一文化圈内的俗民群体来说一点也不亚于传统节日。同样，地方性传统节日它也集传说、人伦、信仰、饮食、娱乐等多种民俗元素于一体，也集中体现着这一文化圈内区域文化的精华与精神，是当地俗民群体认知天地人生的重要表达与生动实践。近些年来，随着农村社会的发展，民俗信仰的成分在节日文化中出现了衰退的趋势，但不可否认的是，信仰仍然是维系一些传统节日文化的重要元素。因而，研究传统节日，民俗信仰是一个重要的视角和理论分析框架。选择拉扎节这一地方性传统节日作为我的硕士毕业论文的选题，我还基于以下几点考虑：

首先，“家乡”作为中国现代民俗学的一个起点和支点，作为民俗学的基本立场，历来是众多民俗学学生以及学者的选题对象。选择“家乡”这一文化载体，作为局内人，懂得家乡的方言土语；同时，也可以作为一个局外人，因为常年在外，对于家乡既熟悉又陌生，利用这种双重身份进行田野作业自有各种便利。拉扎节这一地方性传统节日，主要盛行于临夏州康乐县境内莲花山周围的一些乡镇，包括临洮、康乐以及渭源三县的部分乡镇。在临洮县，主要是洮河以西的临洮南部地区，即现在的衙下集与南坪镇两个乡镇。这一地区地处青藏高原与黄土高原的交汇地带，在历史上属于多民族聚居区域。据《临洮县志》记载，衙下集是藏族土司赵琨的封地，称为“党布里”。现在居住在这里的基本全部是汉族，因历史文化的原因，这一地区现在的文化与临洮县境内相邻的其他地区相比较，具有独特的风韵，拉扎节就是一个典型代表。通过这一传统民俗事项的研究，对于考察该地区俗民的精神生活状态，甚至民族之间的文化关系具有典型的个案性，但是历来都较少有学者关注这一地区的区域文化。

其次，北京师范大学教授萧放认为：传统节日有物质生活传统、社会生活传统和精神生活传统三个层面，而这三大层面又可归结为五大要素，即信仰、人伦、传说、娱乐和饮食。[①] 与众多的传统节日相比，拉扎节虽只是小区域内节期并不统一的地方性节日，每年从农历七月十五开始持续到农历十月初一，但也自有其“小传统节日”的体系——拉扎节的传说、吃拉扎、过拉扎、

① 萧放：《传统节日与非物质文化遗产》，学苑出版社，2011 年版。

跳神、敬天祭祖，这一系列民俗元素共同构成了拉扎节完整的节日体系，具有重要的历史文化价值。作为一个节日，从信仰的角度来研究拉扎节及其跳神活动，并未脱离节日研究的轨迹。

再次，随着非物质文化遗产保护热潮的到来，拉扎节以及节日中的主要活动——跳神，分别被申报为甘肃省非物质文化遗产名录。紧锣密布的非遗申报之后，对于其保护对象实质性的研究以及传承保护等方面，仍然很少有人关注。

最后，以临洮县衙下集拉扎节及其跳神活动作为研究对象也符合我的区域民俗学研究方向。自 2010 年开始学习民俗学专业起，自觉地对家乡一些重要的民俗事项进行了深入了解，2011 年 11 月，在导师的指导下，开题报告的顺利通过对于研究这一民俗事项给了我极大的鼓舞，再加上两年多来专业训练的素养，使我有自身的优势与信心来完成本选题的研究。

（二）研究目的与意义

1. 研究目的

“拉扎节”是一个地方性节日，“跳神”活动是拉扎节的核心所在，在当地的民俗、民事活动中具有非常重要的作用。之前有地方文化工作者以及学者对其进行了描述性的报道，但基本上都没有对“跳神”这一民俗活动进行详细的解读，因此，外人对于拉扎节的认识并不足，这使得拉扎节及其跳神活动显得越加神秘。基于目前该民俗事项的调查尚未形成专门的研究，本研究将以临洮县衙下集为田野点，本着探索与求知的心态，对这一民俗事项进行挖掘、整理与研究。在田野作业第一手资料的基础上，从民俗志角度详细记录、描述拉扎节及其跳神活动，进而运用民俗学以及象征人类学等相关的理论，分析拉扎节及其跳神活动中人与神之间交流的象征表达形式、这一民俗事项在当地俗民生活中的作用以及拉扎节背后的意义之网。通过本研究我们可以重新认识拉扎节节日文化现象，重新了解这一文化圈内俗民的精神生活状态。这对于积极引导节俗活动的健康发展、弘扬临洮的地方传统文化以及促进文化的交流与发展，具有一定的直接或间接的作用与贡献。

2. 研究意义

（1）学术意义

对“拉扎节”及其“跳神”活动进行考察研究，以田野作业所得资料为基础，对其进行全面、细致、准确的描写，从民俗学本真性的态度出发，采用书面记录的方式对这一民俗事项进行保护。本选题还将以民俗学与象征人类学等相关理论为指导，分析拉扎节及其跳神活动中人与神之间交流的象征表达形式以及这一民俗事项在当地俗民生活中的功能与意义，着重将节日中的民间信仰这一主题凸显出来。此外，本选题的田野调查资料还可以为其他学者更为深入的研究提供可靠、翔实的文献资料。

（2）现实意义

“拉扎节”对当地民众的生活具有重要意义，而“跳神”活动则是该节日中必不可少的内容，对“拉扎节”以及“跳神”活动的研究，可以了解当地民众的信仰观念与精神生活状态，这对积极引导拉扎节节俗活动的健康发展以及加强农村文化的建设具有一定的促进作用，同时还可以增进文化的多样性发展，维持文化生态平衡。拉扎节及其跳神活动的传承与发展，也将会为继续丰富民众的日常生活，满足他们的精神需求而发挥积极作用。

（三）拉扎节及其跳神活动研究文献综述

拉扎节是一个地方性节日，主要盛行于临夏州康乐县境内莲花山周围的一些乡镇，包括临洮、康乐以及渭源三县的部分乡镇。在临洮县主要是在于临洮县洮河以西南部地区的衙下集和南坪镇两个乡镇的大小村庄内，跳神活动是拉扎节中的主要节俗之一。依据拉扎节的传说以及当地文化工作者的分析来看，其发源较早，大概形成于明末清初，传承至今五百余年。但是关于这一民俗事项的文献记载，却是少之又少。文献方面，目前可查阅到的有关“拉扎节”的记载主要是近几年来的一些作品，主要有《临洮县志（1986—2005）》、《临洮史话》以及2004年陈维山、赵怀侠发表于《甘肃经济日报》的《汉仪蕃风拉扎节》，这些都是对拉扎节现状的一般性描述，内容基本相同，其中也包含了对拉扎节形成原因的考察。他们认为，“拉扎”是藏语“山神”的音译，拉扎节是“由于汉藏同胞长期杂居，互相交流、学习、濡染、通化，一同歌舞祭祀，融合而成。”①

另外还有马清虎的《甘肃藏、汉民族共有的“拉扎”节及其功能研究》以及丁作枢、刘秀梅的《独具风格的“拉扎节”——莲花山地域的民间传统文化“拉扎节”调查》。马清虎的文章从拉扎节的起源着手，分析了拉扎节的仪式及其文化功能。文中指出：“拉扎”是甘肃中南部汉、藏民族的传统节日，意即欢庆，主要为欢庆丰收、祭祀神灵而过的节日。“拉扎”的仪式有“迎粮把”、“迎神下架”、“送神上架”“跳拉扎”四项，具有教化、规范、维系与调节的功能。② 而丁作枢的文章则是在调查了康乐县、蛇路村的基础上完成的，文中说“据《狄道志》和康乐县志载：‘西汉景帝三年（公元前154年），迁西羌族罕种何留率种人与狄道、安故（今临洮县南）、氐道（今清水县西南）与汉族杂居’。就此得知，这里原是西羌人领地，这种古风

① 陈维山、赵怀侠：《汉仪蕃风拉扎节》，载《甘肃经济日报》2004年11月22日。

② 马清虎：《甘肃藏汉民族共有的“拉扎”节及其功能研究》，载《中南民族大学学报》（人文社会科学版）2010年第9期。

习俗也是西羌民族和汉民族杂居后，共同留下来的遗风”①。

此外还有侯强的《拉扎节节日文化解读》②，但这篇文章也是关于康乐地区的拉扎节节日文化的解读，其中也说拉扎节“是汉、藏民族风俗交融的节日”。除丁作枢、刘秀梅的《独具风格的“拉扎节”——莲花山地域的民间传统文化“拉扎节”调查》文章外，其余文章都说拉扎节是“汉、藏遗风”，概因各作者所考察地域不同，故其说法不一。在侯强的文章中，因拉扎节节期不统一，从农历七月十五开始一直到农历十月初一最后一个“拉扎”结束，并将其称为“是世界上延续时间最长的节日”。

关于临洮跳神活动目前可查到的文章也只有马文慧的《扇鼓傩舞——最具高原特色的民俗文化——关于“师公”跳神民俗文化价值分析》，该文从师公跳神的起源谈起，将师公跳神活动归于傩舞之列，认为这种娱神娱人的歌舞活动发端于神教，并就神教受其他宗教，主要是苯教、佛教、萨满教、儒教等的影响问题进行了深入的分析。此文涉及的跳神活动虽只是一般性的，主要是定期性的庙会与祭奠方神、家神以及不定期的一些跳神活动，对于拉扎节期间的跳神活动并未进行单独的解读。但是，纵观这一地区的跳神活动，由于从事专职法师职业的师公较少，无论是何日期进行跳神活动，大致都是仅有的那些师公在组织活动，其仪式过程基本雷同，并无太大区别。因此，该文对于本研究也是具有很大的指导作用与借鉴价值。

以上所述，是目前可查阅到的关于拉扎节及其跳神活动的全部文献资料。拉扎节，作为一个地方性节日，其盛行范围，除了

① 丁作枢、刘秀梅：《独具风格的“拉扎节”——莲花山地域的民间传统文化“拉扎节”调查》，载《民族日报》2011年2月17日。

② 侯强：《拉扎节节日文化解语》，载《丝绸之路》2011年第14期。

临洮县境内的衙下集与南坪镇外，也包括附近相邻地区的一些其他区域，其节俗基本相同。虽传承久之，却没有引起学者们的关注。之前虽有几篇相关的研究文章，但是无论从文章的篇幅还是研究深度方面来说，还远远不够，许多问题还是不甚明了，因此有必要对其进行详细记录并深入研究。

（四）理论依据与研究方法

1. 理论依据

20 世纪 60 年代中期以来，一些人类学家对象征文化的研究成为一种思潮，其中主要的代表是克利福德·格尔茨、玛丽·道格拉斯、维克多·特纳等。他们共同主张文化人类学的任务在于透视和理解被研究者的观念与象征形态，其研究目的在于发现象征如何结合成体系，以及象征如何影响社会行为者的世界观、精神与感知。因此，象征人类学在本质上讲就是把文化当成象征符号体系加以探究的人类学。①

（1）格尔茨的象征分析

格尔茨是把象征人类学推向顶峰的人类学家。他指出，人是悬挂在由他自己所编制的意义之网上的动物，所谓文化就是这样一些由人自己编制的意义之网，因此，对文化的分析不是一种寻求规律的实验科学，而是一种探求意义的解释科学。他所主张的文化概念实质上是一个符号学的概念，在此基础上，他将文化系统视为"一种透过象征符号在历史上代代相传的意义模式，一种将传承的观念表达于象征性形式的系统；通过它们人与人相互

① 王铭铭：《西方人类学思潮十讲》，广西师范大学出版社，2005 年版，第 95 页。

沟通、绵延传续，并发展出他们对生命的知识和对生命的态度”①，而人类学家的任务就在于通过了解“土著观点”，解释象征体系对人的理念和社会生活的解说，理解“地方性知识”形成的独特世界观、人生观、社会观背景。

在《仪式的变化与社会的变迁：一个爪哇的实例》一文中，格尔茨通过对一个葬礼的分析指出：一个仪式并不只是一个意义模式，它也是一种社会互动的形式。意义的文化结构与社会互动模式应该是协调一致的，因为文化结构与社会结构并不是前者简单地反应后者，而是各自独立又相互依托的系统。他指出，区别文化体系与社会体系的有效方式，是将前者视为社会互动赖以生存的、有序的意义体系和象征体系，而将后者视为社会互动模式本身。“在一个层面上，是信仰的结构，表现为象征和价值准则，个体根据它解释他们的世界，表达他们的情感，作出他们的判断；在另一个层面上，是正在进行的互动行为过程，它的持续形式我们称为社会结构。文化是意义结构，人类用以解释他们的经验并指导他们的行为；社会结构则是行为所取的方式，是实际存在的社会关系网络。”②

关于宗教，格尔茨指出：宗教是一套行动的象征系统，行动的目的是在人们心中建立有力的、具有渗透性的与持久的情绪和动机，建立的途径是通过形成关于生活一般关系的观念，并给这些观念笼罩上真实性的光彩，使这样的情绪和动机看上去是极其真实的。他主张宗教象征应与“意思的问题”联系起来，其研究应该包括两个方面：一是分析那些构成宗教自身的象征当中包含的意义系统；二是寻找那些系统与社会结构和心理过程的联

① ［美］克利福德·格尔茨著，韩莉译：《文化的解释》，译林出版社，1999年版，第5页。

② 夏建中：《文化人类学理论学派——文化研究的历史》，中国人民大学出版社，1997年版，第335页。

系，但是前一点的研究往往被人类学家所忽略。

格尔茨重视个人情感与文化象征的互动关系，强调文化意义体系对塑造社会结构的重要性，其理论可以帮助我们去理解所研究对象生活在其中的观念世界，特别是引导我们对异文化中的象征符号及其意义进行探究，这样就使得探究对象成为实体并可以从社会和心理场景中辨析出来。文化符号体系因此脱去神秘的外衣，进入活生生的经验世界。

（2）玛丽·道格拉斯的日常仪式象征研究

道格拉斯的研究主要集中在对人类社会象征现象的研究，她所关注的是社会的道德意识问题，并特别注意仪式对集体道德和社会秩序的作用。她指出，我们生活在“象征符号的世界”之中，社会是用符号象征论表达的统一体。在她看来，我们日常生活中的许多具体的和平凡的活动都带有类似于原始人仪式活动的特点，都具有深刻的象征意义。诸如日常中的分类、整理、清扫等，当事物脱离原位时，社会就迫使我们重新安排事物的秩序，从而加强社会和道德秩序的结构。她坚信，只要存在集体生活，就存在宗教和仪式、神话、庆典和礼仪。现代化改变了社会面貌，但社会关系及其更新所需要的仪式依然存在。

（3）维克多·特纳的仪式象征论

关于象征，特纳认为，就是把身体性的、道德性的、政治经济性的力量作为现实化的手段。他所主张的象征观点是动态的，也是多义的。针对象征意义的探索过程，他提出了包括三个层次的方法：A 当地人对仪式、象征的解释层次，包括当地仪式专家和普通人的解释。B 仪式、象征的应用含义层次，即通过观察分析仪式、象征如何被举行、操作和应用而获得意义。C 象征的地位含义层次，即把象征的意义看作是由它与其他象征在一个整体，一个格式塔中的关系所决定的，这种完形的各部分是作为一个整体系统而获得各自意义的。①

根据特纳的动态理论，象征意义不是永远存在的，它是应社会的变化而改变其意义。随着时代的变化，人们会取出那些暂时被遗忘的象征，并赋予其与以前截然不同的意义。

节日是一种综合性文化，其内容包罗万象。拉扎节是一个地方性节日，它以跳神活动为主要节日习俗，集中体现了当地俗民的诸神信仰。本研究将主要以民俗学以及象征人类学相关理论为指导，从衙下集当地俗民的视角出发，对拉扎节的名称以及形成等方面进行解释，通过拉扎节跳神活动的现场考察，进一步对衙下集俗民关于拉扎节跳神活动象征符号的建构以及拉扎节及其跳神活动中人与神交流的象征表达进行阐释，理解拉扎节在当地俗民生活中的现实作用和在当地文化体系中的地位，并分析拉扎节背后的意义之网。

2. 研究方法

在本选题的研究中，将运用民俗学和人类学等多学科的理论与方法来诠释拉扎节及其跳神活动这一民俗事项，主要方法有：

（1）田野作业

由英国人类学家马林诺夫斯基开创的人类学实地调查方法，可以说是人类学以及民俗学等学科常青的支柱，它既是获得第一手研究资料的主要途径，也是民俗学、人类学研究科学性的重要保证。因此，在文献资料相当有限的情况下，要想对拉扎节及其跳神活动进行科学的分析、研究，必须以田野作业为主。笔者从2011年暑假至2012年国庆，期间利用假期时间先后三次进入田野点，历时三个月时间，收集到了研究所需的基础资料。

① 夏建中：《文化人类学理论学派——文化研究的历史》，中国人民大学出版社，1997年版，第310页。

2011 年暑假，先后走访了临洮县文化馆以及临洮县寺洼文化研究中心，获得了拉扎节、临洮傩舞（拉扎节期间的跳神活动）两项非物质文化遗产的申报材料及相关书籍资料。在此期间，还走访了寺洼文化研究中心主任赵怀侠、临洮县文联秘书长乔举民、原临洮农校教师马文惠等地方文化工作者，他们就拉扎节的形成原因、分布区域等问题上给笔者不少指导。在他们的指导下，初步选择具有典型代表性的临洮县衙下集为田野调查点。2011 年农历七月十二至十六，又拜访了跳神活动的主要传承人——庞学忠师公，收集到了他在 2006 年中秋节在南坪镇跳神时录制的碟片，并就拉扎节跳神的具体仪式过程做了比较详细的解说。农历七月十五当天，进入杨家河，对第一个“拉扎”进行了初步调查。

2012 年 7 月 20 日至 9 月 1 日，在所选调查点，充分运用局外人与局内人相结合的方法，就研究问题作了系统、全面的考察。在衙下集以及南坪镇的几个不同村落（衙下村、杨家河村、靳家泉、靳家坪村）以不同年龄的俗民为调查对象，通过访谈的形式，主要收集了拉扎节的传说、盛行范围、节前准备、节日中的主要活动以及相关的历史文化资料，重点考察了各村落拉扎节跳神活动中的神灵对象等的异同。同时，选择跳神活动的传承人、村落神头以及地方文化精英（知识分子、政府官员等）进行典型个案访谈。40 多天的田野作业，总共收集到的资料有：访谈记录 28 个，拍摄照片 100 多幅，录音 200 多分钟，摄像短片 4 个近 1 小时，另外记录田野笔记 22 份。

2012 年中秋节假期期间，就之前调查时遗漏与遗留的一些问题进行了为期四天的补充调查。

（2）深描

格尔茨开创的“深描”的方法，不仅仅是为了搜集积累各种文化事项的素材，而是在特定的情景下探求并解释文化的意义，其根本目的是为了理解他人的理解。本论文在写作过程中，将运用“深描”的方法，对拉扎节及其跳山神活动进行具有丰富意义的、全面的描写。

此外还需运用历史文献调查法、文本分析法。关于拉扎节及其跳神活动直接相关的文献资料虽然极少，但是一些地方文献资料以及志书中零星的其他相关记载，都是珍贵的研究资料，应该合理搜集利用，以为佐证。本选题也将运用文本分析法，凡地方志、口述资料、内部资料、影像等都被视为文本载体，进行民俗学解读和深入分析。

二、衙下集拉扎节的文化空间与俗民文化解释

“决定一个民族民俗文化的特质，或者说一个民族‘民族精神的标记’最根本的是要从这个民族生息繁衍的独特的自然环境和社会条件来寻找。”① 地理环境在人类社会发展的初始阶段，起着决定性的作用。按照文化生态学的观点，生态类型决定文化形态（经济类型——社会结构——价值体系），文化生态又影响社会人的性格、行为、性格和习惯。因此，每一个地区的民俗文化的形成，首先可以从该地区独特的自然地理与人文环境中找到说明。

（一）拉扎节的文化空间

文化空间，也称“文化场所”，公共的、传统的文化空间，是民俗事项的重要载体和运作领域，它能够较好地见证民俗生活的历史过程和现实状态。拉扎节是一个小区域内的传统的节庆活

① 仲富兰：《中国民俗文化学导论》，浙江人民出版社，1998 年版，第 133—134 页。

动，作为一种公共的文化行为，它以其公共的时间性、空间性以及独特的节日习俗构成了一种特殊的文化空间，具有建立集体的文化认同与加固文化记忆的意义。通过这一地区历史文化发展的梳理与探索，将有助于分析这一特殊民俗事项的形成原因，也将有助于更好地理解这一文化空间的全貌。

1. 临洮县衙下集的传说与多元文化构成

现在的衙下集镇位于临洮县县城南 20 公里处，东接玉井镇，西邻康乐县，南界南屏镇，北邻洮阳镇，境内西高东低，山川各半，平均海拔 2050 米。现辖衙下、杨家河、联合、中川、紫松、张家寺、赵家集、杨家庙、刘排子坪、寺洼山、临河、开家沟、上潘家、刘家庙、杜巴王家、刘家湾、潘家集、兴丰、红峪、单家山、下河家、伊家山、民联、洛家窑等 24 个村，209 个村民小组，其中洛家窑村居民为东乡族、回族，有 400 多人，其余为汉族。①

关于衙下集的命名，在《甘肃省临洮县地名资料汇编》中是这样说的：衙下公社，因境内原有藏族土司设立的衙门，有（大衙、二衙、三衙）群众在此跟集赶市而得名街下集，其后转音为牙下集……1982 年地名普查时将“牙”改为“衙”字。②另外关于衙下集的命名，在这一地区还流转着另外一则传说，传说中是这样说的：临洮有个地方叫衙下集，这个奇怪的地名，说起来还有一段来历。明朝时衙下集有个姓赵的土司，勇武过人，威猛无比。由于他镇守边疆有功，皇上给他很多的封地。现在衙下集一带都是他的地盘，方圆数十里之内居住的也全是赵氏家族

① 临洮县志编纂委员会：《临洮县志（1986—2005）》，甘肃人民出版社，2010 年版，第 53 页。

② 临洮县人民政府编：《甘肃省临洮县地名资料汇编》，内部资料，1983 年版，第 52 页。

的人……赵土司有三个儿子，长大后个个能征善战。赵土司给他们各修了一座衙门：大儿子住大衙门，二儿子住二衙门，三儿子住三衙门，这就是现在大衙、二衙、三衙三个村名的来历。衙下集因为在三个衙门下面，就叫了个“衙下”……赵土司战败，被满门抄斩，赵姓家族的男女老少也大部分被杀掉了。在抓住几个喂马的人要杀时，他们高喊冤枉，乱编一通说自己是赵家雇来喂马的，姓虎不姓赵，提灯的也说自己是毛家人不是赵家人，抹桌子的说自己是陈姓人。于是，这些人都躲过了杀头之祸，逃出衙门重建家园，就是现在的虎家坪、毛家坪、陈家坪。刘伯温灭了赵土司还不放心，恐怕以后西北再有人谋反称王，就把周围的龙脉都斩断了。现在二衙山上和康乐景古乡的旧城巷等几处都有一条很深的土槽，据说就是当年刘伯温斩龙脉时挖的。①

“一个社会群体，无论是民族、宗族还是其他的社会团体，往往也和个人一样，会在成长的过程养成集体的回忆和记忆能力。所谓文化记忆，就是一个民族或国家的集体记忆。”② 文化记忆，它所要问答的主要就是“我们是谁?”和“我们从哪里来、要到哪里去?”的文化认同性问题。在交流形式上，文化记忆所依靠的是有组织的、公共性的集体交流，其传承方式可分为“与仪式相关的”和“与文字相关的”两大类别。任何一种文化，只要它的文化记忆还在发挥作用，就可以得到持续发展。相反，文化记忆的消失也就意味着文化主体性的消亡。《赵土司与衙下集的传说》作为一种“与文字相关的”文化记忆形式，在解释某些事物的时候，虽有有意为之之嫌，但也是我们证实一些事物不可缺少的史料。

临洮县自古以来都是民族征战、融合的地区。秦始皇三十二

① 临洮县寺洼文化研究会编：《临洮民间传说》，内部资料，第37—39页。

② 王霄冰：《文字、仪式与文化记忆》，民族出版社，2007年版，第22页。

年（前214年），遣蒙恬率兵30万，北逐戎狄，修筑长城。西汉武帝元鼎元年（前110年）先零羌与匈奴合兵10万，进入洮河流域。唐太宗时，临洮迭受羌族、吐谷浑、吐蕃的骚扰。玄宗时，哥舒翰兼河西节度使，攻破吐蕃，收黄河九曲，一度安定洮河流域。唐代宗宝应元年（762年），吐蕃又攻陷临洮，直至宋神宗熙宁元年（1068年），王韶大破吐蕃。熙宁四年（1071年），吐蕃大将穆尔结舒克巴等集结于抹邦山（今临洮立牛镇岚观坪），直逼狄道城。当时驻守渭源的宋将王韶率兵直趋抹邦山，大败吐蕃，并在南甲（今临洮三甲）巩令城（今临潭县八角）击败吐蕃援军。熙宁五年（1072年），又击破木征，临洮复归宋辖。

历史上的临洮不仅是民族征战之地，也是丝绸之路上的必经之地（丝绸之路上的洮水古渡，有城南12公里处的姬家河古渡、35公里的冰桥窝古渡）同时也是唐蕃古道上的要冲。陈毅元帅曾作诗《过临洮》，正可作为对汉藏历史的写照：

陇头无复呜咽水，汉藏自由过临洮。

煮豆燃萁伤往昔，而今团结乐陶陶。①

位于县城南20里处的衙下集镇，离其只有十里地之遥的南坪镇安川村，也曾是汉置安故城的所在地。据《狄道州志》记载："安故古城，在临洮府南，汉置。武帝元鼎五年（前112年），西羌反攻安故……""安故在陇西郡南四十七里，唐时为安国镇，五代周太祖广顺中（951年—953年），自安国镇至凉州立三州，以控扼诸羌。"《前凉录》载："东晋永昌元年张共分安故郡置定州。"明万历《临洮府志》中说："汉徙留何诸羌于此，筑城居之。"②

① 陈维山主编：《临洮史话》，甘肃文化出版社，2005年版，第60—61页。
② 陈维山主编：《临洮史话》，甘肃文化出版社，2005年版，第35页。

此外，在《甘肃·青海土司志》也有记载说："临洮赵土司世居临洮县城东一里桧柏庄，俗名东庄，清初移居县城南80里的官堡镇（今渭源县辖）桧柏新城，管辖土民十五族。至清末管辖439户，但大都已汉化，土司职亦于民国被废除，其封地以洮河以西的临洮衙下集镇为中心，并在此处建立土司衙门三处。"① 任何一种文化的形成，都是一个渐进的过程，在此过程中，不可否认的都是会受到来自各种因素的影响，不同特质的文化通过相互间的接触、交流、沟通进而相互吸收、渗透并最终融为一体。通过上述可以看出，衙下集在历史上存在过土司制度是确定无疑的，因此，就拉扎节的形成来说，是藏汉民族长期交流融合而成，也不是没有依据的。

这一地区，不仅有社会制度上的土司管理制度，也有更早时期的文化传承。寺洼文化的命名就是因为1924年首次在衙下集镇的寺洼山发现而命名的，此遗址又名庙坪鸦沟遗址。寺洼山遗址内除寺洼文化外，还有丰富的马家窑文化遗存。在此遗址内，不仅有墓葬，也发现过铜器，其年代距今约为3300年—2500年，相当于中原的商代晚期和两周早期。考古专家夏鼎生根据遗址内火葬的葬式，寺洼文化属于氐羌族的原始文化。

每一地区的文化都是由自己的生成"土壤"条件和具体的生态、人文环境所决定的。传统的中国农村社会是一个封闭性的经济体系，在民俗文化上的影响是对权威的重视，这个权威恰恰就是对传统的极端重视。衙下集，自古以来就是一个少数民族文化比较突出的区域，其文化不可否认地受到来自其他民族文化的影响，对传统的极端重视，又使得这一地区的传统文化得到了较好的传承与发展。因此，在这种多元文化氛围与生成土壤条件下形成的拉扎节，目前由于缺少相关文献资料的确切记载，虽不能

① 陈维山主编：《临洮史话》，甘肃文化出版社，2005年版，第210页。

明确指出其缘起之因，但是透过这一民俗事项，通过该地区独特的历史文化的陈述，分析其文化内涵，还是依稀可见的。任何一种文化的形成，都是不同特质的文化通过相互间的接触、交流、沟通进而相互吸收、渗透并最终融为一体的，拉扎节的形成也不例外。

2. 拉扎节的盛行范围

"八月十五一川，九月初九一山"，这是流传在临洮县洮河以西南部地区的一句俗语，考察其内容，实是指当地俗民每年从农历七月十五开始至农历十月初一结束，在两个半月的时间里，大体上从川区到山区（其节期也并不完全是绝对的先川后山的过渡形态，从川区到山区并无明显的规律可循，如七月十五第一个"拉扎"，只有在衙下集的杨家河村盛行；八月十五日的时候最多，川区或者山区都有，如衙下集的董家寺、刘家庙、紫松、单家山、喇叭山等，南屏镇的苟家滩、靳家坪上村、安川、张家坪、扎麻、满家庙；十月初一，最后一个"拉扎"主要集中在衙下集镇子周围），每个村庄（家族）以自己传承下来的约定时间过拉扎的情形。

在临洮县，拉扎节主要盛行在现在的衙下集与南屏镇两个乡镇的大小村庄里。这一地区地处黄土高原与青藏高原的交汇地带，东、西、南三面，沟壑纵横，山峦起伏，气候多变。现在位于南部地区的紫松山、南屏山、杨家湾等，依然林木葱郁，平均海拔在2 800米左右，年降水量 500 毫米左右，目前生活在这里的全部是汉族民众，在山区的农民他们依然过着靠天吃饭的生活（川区临近洮河，水源充足，无论家里有多少地，灌溉一次都是只交 20 元钱），许多村庄的村名都是以姓氏来命名的，大多是家族式祖居村落，如靳家坪与靳家泉，据当地村民说：现在靳家坪还有靳家泉都是明朝时从北京迁移过来的靳姓人家，那时当地人①占地方，是被逼走的，就像这里的藏族，都被汉人逼进山里去了。当时来了弟兄三个，老大定居在现在的靳家坪，老二居住在靳家泉，老三在芦歌滩。我们的家神也就分别是达子大郎、达子二郎、达子三郎。后来慢慢的人就多了起来，一些外姓的人家也有迁移过来的，还有一些是倒插门女婿，但主要还是靳家人。②

图1　靳家坪、靳家泉神房中的家神“达子爷”牌位

关于拉扎节的盛行范围，在调查中有人指出，除临洮外，在康乐县莲花山以北的地区，主要是渭源的霞城、麻家集、田家

① 当地人，指北京人。

② 2012年8月20日访谈资料整理，访谈对象：靳XX；访谈地点：家门外。

河，康乐县的景古、五户、草滩（一部分）一带，也过“拉扎”，风俗和临洮相同。这在其他一些文章中也有提到，如丁作枢、刘秀梅发表于《民族日报》上的《独具风格的“拉扎节”——莲花山地域的民间传统文化“拉扎节”调查》中写道：“在莲花山地域的康乐、临洮、渭源、临潭、卓尼等县，流行着一种‘吃拉扎’的传统习俗。”①

前面提到，临洮南部这一地区的衙下集原有藏族土司设立的衙门（大衙、二衙、三衙，现在衙下集衙下村在行政区划上，仍然沿用着大衙、二衙、三衙的村名），是土司赵琨的封地，称为“党布里”。据此，一些人撰文指出，拉扎节是藏族遗留下来的节日，具有“汉仪番风”的特点。其实，在现实生活中，这一地区的许多老人也承认这里以前是“番子”的地方，我们也可以找到一些其他的佐证，如当地群众把“山神塔”称为“玛尼”，一些亲属称谓也与临洮县其他地区不同，如称呼爸妈为“阿爸”、“阿妈”，这些都是不同于当地汉族习俗而近于藏族风俗的，但他们认为拉扎节是汉族的节日，是自己的老祖先遗留下来的。那么，到底拉扎节是当地汉族受藏族群体的影响逐渐形成的节日还是世居在这里的村民他们自己的节日呢？

（二）拉扎节的俗民文化解释

拉扎节作为一种地域性的传统文化活动，在理解其文化内涵的过程中，如何采取一种中立的言说姿态，首先就应该把它看作是一个呈现在我们面前的事实领域，我们应该以无偏见的头脑思考这一文化现象，以寻找客观的事实。像格尔茨，他所追求的就是钻进土著人的头脑去理解他们的文化，而人类学者的工作也就

① 丁作枢、刘秀梅：《独具风格的“拉扎节”——莲花山地域的民间传统文化“拉扎节”调查》，载《民族日报》2011年2月17日。

是这种了解特定社会行为者他们自己的说明与描绘，理解他人的理解，解释他人的解释。文化的解释不是为了找到一个原始的问题，而是促动解释者沿着解释对象所暗示的方向去继续解释，解释者实际上与解释对象共同参与了一个具有不定性的理解时间。在这种解释中，不可能重铸别人的精神世界或经历别人的经历，而是只能通过别人在构筑其世界和阐释现实时所用的概念和符号去理解他们。那么，关于拉扎节，当地俗民作为文化的持有者，他们自己是怎么想的，又是如何陈述的呢？首先从拉扎节的传说来看。

1. 拉扎节的传说

关于拉扎节的形成在衙下集一带有一段传说。

相传很早以前，在风景秀丽的紫松山下有座藏族山寨，寨子里有一个少年叫拉扎。拉扎小小年纪，非常聪明。天天赶着羊群到山中去放牧。有一天，拉扎发现一条娃娃鱼从小溪里爬出，一个劲儿地往树尖上爬，干干的山岩上汗珠淋淋，一会儿大雨就哗哗地下了起来，奇特的自然现象引起了小拉扎的疑问。于是，他每天对山里的情况进行仔细观察，什么鸟儿叫天气晴朗，什么虫儿活动频繁天要刮风下雨。久而久之，拉扎掌握了一套十分准确的天气变化常识。拉扎除牧羊外，还要帮助爹娘务庄稼。

有一年正是青稞黄熟的时节，拉扎在山里放牧的时候注意到有一群乌鸦，天天傍晚在寨子后面的林子里呱呱鼓噪。根据经验他立刻告诉乡亲们，不久将有冰雹降临。待大伙儿刚刚收割完地里的庄稼，鸡蛋大的冷子[1]就一股脑儿地砸了下来，乡亲们种的青稞秋毫无损，避免了一场大灾难。拉扎会测风知雨的消息被当地土司知道了，无恶不作的土司打发管家叫拉扎去他的庄园里种

① 冷子，临洮方言，冰雹的意思。

庄稼，以便避免暴雨袭击他家的庄稼。拉扎想起平日土司在寨子里作威作福，欺压百姓所做的坏事，就表面装着很老实的给土司种庄稼，却暗暗寻找机会要狠狠教训一下土司。等到土司庄园里德庄稼全部上场准备打碾时，土司问拉扎："今日天气怎么样?"拉扎若无其事地回答道："太阳晒破脸哩!"于是，土司就驱使着奴隶们在麦场上摊开很多庄稼打碾。谁知一场的庄稼刚碾乱，只见乌云翻滚，暴雨倾盆，漫山的洪水一下子将土司场上的粮食冲得无影无踪。土司知道拉扎愚弄了他，非常暴怒，下令让爪牙们把拉扎抓来，一顿乱棍打死了。拉扎死后，变作一只双音鸟，每天早上寨前大树上鸟儿发出"拉扎——拉扎——"的叫声，这一叫乡亲们就知道今天好天气。有时候鸟儿发出"土司——土司——"的叫声，就知道要刮风下雨。乡亲们根据拉扎鸟的叫声，晴耕雨歇，十分灵验。人们怀念拉扎，过去每年庄稼收获后，每个村庄都要举行跳神祭祀拉扎。现在，大家破除了迷信，转变了观念，把传统的拉扎节变成了庆丰收的节日。①

这一则传说现在在民间已经很少有人记得，只能见于一些书面文字之中，其核心内容集中在拉扎节起源的解释上，但是从另一个侧面来看，其叙述重点是底层民众对"无恶不作的土司"的反抗，仅仅是对曾经发生的事件的回忆与重构。在历史上，衙下集原有藏族土司设立的衙门（大衙、二衙、三衙），是藏族土司赵琨的封地，称"党布里"，这一地区现在虽没有藏族民众生活，但有许多藏语地名一直在沿用。这既是该传说产生的背景，同时也是传说得以传承至今的历史因素。

在《观念与中国文化》一书中，陈江风指出："岁时节庆的起源多与原始天文历法观念有关，而且在民间大多都传有动人的神话或传说，有趣的是，通过诸节庆的分析看出，那些传说、神

① 临洮县寺洼文化研究会编：《临洮民间传说》，内部资料，第8—9页。

话往往并不是节庆的真正起源，相反，却多是后世附会的结果。”① 因此，可以想见，这则关于拉扎节起源的传说也许仅仅是当时的民众为了反抗土司的统治，将他们难以外现的意志寓于传说之中而作出的侧面反击，更或者是后来人为了解释拉扎节的起源所作的附会、编撰，它本身并不能真正解释拉扎节的起源问题。然而这些都已不再重要，因为拉扎节本身并不在乎这种传说的真实与否，它只是要借助节庆实现某种文化功能。为了实现这一目的，民间不仅乐于接受这种不真实的节庆起源传说，有时甚至是人为杜撰某种传说，以满足文化功能的要求。这一特点，在注重教化、注重精神文明建设的国度里，表现得格外充分。②

2. 拉扎节名称的不同阐释

其实，“拉扎”一词在当地方言中是普遍使用的，通常具有两层含义：一是指物，即把某种东西堆放在一起，为进一步工作的展开作准备，如“麦子拉扎了”，意味着收割完的麦子已经从田地里转移到麦场，只等打碾了。二是指人与人的关系，就是说两个人之间不存在隔阂，在性格上合得来，有共同的语言或志向等，能够和睦相处。③

依照“拉扎”这一词语，关于拉扎节的形成原因，当地最普遍的一种说法是：庄稼下来了，拉扎了，亲朋四友都来聚一下，庆祝丰收。如六十一岁的蒲斌老人说：过去的时候，在这些地方没有人，后来逐渐有人了，听说是犯了错误的官员被充（发配）到这里，东山一个西山一个，因为人比较少，所以人把

① 陈江风：《观念与中国文化》，广西师范大学出版社，2006 年版，第 216 页。

② 马根权：《临洮县衙下集拉扎节形成原因分析》，载《丝绸之路》2012 年第 2 期。

③ 马根权：《临洮县衙下集拉扎节形成原因分析》，载《丝绸之路》2012 年第 2 期。

人比较惜（人们之间的关系也比较好），比如走马山、喇叭山、单家山、黎家山或玉井峰山都只住着一个人，人把人拿现在的话就是去看一下另一个地方的那个人，看他过得怎么样，庄稼下来后，其实拉扎不叫拉扎，叫 la za（轻声），庄稼下来了，拉扎了，比如你在单家山、我在喇叭山、他在黎家山，喇叭山的就说，咱们三个离得比较近，多会儿（什么时候）一起到玉井峰去看一下，看玉井峰山上的那个人的庄稼拉扎了没，去的日子假如是八月十五或者九月初九，到了以后，朋友来了，他就会管一顿好的吃喝，主要是来看庄稼拉扎了没，八月十五来的，这个纪念日就是八月十五日，以后年年都会说，明年了在这一天你们再来。这样，时间就逐渐固定下来了，其实就是去看庄稼拉扎了没。后来人口逐渐比较多了，都还是在同一天去看另外的朋友，就这样一直流传到了现在。①

在这一普遍说法中，我们可以看到，他们关于拉扎节的名称与节期的解释是合情合理的，但重要的是忽略了节日中的主要活动——跳神。那么，当地盛行的跳神与拉扎节的形成到底存在怎样的关系呢？

在调查中有村民说：过拉扎时，把家神都请到神房，也就是“拉扎”的意思。“拉扎”跳神就是主神宴请客神，除了家神，还有请来的其他神仙，神也就拉扎了。主要活动是在神房、庙上进行。② 与这一说法相近的还有一位村民说：神也好比是一大家子人，各有各的工作，拉扎就是神仙聚到一起，人们给神过节。③

也有人说：这里的家神有多种形式，如果是家族式村庄，是

---

① 2012年8月25日访谈资料整理，访谈对象：蒲斌；访谈地点：蒲斌家。

② 2012年8月20日访谈资料整理，访谈对象：靳XX；访谈地点：家门外。

③ 2012年8月23日访谈资料整理，访谈对象：靳XX；访谈地点：靳家泉神房旁田地。

同一个祖先的后代，在村子里一般有神房，就像南方的祠堂一样，供奉家族的家神。如果是杂姓村庄，各有各的家神，跳神的时候，如果都跳，则家神不同，时间也就不同，因为师公比较少，忙不过来，因此，即使同一村子，也有不同时间过拉扎的情况。现在跳的少了，有些今年跳，有些今年不跳，但都还是保持着祖先流传下来的习惯，在规定的那一天，即使不跳神，也会聚会过节。①

而另外一位乡村医生说：拉扎不是一个节日。按照农历，传统的节日有四大节（清明、端午、中秋、冬至）、四小节（立春、立夏、立秋、立冬）、二十四节气（春分、谷雨、芒种等）。拉扎，节期不一样，有的是农历八月初五、八月二十三、九月初九等，它不算一个节。临洮以前叫狄道，狄就是番子，这里以前是番子的地方。在过去的时候，生活在这里的人比较少，每到秋季，五谷丰登，庄稼上场之后，农民安全把庄稼收回来之后拉扎了，就开始打黄醮，答报神恩，答报天地，还有这里的方神，总的就是答报神恩，比如原先这里只有五家人，他们把答报神恩的日期定在八月初三，后来这五家人发展到了几十甚至上百户人家的时候，分开在几个庄子的时候，他们还是在八月初三进行打黄醮，这是地形、家族祖先所规定的。打黄醮就是答报神恩的仪式，即庄稼拉扎了，五谷丰登，丰衣足食，农民答报天地的地形规定的日子，后来就叫做拉扎，但拉扎不是民间普遍的节日，是地方性的，真正的节日应该是全国公认的。② 这是在调查中唯一一位指出“拉扎节”不是节日的，其依据主要有两点：一、拉扎节节期不统一；二、拉扎节是地方性的。那么这种节期不统一

① 2012年7月28日访谈资料整理，访谈对象：康XX；访谈地点：康XX家里。

② 2012年8月22日访谈资料整理，访谈对象：曹XX；访谈地点：医药铺。

的地方性节日到底能不能算作真正的节日呢，这并不是这里要重点讨论的问题。

此外，临洮县寺洼文化研究中心的赵怀侠（临洮县南屏人）说："拉扎"是藏语"山神"的音译，拉扎节也就是汉藏杂居地区的群众祭祀山神的一种民俗活动，大概形成于明末清初，一方面，以前气候凉，只种春麦不种冬麦，庄稼收割之后，有了空闲的时间，并且丰收之后，也有了经济基础，村民们便相互往来，庆祝丰收。另一方面，以前村庄上几乎没有什么文化活动，农民也无其他的娱乐事项，跳神属于一种大型的文化活动，遂吸引周围亲朋来此观看，亲朋到来之后，主家要接待，逐渐形成节日。但最初以跳神为主，随着老人们崇拜山神的心理在年青一代中的逐渐淡化，以及年轻人外出务工，时间不济再加上跳神费用高等原因，现在逐渐出现跳神活动趋于淡化，而盛行过拉扎节之风。① 其实在藏语中"山神"的音译是"拉则"也有做"拉资"，因为地理环境的影响，藏族中关于山神的信仰显得更为重要，而当下的藏族也还存在祭祀"拉则"的活动仪式。一种文化现象的形成，总是会受到外界各个方面的或多或少的影响，因此，从当地山神信仰体系中存在的番山神"拉则"山神来说，我们可以认为"拉扎"是"拉则"或"拉资"是当地方言的转音，拉扎节的形成也是多种因素综合的结果。

综上所述，我们可以看出，职业不同的当地俗民，他们关于拉扎节由来的看法也是不同的：在农民看来，拉扎节是他们自己的节日，虽然他们也承认这里以前属于藏羌之地，但他们大多数还是认为，拉扎节是汉族的节日，是自己的老祖先流传下来的。相对于在当地工作的一些人员——文化精英们，他们好像更代表

---

① 2011 年 8 月 5 日访谈资料整理，访谈对象：赵怀侠；访谈地点：赵怀侠文字工作室。

着官方话语特色，为了维护“文化的正统”，他们认为，“扎节具体起源于何时，无从可考，但它作为番、汉杂居地区汉族人民特有的民俗活动之一，其历史源流之长久却是不容置疑的。”①节日民俗的形成原因是多方面的，甚至是错综复杂的。与其他许多习俗相似，节日民俗的传承，也处于不断地变异之中，因此，要考察拉扎节的形成，必须要综合各个方面的因素。

三、衙下集俗民对拉扎节跳神活动象征符号的建构

宗教的真正精神是追求绝对的自由。民间信仰与制度化的宗教不同，它不是一种教条化的存在，它是“沿着人们的生活脉络而编织的宗教，以既存的生活组织（例如家、亲族、宗族、朋友、地域社会等）为母体的宗教……民间信仰是扎根于生活上的禁忌、神话、传说，以及乡土之中的民俗性的世界观。按照生活的节律即年中行事和人生礼仪的过程，惯性地举行人生宗教礼仪的一系列过程。”② 生活化和民间性是民间信仰的最大特征，信仰与民俗相互渗透，相互影响，是中国文化的重要组成部分。在民间信仰体系中，主要包括仪式、信仰和象征三个不可分开的体系：仪式形态包括家祭、墓祭、庙祭、公共节庆、人生礼仪等；信仰体系主要包括神、祖先和鬼；象征体系包括神系的象征、文字象征、地理情景的象征、自然物象征等。拉扎节是衙下集俗民的一个公共节庆，在此仪式形态中，主要的表现形式是跳神活动，而其深层内涵是当地俗民的众神信仰观念。因此，通过

① 陈维山、赵怀侠：《汉仪蕃风拉扎节》，载《甘肃经济日报》2004 年 11 月 22 日。

② ［日］渡边欣雄著，周星译：《汉族的民俗宗教——社会人类学的研究》，天津人民出版社，1990 年版。

民间信仰、拉扎节仪式和象征的分析，对于理解当地社会－文化的全貌具有重要的意义。

（一）吃拉扎：拉扎节象征符号的建构

“八月十五一川，九月初九一山，”在临洮县南部以及周边一些其他地区，当地群众每年从农历七月十五开始至农历十月初一结束，在整整两个半月的时间里，从川区逐渐到山区，每个村庄以自己传承下来的约定时间，欢度拉扎节。至此时节，只要深入这一地区，我们所能听到的一句邀请辞大多是“到我们家来吃拉扎”。“吃拉扎”成了这一地区独特风俗的象征符号。其间以中秋节、重阳节为拉扎节节期的村庄尤多。在这里，我们可以看到一个独特的现象，那就是历来为汉族人民所注重的传统节日——中秋节与重阳节，在这些地区被拉扎节所替代。双节重合之后，他们首先选择了当地所重视的拉扎节。即使一些村庄的拉扎不是“中秋”、“重阳”之日，他们也不过这两个节日；即使在“文化大革命”扫除一切牛鬼蛇神的特殊时期，他们也还是以过中秋、重阳的名义过拉扎节，如一位村民介绍说：我们只过拉扎不过“八月十五”。毛爷爷那时曾中断过，但还是以过中秋的形式在进行，后来政策松弛了，又开始跳神、吃拉扎了。①

那么，拉扎节对当地俗民的日常生活发挥着什么样的作用，具有什么样的象征意义，使得他们主动放弃了传统节日而将全部精力投向拉扎节的呢？

中秋节的起源，与古代拜月、秋祀习俗有关，而重阳节俗产生的初始之义，也与祓禳、趋避的观念息息相关，等等。众多传统节日的形成，都是“群体性文化创造的成果，是在历史发展

① 2012年8月20日访谈资料整理，访谈对象：靳XX；访谈地点：靳家泉小卖铺内。

的进程中一定的社会群体为应付环境，满足需要而积存起来的社会创造，积久成俗。一经成俗便成为群体生活的行为模式，成了他们民间信仰崇拜的载体。”① 随着时代的发展、社会文化观念的变迁，这些最初的传承下来的原始信仰观念已趋于淡化，现在这些节日也只留下了其大概轮廓，而逐渐成为现代节奏紧张的生活下，外出人员回家团圆的日子。因此，从这方面来考虑，我们可以看出，与众多的传统节日相同，拉扎节是与凝聚在当地民众生活中的众神信仰观念紧密相关的，它既是民俗生活的重要组成部分，也是民众生活的精神烛火。当地群众主动放弃了拜月、祓禳等习俗观念而选择了与现实生活紧密相关的众神信仰，在这种观念的发展演变下，逐渐形成为当地独特的民俗节庆。此外“吃拉扎”也与旧社会中普遍存在的“尝新”观念有较大关系。据介绍说：以前的时候这里很穷，家里每年在秋收之前都会断粮，都眼巴巴地等着庄稼下来呢。麦子收割拉扎打碾后，就赶紧磨面。人家川里的麦子熟得早，所以他们就先有粮食。收割之后，就跳神，答谢神恩。那师公子开头唱的不就是“吃住水土，报答神恩”嘛。人们能吃的东西少，收割之后都会叫亲戚朋友来家里“尝新”，有些还要做大馍馍，送给亲戚，后来，慢慢地就过起了拉扎。现在生活好了，就都不再送馍馍了，但是人情交往的关系，亲朋来时也不会空着手来，都会拿一些其他的东西。②

文化的意义是通过象征符号体现的，因此，意义和符号是紧密联系在一起的。对人类学家而言，符号是意义的浓缩，是由多种意义确定的、符号的联想，可以渗入社会文化生活的多种领域

① 李平：《传统节日与民间信仰之我见》，载《滁州职业技术学院学报》2008年第4期。

② 2012年7月25日访谈资料整理，访谈对象：赵XX；访谈地点：衙下集寺洼山村其家。

及平面；一个简单的符号可以只表达一个简单的意思（如交通灯等），而一个复杂的符号的涵盖面则可以很大（表达文化意义的符号即是）；有限的符号同它们表达意义的无限组合便构成了符号系统结构。象征符号很像文化，它可以用来指形形色色的事物，无论什么言语、物质、行为和事件，如果它能够传递某种意义，它就是象征。作为观念载体的行为或事项，它也是象征符号的一种，同时观念也是象征的意义。

“尝新”作为农业社会的代表文化形态，不仅体现着当时的社会文化生活状况，也表达了人与人之间、人神之间的互动形式，随着时代的发展，各种民俗事项在不同地域、不同俗民群体之中都存在一定程度的变异，但是其“报答神恩”的内在本意却深深地凝固在民众的生活之中，作为底层文化的民间信仰观念不仅没有消失，还以各种各样的活形态表现出来。临洮县南部地区俗民的众神，作为一个象征符号，是当地人民大众民俗心理的一个重要表现形式，它扎根在民俗土壤的深层积淀之中。节日期间的跳神活动，是承载当地众神信仰的载体。作为一种文化现象，自发生以来，直到现在一直在不间断地持续着，它是一种在特定季节里为答谢众神而进行的仪式形态，是当地民间信仰观念、生活习俗和生活风格的形象反应。

（二）答谢神恩：众神信仰及其象征符号的建构

神灵信仰观念是普遍存在的，在中国自古流传，认为“善恶到头终有报，举头三尺有神明”。与人世相同，分别存在着天界与阴间。天界是神灵的所在，而阴间是鬼魂的居所，并构筑了一套相当完整的管理机构，实际上是人间政权机构的模仿。一般民众尤其是在农村社会中，俗民中间的神、祖先、鬼的信仰是通过庙祭、年度祭祀和生命周期仪式以及血缘性的家族和地域性庙宇的仪式组织等来表现出来的世界观和宇宙观的象征体系。这种信仰形式深深地植根于农村社会之中，成为民众日常生活中必不可少的一部分。不管社会环境如何变迁，外界压力有多大，他们始终没有放弃属于自己内心深处的自然崇拜、神灵信仰、祖先崇拜等精神追求，并伴随他们的一生。

1. 衙下集俗民的众神信仰

临洮县南部的这一地区的神灵体系是比较复杂的，从村名上可以窥见一斑，如许多村子都以XX庙或XX寺命名，既有大型的庙宇也有路边不起眼的小庙宇，还有诸多的寺院。在调查中有人指出：就算是同一位神，其处所不同，称谓也不同。如俗称的二郎爷，在庙里其牌位是“青原妙道护国二郎真君”；在山上，则是“黄鹰二郎真君”，是带雕的，神案旁有轿；在家里则是“黄毛祖师真君”，一般只有画像。[①] 在民间社会，民众在日常生活中按照现实的管理制度，也塑造了不同的神灵来各司其职，并将众神分门别类，虽然体系比较复杂，但还是能够简略进行分类。按照当地的民间的分类体系，这一地区的诸神可以大致分为官神、护神、家神、方神（村庙神）、山神五类（其实还有一种当地称为拉扎神，他们说拉扎节跳神时所跳的就是拉扎神，但并不是确指，而是泛指，包括这五类之中的某几类或者某一类）。各类跳神中所跳的神灵主要就是这五类神灵，跳神与寺院是无关的。

官神主要有常爷、金龙爷、廉洞爷、显身爷、二郎爷、白马爷、索爷、关爷等，他们都有相对比较大型的庙宇，属于管理层，掌管着整个区域内的所有事务，是这一区域内其他神灵的统治者。信众也超出了庙宇所在位置的村落，延伸到方圆各地。

护神主要是法师家里供奉的神灵，有“一祖四帅”。一祖指的是“万法救主，无量祖师”，具体是哪一位神灵，说不清楚；

① 2012年8月22日访谈资料整理，访谈对象：曹XX；访谈地点：医药铺。

四帅是指黑虎赵爷、长枪马爷、铁棒瘟爷、大刀岳爷。

图2　路边的牛头马面庙

家神也可以称为家族神，家族较小的一般是在村庄内某一家庭内里供奉神像，家族相对较大的，有的新建了神房，将家神供奉在神房内。如靳家泉与靳家坪，因为祖上同为靳家，他们便新建了神房，将当初各自在家供奉的家神达子大郎、达子二郎和达子三郎共同请到了一座神房内。家神也是比较多的，有的是自己家的老祖先，也有将关爷等官神作为家神的，还有其他一些人身兽面的神灵，如羊头参将等，更有一些人家里供奉的是“猫鬼神”，通常认为，如果对“猫鬼神”不敬，就会惹祸上身。

方神是相对官神职位比较小、庙宇也比较简陋的神灵，他们通常是在村庄内或者村庄附近。村庙与神房是分开的，方神在村庙，而神房主要是家神的所在。山神也是比较复杂的。

关于山神，大的划分可以分为番山神和汉山神两类。其实还有最高级别总督山神，如衙下集番汉总督山神，他所管辖的区域比较大，囊括了整个乡镇，据当地人说，番汉总督山神是汉神。除了总督山神，番山神按照当地的分类可以分为插牌山神、拉则（当地口音是 la zai）山神、走山神、暗山神四类。

插牌山神是在山的某个位置，一般是在山顶，用石头垒成的小堆，石头堆中间插有用白木做成的插牌，当地称为“山神塔”也叫“玛尼”。三个插牌订一个拉则，如位于靳家坪的翠微山上就有三个山神塔，这个山上的就是拉则山神。

走山神是山神塔的一种延伸，通常是用石头垒成山神塔后，在塔上用大石块垒成开口匣子模样的小房子，里面还放着一块扁平的石头，石头上有画上去的神像或者某种符号，走山神也是拉则山神的一种。前面这三种山神没有土木结构的庙宇，只有用石头垒成的山神塔。

图 3　走山神

暗山神也叫栽桩山神，有庙并且在庙的附近或者庙旁还有山神塔，山神塔中央插着许多牌子，这是历年农历四、五月份请喇嘛插牌累积的结果。

图4　暗山神庙全景

图5　庙内山神神像—为番山神

图 6　庙外山神塔及插牌

在当地的信仰体系中，暗山神是最灵验的，信众比较多，香火也很旺盛。另外还有一种是有庙的汉山神。通常当地称为“山神庙”的庙宇内供奉的不仅仅是山神，通常是山神、土地在一起的，有的是山神、土地在同一张画像内，有些在庙宇内还有其他一些神灵的牌位。

通过衙下集俗民的众神信仰体系的考察，我们可以看出，与制度化的宗教不同，民间信仰不是一种教条化的存在。它以多神信仰为主要的表现形式，没有具体严格的教义、教规，也无专门的信徒，只有信众。因此，从某种意义上来说，也就少了一层心灵的枷锁和镣铐。

图 7　庙内山神土地神像及庙内山神土地神像

在民间信仰体系中，世俗的欲求并没有使其信仰变成一种“买卖”——信徒以其信仰铜板，换来梦境中金山般的福报，它几乎达到了宗教的真正的精神——任何外现和存在都没有干预主体的独立、宁静和自在。民众并不会因为家中诸事不顺而将家神扫地出门，更不会因为庄稼的欠收而在拉扎期间不跳神……真正的信仰是无条件的，它仅仅是对某种精神的敬畏和向往。信仰并不是谋求福利的手段，因为信仰本身就是目的。这种信仰观念在长期的历史过程中，影响着社会中大多数民众的思维方式、生产实践、社会关系和政治行为，并与国家上层建筑和象征体系的构造形成微妙的冲突和互补关系。

2. 众神符号的建构——以插山神仪式为例

《礼记·祭法》中说“山林川谷丘陵，能出云。为风雨，见怪物，皆曰神。”① 与河神、土地神一样，山神也是先民敬畏自然的产物，直到现代社会，这种自然崇拜的观念仍然在不同的文化圈内以其各自的形式延续着。临洮县南部地区地处黄土高原与青藏高原的交汇地带，东、西、南山峦起伏，沟壑纵横，气候多变。现在位于南部地区的紫松山与南屏山，依然林木葱郁，其平均海拔在2 800米左右，当地群众过着靠天吃饭的生活。在这种自然环境的影响下，人们面对自然界突如其来的暴风骤雨等自然灾害无能为力时，自然的将其盼望丰收的愿望寄托于冥冥之中的神灵。当地群众身处巍峨的群山之中，这里有些山峰常年白雪皑皑，因此，山神成了他们顶礼膜拜的对象之一。“在民俗或民间信仰千差万别、丰富多彩的内容中，有个基本一致的目标或价值

① 《礼记正义》卷四十六《十三经注疏》，中华书局，1980 年版，第 1588 页。转引自张爱萍：《中日古代文化源流——以神话比较研究为中心》，浙江大学出版社，2005 年版，第 75 页。

指向，就是为民众建构起生活或人生的希望，并不断地维系它；当人们遭遇各种不幸导致精神危机之后，则千方百计地化解之，以重构希望。”①

山神崇拜是比较普遍的，在这种信仰千差万别、丰富多彩的内容中，有个基本一致的目标或价值指向，就是为民众建构起生活或人生的希望。中国传统社会是一个农业社会，在此基础形成的文化，也是典型的农业文明，很久以前，许多农民都过着靠天吃饭的生活，即使现在，一些山区的农民依旧如此，老天的喜怒哀乐在一定程度上决定着他们的生死存亡。为了确保人畜平安、庄稼丰收，他们只能寄希望于各位神灵。春祈秋报，循环往复。

上文提到，临洮南部地区处于青藏高原与黄土高原的交接地带，山高沟深是这一地带明显的地貌特征，当地农民在春播之后都会在地理位置比较险要的山头举行“插山神”仪式，整个仪式相对比较简单，通常是请寺院的高僧前来主持完成。

关于插山神，当地常年从事法师活动的一位唢呐手介绍说：插山神主要是在春季，一般是四五月份。通常叫做祭山或扶山，就是说把山扶正了，让山神保佑这一地方不遭受冰雹、暴雨等自然灾害，人以及畜牲等不遭受意外变故，平安度过一年。秋收之后的跳神就是报答神恩，感谢他们的保佑，这时并不一定是山神，包括地方上的所有神灵，在开坛请神的时候都会请来的。②

这里需要指出的是，只有在建造新庙的时候或者在一些山头

① 刘道超：《筑梦民生：中国民间信仰新思维》，人民出版社，2011 年版，第 159 页。

② 2012 年 8 月 23 日访谈资料整理，访谈对象：靳 XX；访谈地点：靳家泉小工地。23 日当天在工地（自家建房，请了三位帮工，都是本村人），缓晌午的间歇，采访了其中的一位，工地上的人说，那是跳神队伍的唢呐手。在跳神队伍中，除师公外，其他都是业余的，如鼓手、唢呐手等，他们只是协助师公完成跳神活动，从中获取一点报酬，平时忙于家里的农事或外出打工。其实师公也一样，平时务农，有活动时才组织人员.

之前还没有插过山神的地方，在最开始的时候才举行插牌仪式，在山神塔塔底要埋上咒语以及五谷、牺牲等祭品。如果已经有山神了，只需在原来的山神塔基础上放上石头，新插上树枝，并请寺院高僧诵经念佛就可以了。

图 8　香火旺盛的番山神

通常村民们还会在离村子较近的半山腰建立山神庙，庙的朝向也是有严格规定的，必须与所插山神保持在同一条直线上，庙中挂有山神的画像。因为此区域在历史上是多民族征战、融合之地，山神也有番汉之分。番山神的画像中通常是鹰头人形，据介绍说：那是戴鹏雕。以前画像上雕的嘴里、爪子下都有一条蛇，总共三条蛇。现在的画像中只是嘴里叼着一条蛇。苏家山上的山神和这里的一样，是戴鹏，色道也一样，都是蓝色。有的是黑红色或者红色。[①] 汉山神庙中通常是诸神汇聚，有土地爷、山神，还有其他一些神灵。这一地区村内庙宇较多，一些大的庙宇通常

① 2012 年 8 月 25 日访谈资料整理，访谈对象：蒲斌；访谈地点：蒲斌家。

是上锁的（山神庙不同，大多山神庙都是未上锁的），只有在每月初一、十五以及逢年过节或特定的日子里才开放，供众信徒前来上香祭拜、祈求、还愿等，以此来满足他们精神上的需求，从而建构起生活的希望。

图9　门厅冷落的汉山神

不同的社会群体对同一神灵或不同的神灵都有各自不同的信仰诉求，这些群体对这些神灵符号寄予了不同的话语和期望。因此，无论这种众神信仰在其他社会生活中以何种形式存在，其都是一种处在地方文化系统中的信仰民俗。地方性的民众解释、悠久的历史传承、广泛的信仰活动、复杂的当地文化结构是这一民俗事项得以兴盛不衰的原因，而且也是这一民俗具备地方性特征的基因。因此山神信仰作为临洮县南部地区当地的标志性民俗文化，虽然与其他地方的山神信仰或其他神灵信仰在信仰对象、演化过程、传说故事、崇拜方式等方面有许多不同之处，也有许多相同之处，但它决不是超地方化的，其传承运作只能在地方文化系统中进行。山神信仰与地方社会拥有的其他各方面历史传统文化结成可以“互释”的密切关系，即只有发生“在地化”的山神信仰，才能使其得以普遍流行。

四、衙下集拉扎节及其跳神活动中人与神交流的象征表达

民间信仰是“从人类原始思维的原始信仰中不断传承和变异而来的民间思维习惯的习俗惯制。这些民间思维习惯的习俗惯制，受到人们的信奉，甚至成为支配人们物质生活与精神生活的重要因素。”民间信仰存在于俗民的日常生活之中，它依托于民俗事项而存在，没有民俗事项就没有承载民间信仰的载体。拉扎节的产生与当地的众神信仰息息相关，而周期性的跳神活动，作为人与神之间交流的一种象征表达形式，又在一定程度上维系着这种信仰观念的延续。

（一）师公、师婆：人与神交流的媒介

师公、师婆是中国民间对于从事祭祀活动的巫师的一种称谓。在古代，巫以舞通神、娱神。巫是具有特殊功能的人，是连接人和神的中介。他们在农村人群社会中发挥着内聚性的作用，成为神圣的神灵的先驱，同时也是各类祭祀文化的传承者。今天，巫师在不同的地区、不同群体之中有不同的称呼。本文所调查的临洮县衙下集则称他们为师公、师婆，把他们所从事的祭祀活动称为跳神，他们是整个祭祀活动中的主要角色。在整个仪式过程中，他们是集体智慧和个人才干与威望的代表，他们所作的事宜代表了神灵的旨意，同时他们也是俗民心灵之中的精神

寄托。

前文提到，临洮县衙下集一带，以前有过藏族土司的统治，因此在民间信仰形态中，也遗留下来了一些与汉族民众不同的信仰形态，主要就是这一地区大量存在的“番神”。因此，在从事法师职业的神职人员之中，也出现了与师公相对的师婆。师公，即法师，在跳神活动中，他们所跳的神是汉神，而把专门跳番神的法师，称为师婆。

图 10　师公的着装及动作

师公与师婆虽名称不同，但也大同小异，其区别主要表现在：他们的着装、唱词、动作等方面。当地一位村民介绍说：师婆子是男的，是装扮成女的的。他的鼓下面有个九环锡杖，还有佛头，是木莲留下的，穿的神衣是片状的，有很多铃铛，师公的神衣是块状的，呈方格形。人们说跟上好人学好艺，跟上师婆子发假神。师婆子跳神是抖着呢，是在发假神。师公要要拳术，包括带鼓与棍棒两种，因为师公家里供奉的家神是罗汉，罗汉本来就是拳棍手，鼓的手柄处有十八个“片片”，代表十八罗汉。师婆子的鼓下面是环形的，下面有佛头，代表是木莲的后代，师婆子家里供奉的是木莲。师公是野神，光棍神。师婆子不能手舞足蹈，腿不能抬高，要底盘走路，必须是规矩的。[①]

关于师公与师婆的不同，从着装方面看师公的神衣是无袖的袍子，通常是红色的，背部有黑虎的头像，而师婆的是饰有小铃铛的叶状穗带，斜挎在上半身；

在唱词方面，师公用的是当地方言，师婆使用的是藏语，但他们都是汉族人，也从未学过藏语，是师承关系的结果。据介绍说：过去的人都不怎么念书，十四五岁的孩子就跟着父亲跳神，一进入那个角色就好像演员进入自己的角色一样，打起鼓、跳起舞之后，跳番神时便很自然的用藏语唱，但他们也没学过藏语。另外在跳神的过程中，师婆不扎签，师公要扎签的，师公可以手舞足蹈、上桌下凳，而师婆的动作幅度较小，被称为是 sai sa la，不能出现大幅度的动作。

图 11　师婆，也叫番师公，其着装与动作

师公作为半职业[②]的神职人员，是人与神交流的媒介。师公

① 2012 年 8 月 22 日访谈资料整理，访谈对象：曹 XX；访谈地点：医药铺。

② 师公属于半职业的神职人员，他们平时务农，只有在跳神时才组织活动。

的传承一般是家族式延续的。据介绍说：师公家里信奉的罗汉神，他们家里都有画像的。在画像中，罗汉神是带着鞭子的，鞭子一般在画像的中间，如果马蹄超出鞭子的范围，就叫做出马护神，则这家人就必须有人出来当师家，即师公。马蹄不出鞭叫做坐家神，只是在家里烧香供奉。出马护神是要跳神、吃四方、饮香火的，跳神时，师公要将画像请到跳神地。在很早以前，出马神也是坐家神，后来有人觉得自己拜师学艺后，可以通过跳神来赚钱养家糊口，于是在重新塑像时将马蹄画出鞭，从此以后必须代代相传，一直流传下去，每一代必须有人继承此业，否则家里将不得安宁。以前师公不收徒弟，都是父传子，一般都是家族内的人。现在跳神的人越来越少了，收徒传经也就不那么保密守旧，就像现在各行各业收徒学艺一样，只要双方自愿，就能拜师学艺了。①

拉扎节跳神时，神头②依据村庄内的信仰形态，汉神或番神，在拉扎节来临之前邀请相应的师公、师婆前来跳神。如果庄子上既有汉神也有番神，则既请师公也请师婆，则番汉两教同时跳。如果是单一的汉神，则是只请师公。师公所跳、所敬的神，有的属佛教的，如“达摩祖师”、“妙善公主”；有的属儒家所信奉的，如“天、地、君、亲、师”；但大多数显系道教。这种尊儒、崇佛、敬道兼收并蓄的现象，从宗教和民俗反应折射出了天人合一、三教一家、包容和谐、仁义礼让。这种思想还表现在师公跳神时所用的法器——羊皮鼓和响刀的手柄末端：在羊皮鼓和

① 2012年8月31日访谈资料整理，访谈对象：张XX；访谈地点：杨家河跳神现场。

② 每个村上都有神头，主要负责一年内村上的神事，包括跳神以及社火等，起联络作用，并不是神职人员。都是自愿为村上的神事服务的，以前是村上德高望重的老人，现在因为各类事情比较多，事务繁琐，没人愿意一直干下去，现在都是轮流制的，每年一户人家出一个人，一年一换，但必须是男人。一般是一到两人。

响刀的手柄末端各有三个方向不同、一边紧密连在一起的铁环，每个环上又各套三个铁环，前三个环代表“三教”，三个环中的九个环寓意“九流”，合起来就是“三教、九流”和平共处。

（二）过拉扎：人与神的盛宴

“节日是文化的节点，是民众精神生活的集中体现，是人们沟通、调节天人关系、人际关系以及安抚、表达人们内在情感的动机。”① 节日来临之前，人们精心准备；节日到来之时，人们欢聚一堂；节日之后，又归于宁静，进入日常状态。拉扎节作为这一地区的第二大节日，他们放弃中秋、重阳，重塑拉扎之网，无论在节前还是节日之中，都另有一番景象。

“拉扎比年还难过”，这是在调查过程中一位八十多岁的老爷爷说的，他的意思是说，因为吃喝之风的盛行，现在过拉扎节比过春节还要费钱。每年拉扎到来之时，家庭中都会提前两三天开始作准备，主要是各类吃食，为节日当天应酬亲朋作好准备。另外“神头”也会提前四五天去请法师，商量跳神的事，为神事作好准备。（2012 年 8 月 27 日，农历 7 月 11 这天，正好在师公家访谈，临近中午时，杨家河的神头前来请师公，他们只是口头协商，并不带任何礼品，商量的事主要是大跳还是小跳，跳神时所需要的一些物品以及师公的工资。）

拉扎节当天，一些亲朋都会前来“过拉扎”。有些家庭距离比较远的也会提前一天前来。他们说，以前生活条件不是很好的时候，也就大概二十几年前，亲朋来的时候都会带一些自己家里做的大馍馍，叫做“尝新麦面”。现在经济好转了，都习惯用各类礼品代替，比如奶粉、牛奶等，有爱喝酒的人，他们也会提着酒前来。亲朋相聚在一起，除了吃喝聊天，他们也有在家里唱花

① 萧放：《传统节日与非物质文化遗产》，学苑出版社，2011 年版，第 11 页。

儿的（当时我正在跳神那户人家，在师公休息的间歇，院内的一些人听到了唱花儿的声音，他们认为在拉扎唱花儿是不合时宜的，有点伤风败俗），通常都会在傍晚时分离开。临走时，主家会给亲朋装一些自家做的吃食，主要是油饼、馍馍，让亲朋带回去。拉扎除了宴请亲朋也是要祭祖的。

这天如果主家家里有家神并且请来法师跳神的话，早晨的时候首先要把家神的画像挂起来（平时是装在神匣里的），早饭时，在众人未动筷进食之前先给家神献上各类水果（苹果、桃、大枣、核桃等）、吃食（家里做的油饼、麻花、馍馍、菜、饭）以及蜡烛与香。这些一般都是放在神像所在位置的桌子上。另外给自家祖先的供品通常会另外找一张小桌子（炕桌或者小方凳），放在大桌旁边，供品也相对比较简单。与南方的祠堂相似，这里有的村子也新建了“神房”，有神房的村子，一般都会把家神供奉在神房内，因此，在这种情况下，跳神活动也会在神房进行，家里也就不用祭祀了。家里没有家神的都不用祭祀。只是在临近傍晚或者天黑后，每家每户都会在大门外不远，朝向自家过世人的坟所在方向烧纸钱，并献祭一些食物，以此来祭奠亡灵。

拉扎节虽然是一个小区域内节期并不统一的地方性节日，但是拉扎节的传说、吃拉扎、过拉扎、跳神、敬天祭祖等一系列要素共同构成了拉扎节的完整文化体系，作为一种文化形态来看，它集民间信仰、民间艺术等多种文化要素于一体，是一种文化的综合体，这种混合状态隐含了“原始”文化的基本形态。

（三）跳神：人与神交流的象征表达

拉扎节跳神活动是这一地区人们为了感谢诸多神灵在过去一年里的保佑，保佑这里的人畜安康、五谷丰登。跳神活动作为人与神之间交流的象征表达形式，是他们感恩神灵的行为外化。他们请来师公、师婆，尽心地舞蹈、用心地歌唱、虔诚地祭献都是对诸神给予土地的收获和人类的祥和而进献诚意。

1、跳神活动的仪式

明末清初临洮诗人张晋有首《迎神曲》，他写道：

桃花吹风杏花雨，山口春入古庙宇。
石炉突突香烟举，吹竽撞钟纷歌舞。
巫娘婆娑唱神来，土壁龙蛇眼欲开。
纸钱绕红飞蝶灰，精灵和乐不能回。
初祝螟虫化为水，大家再祝旱魃死。
殷勤拜跪三祝已，田熟牛肥疾病止。
献神羊猪酬神酒，送神神归神保佑。
白马金袍神康寿，年年与我好麦豆。①

前文提到，跳神是拉扎节节日习俗的重要组成部分，也是拉扎节的形成原因之一。时代的流转，使得这种在一些人眼中的“迷信”活动，无论在规模大小、程序的繁简之间都有较大的变化。现在的跳神活动，虽不见诗中的石炉，但是简易的香炉依旧香烟滚滚；虽听不到吹竽撞钟声，然单一的羊皮扇面鼓依旧令人心震……答谢神恩、祈求平安的主题依旧传承至今！

南坪镇位于县城南27公里处。北与玉井镇、衙下集镇相连，南与康乐县、渭源县接壤，东南接渭源县，西邻康乐县，南北长14公里，东西宽8公里，面积134.29平方公里。辖锁林、苟家滩、黎家山、荣丰、合好、光明、裕丰、靳家坪、康家沟、靳家泉、南屏、打石坪、格致坪、安川、张家坪、英武、丁家山、三

① 马文惠：《扇鼓傩舞——最具高原特色的民俗文化——关于“师公”跳神民俗文化价值分析》，内部资料。

甲、晨钟、温家山、雨洒、石晶岩等22个村，200个村民小组，该镇地处青藏高原与黄土高原交汇地带，东、西、南山峦起伏，沟壑纵横，气候多变。境内南屏山、紫松山林木葱郁，无论是平川地区，还是山林之中都有山神庙或山神塔，对于山神的敬仰，较之临洮境内其他地区更加浓郁。

2006年中秋，因镇子所在地靳家泉一座过往庙的建成以及政府的号召，在此处进行了一次大跳，是近些年来，空前的一次大规模的、具有表演性质的跳神活动。通过访谈当时参与跳神的主坛——庞学忠老人以及观看碟片，整个仪式可以简略概括如下。

第一天：请神、开纸、领牲；开坛；上蜡、祝寿；跳旗；请客神；法神、法坛；迎喜神。

第二天白天：出幡；出兵；迎喜神①；扎签；砸响刀；陪奉下马；招神；安神；退凶神；接二十八宿②；法坛；扯喉、开光；滚脊。

第二天晚：起瘟；送火；道情（招请、祭祖、显祖亡魂）；唱诗；答三教圣人③；三架花坛；三国演义、围城、破城、江流唐僧、西天取经、四季太官；引三架香；滚脊；法神。

第三天：上香、祝寿、沐浴；交愿、坐下午家坛；回神；发神；倒幡；送客神；画黑神④。

这是一次整个仪式过程相对完善的跳神活动，在整个仪式过程中，法师所唱的主要是神的来历出生以及歌功颂德，主要包括三十六个步骤，所代表的是三十六天罡。下面就砸响刀与滚脊仪

① 喜神，依十二天支轮换，并不是固定的哪一位神灵。

② 读xiu。

③ 三教圣人就是佛教（如来、燃灯、释迦牟尼）、儒教（孔夫子）、道教（原始天尊、太上老君）。

④ 黑神，是虎神，即黑虎龙官，是神将。

式做一简单介绍。关于砸响刀，法师介绍说：它所表示的是神的一种威武像，其他邪魔外道不敢靠近，来的时候这位神将用这把刀将其斩掉。师公在跳神的时候，用刀砸向自己的胳膊，不会有事，但如果是邪魔外道，他们将吃不消，将会被斩掉。砸响刀，就是夸张的表现神的这种威风，威武像，用来吓唬邪魔外道。

而滚脊一般是在新庙的告竣大典之上。就是将祭品，一般都是羊，必须是膳羊，在庙的屋顶上杀掉之后，用一桶清水泼向羊，羊顺着屋顶滚落地面，这就是滚脊。其意义是洗房。一般同时进行的还有在庙里面要用油锅烧，用油面火把在屋内烧，意思是扫屋，扫除邪魔外道等一切不干净的东西。在新庙告竣大典时一般还要跑马，此外还有各种道场。

这种仪式相对完整的跳神活动，因为耗时、耗资，现在已经很少进行，但是拉扎节期间的小跳，还是普遍存在的。下面就衙下集杨家河拉扎节跳神活动做一简单介绍。

衙下集杨家河村位于临洮县城南 23 公里处的坪上，有一小河由南向北穿村而过，因以杨家人为主，固命名为杨家河村。全村有 8 个村民小组，共 560 户，属于典型的祖居村落。

图 12　图片中从左到右依次为祖先、家神关公、菩萨的画像

近些年来，随着人口的增加，在行政管理上逐渐分化为不同的8村民小组，但是主体还是以杨家为主。其中杨家村杨家河社的拉扎节是每年农历7月15日，这是临洮县境内拉扎节这一民俗范围内唯一最早的一个，通常称为“第一个拉扎”。该社区没有神房，也没有庙宇，所供奉的家神除了自家老祖外，还有关公以及菩萨，是固定在一老户人家。

2012年农历7月15日，此次是小跳，之前在神头请法师时已经商定好的，由两位法师，配合完成整个仪式。其中一位是掌坛（是跳神的主角），身着黑色长袍；另一位是陪坛（其职责是陪唱，协助掌坛的），开始的时候身着日常服装，临近仪式结束开始交愿、送客神、回神的时候才穿神衣。

从早晨10点开始，直到下午5点才结束，而师公真正跳神的时间也就三个多小时，跳神的主要过程是：请神、开纸、领牲（如果有献祭的牲口，主要是鸡、猪、羊，没有则不领牲）；开光（每五到十年开一次光，因此也不是每次跳神时必须的过程）；出幡、上蜡、祝寿、沐浴；交愿；送客神；回神。

拉扎节跳神作为敬神的一种仪式，在拉扎节这一特殊的时间内进行，无论是大跳还是小跳，在一定的意义上，是被赋予了其他的功能的。首先它是作为一种大型的文化活动而产生的。农村社会尤其是西北黄土高原地区的农村，是在近些年来才发展起来的。以前村里基本没有什么文化活动，也没电视机等可以观看，跳神对于一个村落来说是大型的文化活动，既满足了当地村民报答神恩的愿望，又吸引来了外村或更远一些地方的亲朋前来观看。因此，跳神活动对于拉扎节的形成起了关键性的作用。其次跳神活动具有明显的娱乐色彩，既娱神又娱人。法师作为人、神之间的媒介，在整个仪式过程中既要赞颂各位神灵的出生来历，对其事迹歌功颂德，又要献祭各类物品、表演武术、唱诗等，这是娱神；另外在大跳最后的“跳黑神”时，法师还要脸涂黑色、口镶猪牙，摒弃之前的严肃相，与观众嬉闹；最后拉扎节跳神活动也具有明显的教育意义。平时如村庙跳神时，很少有年轻人参加，因为学业或者工作，年青一代逐渐远离了家乡，只有在过节时才回家团聚。拉扎节作为这一地区除春节外的第二大节，值此佳节之时，老幼欢聚一堂，也为这一民俗活动的传承起着潜移默化的作用。[①] 拉扎节及其跳神活动的传承与发展，也将会为继续丰富民众的日常生活，满足他们的精神需求而发挥积极作用。

2. 跳神与俗民意义阐述

跳神也叫打醮、打黄醮，这一地区的跳神活动笼统地可以分为跳家神、跳方神、跳拉扎神。跳家神、方神很明确所跳之神，只是时间并不确定，有时是新庙成立时，也有的是因为某个家庭有一些事，如孩子满月或者还愿等。跳拉扎神则完全是指拉扎节期间的跳神活动。依据跳神的规模不同，跳神又可以分为大跳和小跳两种类型，大跳是相对于来说，整个仪式比较完整且比较复杂，参与的法师也较多，所跳的神包括家神、山神、护神、方神等。另外如果当地有番神，则跳番汉两教，属于大跳之列。

拉扎节跳神，当地通常说“三年一大跳”，但其实并不是绝对的。据介绍，近些年来，随着现代生活节奏的加快以及新生一代信仰观念的淡化，跳神活动由三年一大跳逐渐变成了六年一大跳或者十年一大跳，有些村子甚至十几年了都没跳过。在调查中有人指出，说是因为法师要的工资太高，所以造成跳神淡化的趋势，其实依照现在的物价以及工资标准，法师的要求并不高。2012 年农历 7 月 11 当天，杨家河神头前来请法师时我刚好在场。因为法师在衙下集镇子上经营着一家纸火铺，跳神所必需的

① 马根权：《临洮县衙下集拉扎节形成原因分析》，载《丝绸之路》2012 年第 2 期。

一些物品，他们去跳神时都是自带的，主要是纸火类，加上这些东西，他们两个人跳一天是300元。此外，当地还有一个习俗，就是“吃不净，拿不完”，他们说，这主要说的是法师的为人处世之道，就是在主家给法师给工钱的时候，他们不会全额拿走，要留下几块或者几十，为以后的来往铺好路。因此，照这样下来，跳神的淡化，并不仅仅是法师工资高，而应该是信仰态度的问题。信仰态度在很大程度上决定着信仰程度。

世界上没有一劳永逸的事情，因而，在制度化的宗教当中，都要不定期举行宗教仪式，或每周、或每日，其甚者，一日数次。间隔较长时间之后（或数月，或一年），还要举行较大规模的宗教活动，以保持信众的信仰热情。拉扎节期间的跳神，作为一种文化活动，它是用来满足人们文化娱乐需要的，使枯燥、平淡、乏味的生活变得轻松、快乐、有意义；同时，它也是一种祭祀行为，是信众维系信仰热情的方法与路径。

尼采说：“人已逐渐变成一个耽于空想的动物，他必须比其他的动物践行更多的存在状况：人必须时时刻刻相信他知道自己为的是村子。若是没有周期性的对生命产生信心、相信生命中的理性，则人类也不可能有如此繁盛。”① 正是拉扎节这种周期性重复的神奇设计，使人们对生命产生信心，对生活产生热爱，对未来产生希望。

---

① ［德］尼采著，杨恒达等译：《尼采生存哲学》，九州出版社，2003年版，第70页。

图 13　扎着签的师公

跳神是原始文化形态的遗存，在整个仪式过程中最具代表性的就是扎签了。扎签，师公行业内部叫做献宾，就是给神进献的意思。扎签就是师公在跳神的过程中将铁签（不锈钢或银制的）扎入赤裸的臂膀或者腮帮上。扎臂膀上时，通常只是穿肉皮而过，而口签要将签穿透腮帮，从口腔内穿到口腔外。扎签，并不是每次都要进行此仪式，只有在有人许愿的情况下，才会请师公扎签还愿。关于扎签，当地人介绍说：

传说上是这样说的，在过去的时候，给神在跳神的这一天是要献祭人的，而且必须是童男，让妖魔等来吃，后来孙悟空变成童男被妖魔吃到肚子里，孙悟空在妖魔肚子里折腾着受不了，然后从肚子里出来，妖魔被降服了。从此以后，在跳神献祭的时候就只是把人体的一部分割烂之后取血让其尝味代替，因此，师公在跳神的时候要扎签，一般师公扎完签拔掉之后要用黄色的纸在扎签处采一点血，作为祭品。①

这就是扎签。为什么要这样做呢，这是仪式的需要，为了报答神恩，为了取悦神灵。神灵得到精神的愉悦后，人的内心自然也会欢喜。因此，跳神的过程，不仅是娱神的过程，也是个娱人的过程，更是一个人神共娱的过程。

现在我们已经知道，神灵或宗教信仰是人类社会发展到一定阶段必定要产生的现象，神不过是对社会的形象表达，信神其实就是信自己。通过“插山神”、“跳神”等信仰仪式，人们的精神面貌得以改变，自信与力量得以提升，社会的组织状况与生活也得以改善。并且，就在这种人神互动的过程中，我们发现其中蕴含着一种非常可贵的感恩惜福心态，这种心态使得他们尊重自然，不会枉妄非为，自信而又谦恭。在此基础上，整个村落中个体的社会生活和心理本能得到调剂，人们单调而贫乏的生活也因此充满希望。

五、结　语

拉扎节是盛行在一个小区域内的民间节日，其特点主要表现在节期的不统一与历时之长两个方面。通过以上关于临洮县衙下集拉扎节文化空间与俗民文化解释、当地俗民对拉扎节跳神活动象征符号的建构以及拉扎节及其跳神活动中人与神交流的象征表达的研究，可以归纳出以下几点：

从拉扎节的历史形成方面来说，拉扎节是受多种文化影响，相互融合的结果。任何一种民俗文化的形成与传承发展，都会或多或少的受到来自外界文化的影响。尤其是节日，它作为一种综

① 2012年8月22日访谈资料整理，访谈对象：曹XX；访谈地点：医药铺。

合性的文化形态，在其习俗的形成过程中，更是多方面原因的综合结果，甚至是错综复杂的。临洮县衙下集这一地区，因为独特的地理环境与人文历史原因，汉藏等民族长期杂居，当地俗民在日常生活中，相互交流、相互学习，取长补短，拉扎节在其节俗的形成过程中，不可避免的受到了来自异族民俗文化的影响。这一地区文化的多元性，决定了其文化的独特性。

从拉扎节的现状来看，拉扎节是传统农业社会季节性仪式活动的典型社会实例，是该地区一个家族或者一个自然村落人与神、人与人交流的盛宴。与众多的传统节日不同，拉扎节只是一个小区域内没有固定节期的地方性传统节日，它以“吃拉扎”——尝新麦面、敬天祭祖、答谢神恩为主题，所有的节俗依此而呈现，这一主题，也是拉扎节形成的主要原因。传统农业社会普遍存在春祈秋报的习俗，春天到来之时，人们祈求神灵，保佑人畜兴旺、庄稼丰收，以此建构起一年丰收之希望；秋收之后，无论丰歉，还是要答谢神灵的庇佑或者进一步祈求，以此获得心灵的安慰。另外，“拉扎”之时，不仅自家人（包括祖先）团聚，还要邀请亲朋共同来欢聚，同时请来师公进行跳神活动，将这一区域内的众神聚合到一起，人与神一起共同享受丰收之喜。

跳神活动是当地俗民众神信仰观念的载体，也是拉扎节得以维系的主要动力。中国的老百姓从来都是见庙就磕头，见神就烧香，而不知神的姓名和来历，有时为了满足自己的精神需求，还要造神。正是这种没有严格教义、教规，也没有自上而下的组织系统的民间信仰观念，使得信众广存。任何外现和存在都没有干预信众的独立、宁静和自在。他们坚信，信仰并不是谋求福利的手段。因为信仰本身就是目的，所以民众并不会因为家中诸事不顺而将家神扫地出门，更不会因为庄稼的欠收而在拉扎期间不跳神。这种众神信仰的观念正是他们思想深处对某种精神的敬畏和向往。请师公跳神，就是为了祈福禳灾，为了取悦神灵，无论社会如何发展，他们在这一刻，都会全身心地投入这一盛大的节日。这是他们希望摆脱孤独，渴望聚会与交流的表达。

跳神活动，作为一种仪式行为，是人与神交流的象征表达，既娱神，又娱人，是一个人神共娱的过程。在拉扎节跳神中，俗民不仅要给众位神灵进献食物，最重要的是师公还要为神灵进行表演。师公以其独特的动作招式，将人们心中的神灵进行拟人化的虚拟模仿并生动地将传说中的活动表演出来，其形式独特，具有祭祀性、民间性和娱乐性的特点，是当地俗民信仰观念、生活习俗和生活风格的反应，集中体现了这一地区俗民的文化心理结构。拉扎节及其跳神活动的传承与发展，也将会为继续丰富民众的日常生活，满足他们的精神需求而发挥积极作用。

格尔茨指出，人是悬挂在由他自己所编制的意义之网上的动物。而所谓文化就是这样一些由人自己编制的意义之网，因此，对文化的分析不是一种寻求规律的实验科学，而是一种探求意义的解释科学。① 通过对临洮县衙下集拉扎节及其跳神活动的考察，在“拉扎节”节日的背后，我们也可以看到这样一张网，当地俗民自己编织出来的意义之网，他们通过各类祭祀活动和仪式行为又不断赋予它新的意义。

这张网的核心就是俗民家中供奉的家神以及村庄内大小的庙宇中的方神或更大区域内官神等众神，他们是当地俗民的护佑神，保佑着一家常年的幸福平安与一方农业生产的丰收、人畜的兴旺发达。这张网中的关系就是俗民与众神之间的权利与义务关系。俗民将现实生活中人畜平安、农业丰收等愿望寄托于冥冥之中的神灵，并为他们建庙烧香，从而建构起生活的希望；神灵在

---

① ［美］克利福德·格尔茨著，韩莉译：《文化的解释》，译林出版社，1999年版，第5页。

接受了信众供奉之后，自然要庇佑他们。俗民并通过周期性的与众神的沟通，使得这张网不断得到强化。

许多社会事实彼此间都是紧密联系并且相互制约着的，因此，具有自己的制度和风俗的一定类型的社会也必然具有自己的思维样式，不同的思维样式将与不同的社会类型相符合，尤其是因为制度和风俗本身，实际上只是那些可以说客观地受考察的集体表象的某种样式。

如在山神这一信仰体系之中，每年春播之俗民都要在险要的山头请喇嘛进行插山神仪式，这标志着山神与村民同在，他们以此来祈求山神的保佑。这是俗民的义务，也是山神的权力。同时，山神在村民的祭祀之中，获得进献实惠，进而保护一年之中的风调雨顺、庄稼丰收与人畜兴旺发达。这里所体现的就是山神的义务与村民的权利。当地俗民通过插山神这一祭祀仪式首先确认了俗民与山神之间结成的权利义务关系网上的位置，也明确了各自的权利与义务关系。等到秋收之后，通过拉扎节这一固定的节庆时期，俗民在尝新的同时也为各位神灵献上供品，更为重要的是要请来师公，进行跳神活动，为山神等众神献上歌舞，取悦神灵，以此来酬谢他们一年之中的保佑，并进而求取众神给他们带来来年的安宁与幸福。这种周期性的跳神仪式，又使得俗民与山神之间结成的权利义务关系之网得到进一步的强化。

因此，“拉扎节”是当地俗民之间以及俗民与众神之间进行交流的日子，是人与神共同的欢宴，即娱神，也娱人。俗民借助拉扎节跳神这一周期性的仪式来突显众神在其现实生活中的重要作用，并进而使众神能更好地给村庄带来好运。在这里，实质上创造了一种融合的局面，它强调了村民与众神的相互权利与义务关系。透过“拉扎节”，我们所看到的就是当地俗民解释世界、理解生活的一套意义体系，这套意义体系透露出的是他们生活的艺术。民间信仰和民间艺术等在时代的进化中处于不断的变迁状态，在变迁中同时也为适应这一地区外部环境和内部情况的变化进行着不断地调整。在世世代代的社会生活交替中，维系着这一独特文化的延续发展，并使其不断被后代复制和利用。由此，社会成员的行为方式得到了相对的统一，群体或民族的文化心理找到了可以存放的角落。

参考文献

1. ［美］克利福德·格尔茨著，韩莉译：《文化的解释》，译林出版社，1999 年版。

2. 夏建中：《文化人类学理论学派——文化研究的历史》，中国人民大学出版社，1997 年版。

3. 陈维山主编：《临洮史话》，甘肃文化出版社，2005 年版。

4. 孟慧英：《西方民俗学史》，中国社会科学出版社，2006 年版。

5. 陈江风：《观念与中国文化》，中广西师范大学出版社，2006 年版。

6. 彭兆荣：《人类学仪式的理论与实践》，民族出版社，2007 年版。

7. 王霄冰、迪木拉提·奥迈尔主编：《文字、仪式与文化记忆》，民族出版社，2007 年版。

8. 临洮县志编纂委员会：《临洮县志（1986—2005）》，甘肃人民出版社，2010 年版。

9. 邓小娟：《吾舞吾歌三叩首甘肃秦安羊皮鼓祭礼舞蹈的文化解读》，甘肃人民出版社，2010 年版。

10. 刘道超：《筑梦民生：中国民间信仰新思维》，人民出版社，2011 年版。

11. 王霄冰：《节日：一种特殊的公共文化空间》，载《河南社会科学》2007 年第 4 期。

12. 马根权：《临洮县衙下集拉扎节形成原因分析》，载《丝绸之路》2012 年第 2 期。

13. 陈维山、赵怀侠：《汉仪蕃风拉扎节》，载《甘肃经济日报》2004 年 11 月 22 日。

14. 丁作枢、刘秀梅：《独具风格的“拉扎节”——莲花山地域的民间传统文化“拉扎节”调查》，载《民族日报》2011年2月17日。

15. 马文惠：《扇鼓傩舞——最具高原特色的民俗文化——关于“师公”跳神民俗文化价值分析》，内部资料。

烟台鱼灯节祭海习俗

姜文华

一、绪　论

（一）研究的缘起与背景

笔者在进入民俗学硕士专业就读后，逐渐学会了用民俗学的视角去观察、分析周围的俗民世界和民俗事象。因为从小在海边长大，对大海有种特殊的眷恋情怀。在选题的过程中反复思量，最终还是决定写家乡民俗里的节日民俗——渔灯节。渔灯节是烟台沿海一带渔民们祭海送灯祈福的传统渔家节日。海洋博大宽广，海洋民俗丰富多彩，渔灯节是海洋文化中渔家文化的典型代表。以此节日为依托可以展示异彩纷呈的海洋民俗文化、了解俗民的精神世界，探究节日的发展变迁。从事民俗学的研究工作让笔者更加具备问题意识。虽然是研究家乡民俗，但是用民俗学的问题意识，可以使笔者在写作的过程中，轻松地融入当地人的思维，同时又有清醒的头脑，去进行论文的调查创作。在笔者田野调查的过程中，越来越发现渔灯节这一传统的渔家节日面临一个复杂的转变时期。节日分布多样、节期有异、祭海的形式有异有同，俗民的精神世界也发生着不同程度的变化，这些复杂的情况和不断变化的节日习俗，让笔者有更多的兴趣去探究此节日。所以笔者带着这些兴趣和探究的好奇心，十分坚定地选取了渔灯节作为硕士毕业论文的选题。

渔灯节主要是分布在烟台开发区行政区划（原属烟台蓬莱行政区划）的大季家街办北部沿海山后的初家村（初旺）、山后陈家村、山后李家村、山后顾家村、沙窝孙家村、芦洋六处村庄，以及烟台开发区八角街道、蓬莱新港街道刘旺村、潮水镇衙前村。主要以山后初家村、芦洋为主要代表。渔灯节在新时期越来越受到重视，不但渔民们自发过节，当地政府也大力扶持，增加宣传力度。每年地方电台都会到村中采访。2005 年央视春节特别栏目《一年又一年》就专门来到烟台大季家初旺记录渔灯节，将渔灯节的全貌呈现在全国观众面前。在 2006 年烟台渔灯节入选山东省第一批非物质文化遗产名录，在 2008 年入选国家第二批非物质文化遗产名录，成为在当地较为出名的民俗节日。

（二）研究综述

1. 山东海洋民俗

山曼、单雯《山东海洋民俗》① 一书详细介绍了山东独具地域特色海洋民俗的若干方面。从海洋文化、海洋与渔民、城市的关系，海洋的生产生活习俗、海神信仰、渔民节日等方面进行叙述、探究。其中提到了渔灯节是从元宵节分化出来的渔家节日，此文是作者在 20 世纪 80 年代末期进行的调查并进行了一定的说明。

朱龙《山东蓬莱海洋民俗研究》② 从海洋生产习俗、渔家生活习俗、渔家信仰和禁忌、海洋民间节庆等方面阐述了蓬莱的海洋民俗，较为全面地展示了蓬莱地区的海洋民俗，文中有关渔灯

① 山曼、单雯：《山东海洋民俗》，济南出版社，2007 年版。

② 朱龙：《山东蓬莱海洋民俗研究》，载《东方博物》2006 年第 3 期。

节部分只是从海洋节庆民俗去阐述，篇幅大体介绍了渔灯节是个祭拜海神的祭祀仪式为主的节日，具有渔家特色。

2. 山东沿海地区祭海习俗与海神崇拜

王赛时《古代山东的海神崇拜与海神祭祀》① 一文追溯山东沿海地区海神崇拜的历史。人们通过这种对海神的崇拜来表达自己对海洋的认识，沿海居民还经常举办祭祀海神活动，在漫长的历史时期内，山东沿海各地区形成了具有本地特色的海神文化。

叶涛《海神、海神信仰与祭祀仪式——山东沿海渔民的海神信仰与祭祀仪式调查》② 一文指出山东的地理条件优越、海岸线长，渔业生产历史悠久。文章中分别介绍了山东不同沿海地区的海神与海神信仰，如龙王、天后、鲸鱼与海鳖、民间仙姑的崇拜，并且梳理了各地的祭海仪式，山东沿海渔民有关海神的祭祀活动主要包括三方面：一是春季祭祀；二是各种庙会和节日中的祭祀；三是渔业生产中的祭祀。同时指出由于近几十年的经济文化的变化过程，渔业生产方式和生活水平都有所提高，但是沿海作业仍具风险性，因此在山东沿海各地渔民的精神生活中，海神信仰和祭祀活动仍具备生命力。

徐彬、曹艳英、李振兴、李卫魏《胶东渔民祭海习俗的演变和旅游开发》③ 一文对胶东地区祭海活动的起源和发展、祭海习俗演变规律和特点，祭海旅游开发中存在的问题进行了分析，并且探讨了祭海旅游开发的对策。

---

① 王赛时：《古代山东的海神崇拜与海神祭祀》，载《中华文化论坛》2005 年第 3 期。

② 叶涛：《海神、海神信仰与祭祀仪式——山东沿海渔民的海神信仰与祭祀仪式调查》，载《民俗研究》2002 年第 3 期。

③ 徐彬、曹艳英、李振兴、李卫魏：《胶东渔民祭海习俗的演变和旅游开发》，载《当代经济》2007 年第 10 期。

郭泮溪、安玉华《即墨周戈庄祭海习俗调查》[①] 一文对青岛即墨周戈庄祭海习俗的传承、演变进行考察，对祭海节日的准备和祭海过程进行细致的描写，并且对周庄祭海习俗的成因与现代的变化提出思考。

王苧萱《公共节日的狂欢——荣成谷雨节》[②] 介绍了威海地区的渔民的节日，与二十四节气之一的谷雨有关，每到谷雨这一天，深海的鱼虾便遵循季节洄游规律，纷纷涌至近海水域，由荣成所处的独特海洋地理位置和近海鱼汛的时间决定。谷雨节，也是威海沿岸沿海的居民祈求出海平安的祭祀海神仪式。文章主要介绍了该节日的来历、节日的现状，与其所表达的意义。

朱亚非、李建业《山东沿海的海神信仰与海神祭祀》[③] 分为三部分论述：第一，指出海神信仰是山东沿海居民思想体系的重要内容，并且将山东沿海海神信仰体系进行完整的介绍、梳理。第二，将山东沿海的海神祭祀进行分类。第三，分析总结山东沿海海神信仰和海神祭祀的特征。整篇文章内涵丰富，准确地总结概括了山东沿海地区的海神信仰与海神祭祀特征。

3. 其他渔业的节日

何旭、林红《渔俗文化浅论——兼论“中国开渔节”对渔俗文化的传承与创新》[④] 一文以浙江地区为切入点，并结合“中国开渔节”实例，对渔俗文化的生成发展轨迹进行考察并且对

① 郭泮溪、安玉华：《即墨周戈庄祭海习俗调查》，载《民间文学论坛》1998年第4期。

② 王苧萱：《公共节日的狂欢——荣成谷雨节》，载《海洋世界》2006年第2期。

③ 朱亚非、李建业：《山东沿海的海神信仰与海神祭祀》，参见《中国民间海洋信仰与祭海文化研究》，海军出版社，2011年版。

④ 何旭、林红：《渔俗文化浅论——兼论“中国开渔节”对渔俗文化的传承与创新》，载《宁波经济：三江论坛》2005年第5期。

渔俗文化的传承与创新进行一定的探讨。

4. 关于渔灯节

山曼《新时期节俗改革探微——蓬莱渔灯节调查的思考》[①]。主要描述了渔灯节流传、变异的历史，具体分布情况，以及节日场景的描述。着重探讨了渔灯节节俗改革的相关问题，认为在渔灯节期间可以增加商业洽谈会，或者将其改革成新式庙会等，此文对渔灯节以后发展的模式进行了相关探讨。在专著《齐鲁之邦的民俗与旅游》中，专列“渔灯节”进行介绍，并在《海洋文化研究》第二卷中著文《山东传统海洋文化习俗》，进一步对“渔灯节”祭海文化深入研究。

陈文念《渔灯节胶东渔家图腾》[②]。王慧、王宁萱《看上去很亮——蓬莱渔灯节》[③] 和《蓬莱渔灯节》[④]。这三篇文章主要是对渔灯节的节日现状进行一般性的描述，对节日的场景进行了记述，并没有进一步探讨渔灯节的节日文化内涵，也没有从其他方面去挖掘渔灯节的价值。

《中国民俗趣谈》[⑤] 单雯撰写了一篇渔灯节的文章，文章中大体介绍渔灯节的历史变化过程，并且对渔灯节当时的节日现状进行描述，最后提到渔灯节已经吸引越来越多的人来旅游，并且已经成为渔民们的狂欢节。从旅游方面介绍渔灯节的专著有

---

① 山曼：《新时期节俗改革探微——蓬莱渔灯节调查的思考》，载《民俗研究》1988 年第 4 期。

② 陈文念：《渔灯节胶东渔家图腾》，载《食品与生活》2008 年第 7 期。

③ 王慧、王宁萱：《看上去很亮——蓬莱渔灯节》，载《海洋世界》2006 年第 2 期。

④ 王慧、王宁萱：《蓬莱渔灯节》，载《山东画报》1993 年第 12 期。

⑤ 宁锐、淡懿诚：《中国民俗趣谈》，三秦出版社，1993 年版。

《山东旅游综览》[1]、《蓬莱旅游大观》[2] 这两本书中提到的渔灯节都是从旅游的角度去宣传渔灯节，把渔灯节作为胶东半岛一个有特色的民俗节日去加以介绍。《中国民间海洋信仰与祭海文化研究》[3] 此书中有一篇山东省蓬莱市登州博物馆馆长袁晓春的文章《山东蓬莱“渔灯节”祭海文化探析》，对渔灯节的来历与祭海过程进行了梳理。对渔灯节未来开发和利用提出了自己的见解，提出目前渔灯节的开发利用需创立品牌，挖掘所蕴含的文化资源。

综上所述，前人对渔灯节的研究主要集中在对渔灯节起源与演变的考察、节日民俗的展示以及对节日现状的一般性描述。只有两篇是对渔灯节今后改革模式的探讨，缺少对节日的全面、系统性、活态的研究。对渔灯节的研究整体上相对滞后，专业领域研究处于空白，为笔者留下很大的书写空间。

（三）研究的理论依据与方法

1. 研究的理论依据

第一，本文主要运用格尔茨解释人类学的理论。格尔茨把“追求意义”视为人类的根本需要。他说：文化就是这样一些由人自己编织的意义之网，因此，对文化的分析不是一种寻求规律的实验科学，而是一种探求意义的解释科学。我所追求的阐释，阐释表面上神秘莫测的社会表达方式。理解一个民族的文化，即是在不削弱其特殊性的情况下，昭示出其常态。把他们置于他们自己的日常系统中，就会使他们变得可以理解。以文化持有者的

① 齐子忠、杨殿嘉等：《山东旅游综览》，山东省地图出版社，2002 年版。
② 《蓬莱旅游大观》编写组：《蓬莱旅游大观》，山东友谊出版社，1996 年版。
③ 《中国民间海洋信仰与祭海文化研究》，海洋出版社，2011 年版。

内部眼界就什么说点什么。

格尔茨指出：文化不是一种力量，不是造成社会实践、行动、制度过程的原因；它是一种这些社会现象可以在其中得到清晰描述的即深描的脉络。[①] 解释学的任务因此也包括尽可能地从解释所关联的全面性中开辟意义的整体，分析工作就是理清意义的结构，并确定这些意义结构的社会基础和含义。[②] 如果我们要理解他人，就必须回到他的文化中去，特定的历史文化环境必然要影响和制约人们的理解。由于文化富裕人类行为的意义不同，所以不同文化通过日常生活行为模式表达的文化意义也就不同。格尔茨指出，通过在具有陌生形态的地方观察日常生活所揭示的，并不是人们常说的那种人类行为的任意性，而是人类行为因赋予它意义的生活模式不同，而具有不同意义的程度。

在格尔茨的文化理解中，文化是象征所表现的概念历史的积累而形成的系统，也就是说，文化是“具有意义的象征的秩序群”累积的整体或“文本的集积”。他指出文化分析应归结为从意义符号（感知、感情和理解的物质载体，以及对人类的经验基础规则的表达）中寻求意义符号丛、意义符号丛之丛。[③]

文化不是封闭于人们头脑之内的某种东西，而是存在于公共符号之中，通过这些符号，社会成员彼此交流世界观、价值取向、文化精神以及其他概念，并传承给下一代。人类是需要意义的动物。他的经验世界所不能忍受的是意义的缺失，正是意义的力量和有意义构成的世界秩序，征程着他们生活、活动，否则生活经验中的世界就会一团混沌。所以格尔茨更强调的是观念世界

---

① ［美］克利福德·格尔茨：《文化的解释》，上海人民出版社，1999 年版，第 16 页。

② ［美］克利福德·格尔茨：《文化的解释》，上海人民出版社，1999 年版，第 11 页。

③ 孟惠英：《西方民俗学史》，中国社会科学出版社，2006 年版，第 466 页。

的沟通，要理解的是异域文化的人、他的行为以及他的意义世界。

通过“深描”对文化现象的意义结构进行分层的揭示，进而对文化作出深度的诠释。格尔茨提倡的“深描”不止为了搜集、积累各种文化事象的素材，其根本目的是为了理解他人的理解。

第二，运用文化变迁的理论，从文化变迁的角度去阐释节日的变迁。凡是文化内容的增加或减少及其所引起的文化系统结构、模式、风格的变化，皆谓之文化变迁。

一个开放性的社会适应文化变迁的能力要比封闭性社会强一些，因为开放性社会的文化结构松散，文化价值也比较富于弹性。人们平时与外界文化有接触，有一定的适应能力。

文化渐变是一种缓慢的变迁。自然变迁是无意识的文化自然增长或积累的过程。文化变迁分为有意识的变迁和无意识的变迁。文化变迁的动因复杂，如经济的、政治的、宗教的、伦理的以及科学技术等。但凡此种种因素都是通过人这个价值主体来实现的。因为一切文化包括整个文化价值体系都是人创造，都是为了人满足某种价值需要而创造的。当一种文化不能满足人的需要时，或者当人意识到某种文化不能满足自己的需要时，文化的改革与变迁也就不可避免了。

文化变迁与社会变迁既有区别又有联系，文化变迁主要研究文化环境诸现象的变化，如文化模式，文化风格等的演变；而社会变迁则主要研究社会环境诸现象的变化，如社会关系、社会群体、社会关系的演变等，一般来说社会变迁引起文化变迁，文化变迁看出社会变迁。①

① 司马云杰：《文化社会学》，山西教育出版社，2007年版，第398页。

2. 研究的方法

（1）田野调查法

笔者分别于2011年8月、2012年农历正月十二、十三、十四，2012年8月、2013正月十三、十四。多次前往渔灯节所在主要的地区初旺村、芦洋村、李家村、顾家村、八角等地进行田野调查。对渔灯节的调查，不仅是单纯的节日民俗的调查，而是采取民族志性质的田野调查，从整体上把握节日。多次深入实地田野调查，亲身感受到当地的生活、生产方式，并且身临其境体会节日的热闹氛围，获取大量扎实的、丰富的田野调查资料，并运用访谈法和观察法获得第一手调查资料，为论文写作准备了可靠、翔实的资料。

（2）文献研究法

通过地方文献和校图书资源和网上资源，查阅节日庆典相关文献资料，了解了前人对节日不同角度、不同方向的研究，为本文的创作提供了宏观、科学的创作方向。通过搜集海洋节庆和海洋民俗有关的文献资料，一方面，对海洋民俗文化、海洋节庆文化有了较为全面的理解和认识；另一方面了解前人对渔灯节的研究方向与研究成果。笔者结合渔灯节节日研究实际情况，确定了本研究的方向与重点。这一系列的辅助工作使得本研究可以顺利进行。

（四）研究的目的与意义

1. 研究的目的

本文主要对烟台渔灯节起源、传承发展的历史，以及现阶段渔灯节节日习俗作系统、全面的调查研究，进而展现这一活态、发展的民俗节日事象。对节日仪式及俗民信仰进行民俗文化内核的解析。通过此节日了解渔民的民俗生活和精神世界。解读渔灯节在新时代经济文化的冲击下，节日发生的变迁以及变迁的原因。以尊重文化规律，保护文化多样性的角度去合理的开发保护渔灯节。通过翔实的调查研究可以理性认识渔灯节所承载的文化内涵，对渔灯节的传承与传播起到积极作用。

2. 研究的意义

学术意义：虽然渔灯节在当地成为炙手可热的节日，但是渔灯节的节日文化研究却相对滞后。在田野调查的基础上对烟台渔灯节的起源、发展脉络与现状的考察，特别是将节日分布的不同地区的节俗仪式做比较分析，从宏观整体上对节日进行分析总结，加强了历史与现实的联系与分析。填补了渔灯节节日系统研究的空白，同时可以为其他学者研究渔灯节提供翔实的资料。

现实意义：渔灯节是渔家文化的典型代表，表示着渔家文化脱离于农耕文化。深入细致的调查研究渔灯节，有助于了解渔民的精神世界和民俗生活，探究渔灯节传承变迁的过程，还原渔灯节的本真性，保护其民俗文化内涵，正确地阐释、宣扬渔灯节。

（五）选题的创新之处

本文以民俗学的视角，对渔灯节这一活态的民俗节日事象进行系统、全面的阐释，并且探究在新时代经济文化的冲击下，渔灯节节日习俗发生了不同程度的变化及发生变化的原因。通过调查发现渔灯节处在复杂的变革时期。渔灯节这一传统的渔家节日庆典该如何满足现代民众日益增长的精神文化需求。本研究对渔灯节作为海洋民俗文化有代表性的传统渔家节日在现代化发展进程中未来的走向进行了一定的展望。

二、渔灯节产生的背景与缘由

（一）渔灯节产生的地理背景及分布

烟台市位于山东半岛东部，市东、南、北、西北濒临黄海、渤海。全市海岸线长达 909.3 公里。烟台市东连威海，西接潍坊，西南与青岛毗邻，并与辽东半岛及日本、韩国隔海相望，地理位置优越。烟台市分为芝罘、开发、福山、牟平、莱山五个区及长岛县，下设龙口、莱阳、莱州、蓬莱、招远、栖霞、海阳七个县级市。渔灯节是分布在原属烟台蓬莱市行政区划今属烟台开发区行政区划的大季家街道办北部沿海的山后初旺村、山后陈家村、山后李家村、山后顾家村、沙窝孙家村、芦洋六处村庄，八角街道毗的八角村，以及蓬莱市的潮水镇衙前村，新港街道刘旺村。大季家街道办与八角街道办毗邻，并且地处烟台经济开发区以西。渔灯节分布的地区所处地理纬度介于北纬 37°38′45～37°48′35，东经 120°45′13～121°07′7 之间。此区域地处中纬度，属暖温带季风区大陆性气候，气候湿润，四季分明。北临黄海，西南与蓬莱市接壤，海岸线较长。

（二）渔灯节分布地区的社会环境

渔灯节分布的区域沿岸有广阔的陆架水域和滩涂，特别适宜海洋生物的洄游繁殖。因为黄海暖流与黄海冷水团相遇的海区形成良好的渔场，此区域渔业资源较为发达。渔灯节分布区域几个村庄的居民多以渔业相关产业为生。其中以大季家街道办山后初旺村和芦洋村为渔灯节的主要代表。初旺村有烟台最大的天然良港，地理位置优越。人口大约 2000 多户，4300 人左右，700 户约全村的 1/3 户出海。芦洋村 1200 多户，约 3400 多人口，大约 200

多户人家出海打鱼为生。初旺、芦洋两处村庄的主要经济来源于海上捕捞，海产品的加工，及海产品养殖，是比较典型的渔村。

图1　渔类节分布地区

（三）渔灯节的起源及节日时间的设定

有个传说在当地广为流传：相传很多年前的农历正月十四，渔民们出海捕鱼遇上恶劣天气，巨浪滔天。天黑后出海的渔民们并没有回家，于是渔民的亲人们纷纷提着灯笼到海边寻找，去叩拜龙王、海神娘娘，祈求亲人平安回家。可能是渔民们的诚心感动了龙王、海神娘娘，顿时灯光连成了一片，闪烁的灯光照亮了整个港湾。在海上漂泊的渔民们看到耀眼的灯光，立刻有了力量，朝着灯光拼命划去，终于全部平安回到岸边。从此，烟台沿海地区的部分渔村在农历正月十四有了过“渔灯节”的习俗，并且过“渔灯节”的渔村家家户户都做渔灯，渔民们带上最好的供品，前往海边祭拜海神、龙王，祈求神灵保佑亲人出海平安。

关于渔灯节的起源年代，一种说法是“渔灯节”起源于明朝，至今可能有500多年的历史。当地百姓说法不一，大部分村民一般说“老辈就有”，“爷爷的爷爷就过这个节了”，具体年代不详。在笔者的调查过程中发现，当地的村子鲜有村志，渔灯节到底是从哪一年兴起的现在无从考证、无从考究，但在田野调查的过程中笔者发现了初旺村村口的碑志，碑志记载了初旺村的来历。碑志上写到：

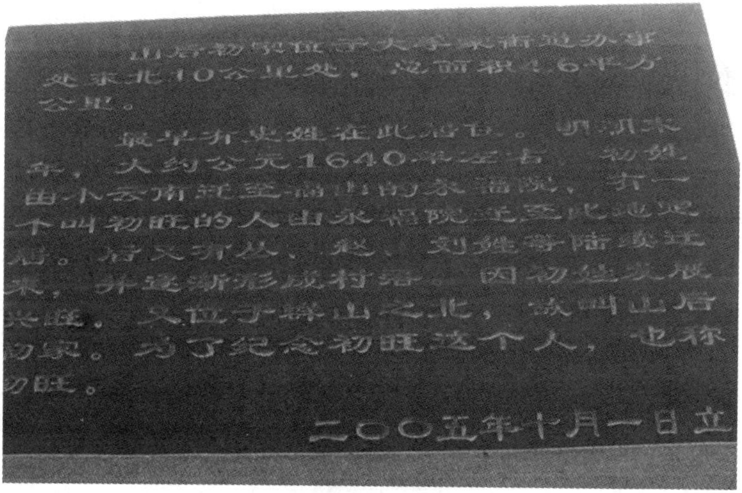

图2　初旺村口碑志

山后初家位于大季家街道办事处东北10公里处，总面积

4.6平方公里。最早有史姓在此居住。明朝末年，大约公元1640年左右，初姓由小云南迁至福山的永福院，有一个叫初旺的人由永福院迁至此地定居。后又有丛、赵、刘姓等陆续前来，并逐渐形成村落。因初姓发展兴旺，又位于群山之北，故叫山后初家。为了纪念初旺这个人，也得名初旺。

当地的渔民普遍的观点是渔灯节是在初旺一带开始兴盛发展起来的，当地的百姓都认为节日最早的起源地是初旺村。所以大体能推测出渔灯节流行起来至少有300多年的历史。

最初的渔灯节时间都是定在正月十四日，方圆几里只有初旺村有一个娘娘庙和一个龙王庙。渔民都在这一天赶来祭奠海神，人数太多、地方小，有时候连摆放供品的地方都没有，会造成一些不必要的冲突和麻烦，所以初旺村率先将自己的渔灯节提前一天改到了正月十三。随后山后孙家，李家也提前到正月十三过节，其余的村庄延续正月十四过节的传统，并且一直延续至今。

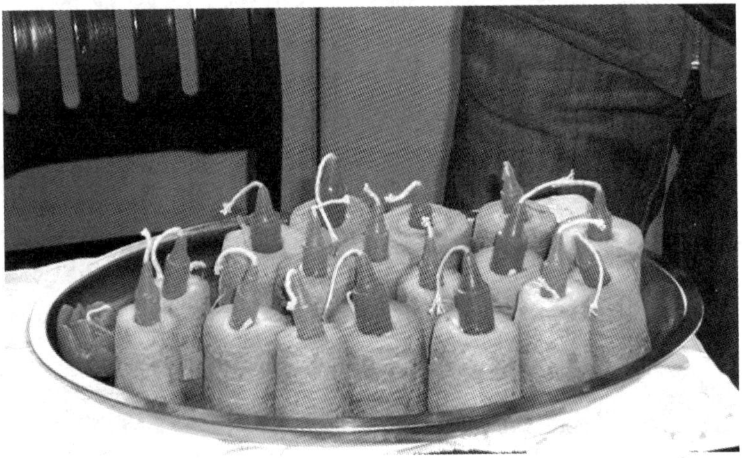

图3　渔灯

（四）渔灯节与元宵节的关系

虽然在走访的过程中当地人普遍认为渔灯节与元宵节没有关系，但是从文化的内涵与节俗的比较上去推敲，渔灯节应该是从元宵节分化出来的渔民的节日。我国正月十五元宵节普遍有吃元宵、赏花灯、猜灯谜的传统习俗。正月十五元宵节胶东地区[①]普遍还有到祖先坟茔送灯的习俗。在烟台蓬莱市和与他相邻的龙口市，在元宵节这天晚上当地的人们去祖坟送灯就是用胡萝卜做的灯。在当地人们也称之为“送山灯”，其做法与渔灯的做法如出一辙。山东省胶东地区其他地区的祭海节日没有与渔灯节类似的节日。渔灯节最早所在的行政区划正是烟台蓬莱市，可见渔灯节应该是从当地元宵节分化出来的节日。农耕地区传统的到祖坟送灯的习俗演变成了沿海地区渔民祭海神、送渔灯形式的习俗。渔灯节与元宵节的特殊渊源，也逐步形成了它独特的祭海文化习俗。

三、渔灯节的节俗展演过程及分析

（一）渔灯节的节前准备

节前的准备活动在节日中占有相当重要的地位。渔民们对渔灯节的节前准备也十分重视。不论节日在正月十三还是正月十四，各个村都会提前一段时间进行一些节日的准备工作。一般分为：装饰渔船，准备祭祀供品。

---

① 胶东：全称胶东半岛，位于中国山东省胶莱谷地以东，东、南、北三面环海的半岛地区，其中包括威海、烟台、莱州、平度、蓬莱、龙口、青岛、日照。胶东地区，也是山东主要的沿海地区。

图4　初旺港一角

1. 装饰渔船

渔民们每年装饰渔船就如同每年过年必须修饰家中门面一般，成为一种习俗。在节日前，各家渔民都会将自家的渔船清洁打理一番，然后在驾驶舱、船头等处贴上对联和“福”字。渔民将这些统称为船联吉语。船联吉语，就特质上说是我国古老的春联和楹联习俗由岸上向海上和船上的延伸部分。① 船联吉语作为船饰习俗中一个重要部分，具有独特的表现形态。在渔船上哪个部位贴相应的船联，都是约定俗成的，不可乱了规矩。如船头和船尾要贴“招财进宝”、“日进斗金”、“黄金万两”等楹联。一般对联贴在船头和船尾，对联寓意吉祥，有的对联为：

“船头无浪行千里，船后生风送万程。”横批：“船头压浪”

① 姜彬：《东海岛屿，文化与民俗》，上海文艺出版社，2005年版，第189页。

“渔乡春来早，渔灯照吉祥。”横批：“开业大吉”

“下网正碰鱼群过，满载而归得顺风。”横批“顺风相送”

“迎春夏秋冬福，发五湖四海财。”横批：“鱼虾满仓”

“朝出顺风去，暮归满载回。”横批：“四季发财”

“风送宝船满载喜，得胜归朝奏凯歌。”横批“旗开得胜”等等的对联。

船桅上一般挂上国旗或者彩旗。各家渔民将自家的渔船装饰一新。

图5　节日供品

2. 准备祭祀供品

渔民们准备祭祀用的物品是整个节日准备活动的重点。祭祀的供品丰富多样，每家都有几样必备物品鲅鱼、猪头、供菜、馒头、渔灯、香、酒和鞭炮。准备的食物供品中，最主要的就是鲅鱼，一般各家挑选一条最大的鲅鱼用红绳系在食盒的梁上。祭祀鲅鱼寓意年年有余、风调雨顺。猪头，有的船家准备整只烤乳猪，这个视船家的自身情况而定。猪头上通常用猪血一抹寓意发血财。供菜，一般要准备五碗米饭，然后用香菜盖住，在供菜的上方放上大枣以示吉祥。还有渔家碗里放饺子，放面条的，然后再放上香菜和煎好的鸡蛋，插上大枣，代替传统供菜。渔灯的准备现在趋于简单化，大部分渔民都是用胡萝卜挖个坑，然后把小红蜡烛插在里面或者干脆买来元宝状的蜡烛当做渔灯。鞭炮，这恐怕是最显眼的东西了。当地的村民说："渔灯节比过年还热闹，不过渔灯节就等于没过年。"此话不假，仅放鞭炮的数量就比过年多出两倍。每户船家过节都会准备上千元的鞭炮、爆竹。酒类，一般准备白酒、红酒。

通过以上节前的准备活动，渔民们蓄势待发准备迎接节日的到来。

（二）初旺渔灯节节俗仪式及节后娱乐

1. 初旺村节日仪式过程及解析

初旺当天庆祝节日的方式一般是聚餐、祭海、节后的娱乐活动、送渔灯。

(1) 节日的饮食习俗与禁忌

正月十三的初旺渔灯节，这一天本村村民远近的亲戚都会来这儿做客。渔民们要热情招待亲戚朋友，拿出家里储藏的各种海鲜并且做上满满一桌可口的菜饭。以初旺村郑船长①家为例，这

---

① 郑船长是初旺村的渔业公司的老板，自家有船出海，是笔者重要访谈对象丛大宏老船长的女婿。

一天，到郑船长家来的老少亲戚不下10个，还有几个采访的记者朋友也一道邀请入席，一般情况下一桌要在15人以上。而且每年差不多都是这种情况。

图6　初旺抬供品

渔民餐桌上有自己的讲究。烟台沿海待客极为重视鱼。当地俗话说："无鱼不成席"。渔灯节当天待客主要以鱼虾等海鲜为主。海鱼中以加级鱼最是珍贵。加级鱼取谐音民俗吉上加吉的意思，寓意吉祥。郝懿行《记海错》中提到："登莱海中有鱼，厥体丰硕，鳞鳍褐紫，尾尽赤色，啖之肥美。其头骨及目多肪腴，有佳味。"此处正是描写的加级鱼。加级鱼分红鳞和黑鳞加级鱼两种，其中以红鳞加级鱼最为讲究，渔灯这样重要节日都要上加级鱼。做鱼的时候必须是全鱼，上鱼菜的摆法有一定规矩，鱼头要对着最尊贵的客人，以示敬意。这样隆重的日子，除了加级鱼，有的渔家可能会准备鲤鱼，取其寓意鲤鱼跳龙门的意思。若是餐桌上上鲤鱼，也有讲究，一律“头朝东”寓意“鱼归大海”。

在烟台沿海各地除主人外，客人千万不要动鱼眼，客人动鱼眼是对主人的不敬，意为“挑眼”、“砸席”，暗示主人招呼不周到，有挑理之意。一般吃鱼的礼节有“客不翻鱼”，客人若是动手翻鱼，会被视为无礼，因为渔家常年在海上行船，对“翻”字最为忌讳，“翻船”是最危险的事，因此在席上不能说“翻”字，连同音字也不说。一般只说把鱼“划过来”或者是“抬过来”。吃过酒席之后，渔民们以家庭为单位开始陆续到港上进发。

（2）祭祀的组织形式

一般以船为单位到港祭祀，渔船有的是个人独资的，有的是几家一起合租的股份制。通常以船的股份持有最多的那个人为船老大。以船老大家为主要的祭祀主体，其他几家起辅助作用。以渔民家庭为单位的单独祭祀，每个家庭中，家庭成员身份是固定的，家庭为单位的祭祀组织分工明确，主持祭祀的一般是各家的船主或家族中有威望的长辈。其他家庭成员负责物品的搬运，抬供、摆供。一般抬供都是挑选家族中未婚的青年男子。青年男子在重要节日抬供，在当地流行的民俗，一是，家中可出优秀人才；二是，在聚会的场合下，形色的俗民群体交织在一起，很多人家会为女儿物色郎君，这样一来就可以让自家优秀的男子有展示的机会，以便成就美好姻缘。通过家庭为主体的组织祭祀仪式加强了家族内部的团结，也展现了家族势力。

（3）祭海仪式

家族男子把自家的食盒（又叫柳抖）一一卸下抬到船上。家族中人纷纷在船头的甲板上摆上供菜，俗称“摆碗”。以郑船长家为例，郑船长将猪头端放在船头，将大馒头放在两边。然后点上数量不等的渔灯，中间放上香炉，插上高香。点香完毕后，开始下跪祭拜，三叩首。叩首完毕后将酒洒在甲板上。然后把船上供应的食物分别取出来些丢入大海中。这种祭祀食俗象征人们灵魂不灭的观念。此地渔民世代以打鱼为生，部分渔家祖上难免有因出海而遇难的亲人，通过此节日食俗祭祀可以宽慰祖先。渔民们认为海神及祖先在另一个世界里也过着像平凡人一样的生活，需要享用人间的各种美味佳肴，祭祀时以这些食品供奉他们，可以取悦神灵祖先。另一方面，人们把祭品和香火当作神人相通的中介，渔民们通过这种方式表达对海神及祖先的敬意，希望海神保佑渔民出海平安、风调雨顺，渔业兴旺，赐福渔民。

图 7　初旺祭祀场面

祭祀完毕在行跪拜礼的过程中，渔家其他的族人就开始放鞭炮，有的没有船的人家，将鞭炮送到有船的亲戚朋友这边，燃放鞭炮在当地有祝贺并庆丰收吉利的寓意。在当地将鞭炮送往别人家有送财的意义，船家认为此种情谊难得，特别看重此种情分。

初旺渔港是方圆几个渔村中最大的，停泊在这里的船只多达上千条，中午一点左右是祭拜的高峰期，整个祭祀仪式，大约持续到下午三点左右结束。

2. 节后的娱乐活动

2013 年的初旺渔灯节增加了齐放鞭炮、烟花的项目。在海港前最辽阔的地方，从东到西摆放了六七排将近 200 个烟花，旁边挂上了一大长排的鞭炮，在下午两点的时候正式开放。笔者在田野调查中访问当地的负责搬运烟花的村民，村民们说这些烟花鞭炮大约有两吨的重量，在烟花批发点统一批发，由镇和村委拨款购买。绚烂的烟花和隆隆的鞭炮声，震天响，此时的村民还有许多慕名前来观看的旅游者及摄影爱好者都驻足凝望，被这种热闹的场景深深吸引。

图 8　初旺燃放烟花爆竹

图9　初旺渔灯节燃放鞭炮场景

图10　初旺节后狂欢

等到烟花鞭炮放完之后，秧歌锣鼓队舞龙舞狮队开始从村头出发，一直敲锣打鼓跳到港口。从燃放鞭炮到游行队伍的进发，有专门的人去负责安排这一过程，中间时间控制得很好。队伍很长，走在前面的是初旺村的游街花车，跟着的是初旺本村的秧歌队，都是村民自发组织的。走在最前面的是舞龙队，一串黄色游龙鱼贯而行，后面跟着的是威武的狮子队，活泼灵动。妇女们跳着秧歌，男孩、女孩抬着模具制成的元宝跟在后面，还有打扮成海里生物如蚌埠等花样。跟在后面打扮的是更专业的秧歌队，作家秧歌队。有装扮成县衙老爷，还有大头娃娃的，有打扮成虾兵蟹将样子的，济公、武大郎等喜闻乐见的人物形象都成了秧歌队里的一员。有的村民们也加入到他们的队伍里去跟着他们一起舞蹈。整个的游行队伍到达港上，然后环绕海港一周。原本已经从岸上返回的村民看到秧歌表演队又重新加入他们行列回到了港口，此时的海港恐怕是一年中人最多、最热闹的时刻了，此刻的海港成了欢乐的海洋。巴赫金把包括一切狂欢节的庆贺、仪式、形统称为“狂欢”。[①] 在狂欢节的广场上，大家都一样“平等”。在狂欢节上“可以不拘形迹地自由接触”，人们仿佛为了新型的、纯粹的人际关系而再生，暂时不再互相疏远。[②] 在节日狂欢场景下的所有人并不是作为观众式去观看，而是积极的参加者，参与到狂欢中。人们不分职业、年龄、家庭、社会地位的差异，在节日的狂欢中自由地释放自己，并在节日中建立新型的人际关系。男女老少围在海港周围，看着热闹的队伍，有的趁着这温暖的阳光，在美丽宁静的海港上拍照留念，还有很多的摄影爱好者，争相捕捉动人的镜头。队伍抵达港口尽情地跳，喜悦的表情、欢乐的气氛笼罩在港上。渔民把他们特有的热情、奔放和对幸福生活的热烈追求都表现出来。所有驻足的人们似乎要将一年的辛劳全都释放出来，又像是要把所有的期望都寄托在这欢歌笑

---

① ［日］北冈诚司著，魏炫译：《巴赫金对话与狂欢》，河北教育出版社，2002年版，第267页。

② ［日］北冈诚司著，魏炫译：《巴赫金对话与狂欢》，河北教育出版社，2002年版，第373页。

语中。

到下午三点多欢乐的人群渐渐散去，海港也恢复到往日的平静。等到傍晚时分有的渔民就要开始自发的到海港送渔灯了。

送渔灯习俗一直流传至今，是渔灯节的核心内涵之一。渔民们，每年此时，都会送灯祈福。从渔灯节流行的传说可知，送渔灯是渔民海上作业遇到风险灾难后，海神娘娘送灯照亮，为渔民指引方向，照亮返航所得习俗。渔民们送渔灯希望遇到风险后可以用渔灯照亮的方式，祈求平安返航。现在送灯的习俗时间延期到了傍晚时分。送渔灯有两种形式：第一种形式是在村内送灯，人们将用萝卜制作好的渔灯或是买来的蜡烛，送到自家的窗台或门口。有的人家还将其放在村子路边。第二种形式也是最主要的形式是前往港口码头送灯。渔民们把渔灯放到渔船的船头及舱口，还有的渔民将渔灯放入海中。渔灯星光点点，带着渔民们各自的期盼，在村落、渔船和海湾上闪烁。

图 11　芦洋龙王庙

等到晚上7点，在初旺村的大礼堂，还有文艺表演。文艺演出全部是村民自编、自演的节目，有舞蹈、说唱等形式。表演内容大部分是歌颂初旺发展得好、渔民兄弟喜丰收、党的政策利百姓等喜事。大礼堂的表演持续将近2小时左右结束，至此一年一度的初旺渔灯节就这样落下了帷幕。

（三）芦洋渔灯节节日仪式过程

正月十四是芦洋村渔灯节的节期。整个的祭祀仪式分两部分。一是上午官方举行的祭祀仪式，二是下午渔民自发到海港祭拜送灯。

1. 芦洋渔灯节祭海大典准备

芦洋的祭海大典是从龙王庙开放那年才开始大型举办。村委提前筹划了五年多。龙王庙的资金来源分为三部分：一部分是村委的拨款、一部分是村民们的集资、再有一部分是本村之外的外地人甚至是华人、华侨的捐款。龙王庙在2009年正式建成开放。关于当地的龙王庙有这样一段历史。在龙王庙门外的石碑上记载：

芦洋龙王庙位于方船口西侧，由一丁姓船老大率众于清顺治年间所建，几经沧桑，损坏严重。2009年5月由孙传平先生倡导，经村两委会同意并大力支持。遂组织众乡亲筹资，在原址对该庙进行维修扩建。期间，得到蓬莱李海峰先生的鼎力资助。另有蓬莱设计院等的多方协调，共襄盛举，使工程预期竣工。前后两殿均为举架混凝土结构。大殿正中的龙王神像，神气活现，栩栩如生。两边墙壁上的古代传说故事彩绘，形象逼真，鲜明生动。众乡亲对龙王神灵的崇拜十分虔诚，每年正月十四纷纷来此进香拜谒，祈求保佑，风调雨顺，海卓河清。

图 18　芦洋渔灯节祭海大典

祭海大典是芦洋村委从蓬莱文化局请来的相关人员为芦洋村设计指点。大典的组织形式严密，有唢呐队，祭祀队伍，秧歌队，还有龙王庙上的彩旗队。各个队伍各司其职，负责好自己的事情。唢呐队、彩旗队这两个队伍是由于芦洋本村村民组成。这两个参与服务活动的队伍每人可以领到 100 元的报酬。秧歌队是属于从外面请来的表演的队伍，另外算钱。一般按照市场价付酬劳，中等队伍大约在2 000元左右。组织筹划芦洋祭海大典的资金，一大部分都是芦洋村的村委拨款，少部分来自大季家镇每年的定额拨款。

图 13　芦洋祭海大典祭品

在举行仪式前的还有一些准备活动。祭海大典在芦洋村新庙广场[①]前举行。上午九点多前芦洋村村民已经将祭海大典的屏幕搭好。上面写着"芦洋第二十三届渔灯文化节、开幕式祭海大典"。在屏幕的中央有彩纸做成的龙王与左右站立的童男童女。屏幕前方正中有一个整只的烤乳猪上面压得金条元宝的道具，前方一点的位置，安放了一个大大的香炉。芦洋村参与祭祀典礼的渔民会提前准备祭祀的供品，这些供品形式的内容与初旺村的如出一辙。在节日当天早些时候渔民将供品送到节日会场来，等大典结束后各家将供品带回家中以便下午到港口祭拜的时候再使用。

① 位于龙王庙前的广场，因龙王庙新建而取此名。

图 14　芦洋祭海大典供品

图 15　芦洋祭海大典

图 16　芦洋渔民代表进香

2. 芦洋祭海大典仪式过程

芦洋祭海典礼仪式议程

（1）鸣号开锣

（2）恭请龙王莅位

（3）读祝文

（4）各船各单位向龙王敬香

（5）领导致辞

（6）鞭炮齐鸣

（7）欢庆渔灯

九点半左右祭海大典正式开始。司仪主持着相关程序，大典共分8项。第一项恭请龙王莅位，两边唢呐齐鸣，烟雾缭绕。龙王和童男女便从底座升至屏幕中上方位置，渔民们双手合十行叩拜礼。第二项，芦洋渔民代表致祭文，祭文是之前由蓬莱文化局的人员负责编写好，渔民代表孙传平来朗读。祭文内容：

公元2012年2月5日，农历正月十四，芦洋民众在芦洋新庙广场祭祀沧海之神，花鼓颂今，共祝新泰年，再展辉煌、祭海盛典、四海和昌，喜看中华，崛起复兴、神州飞天，高铁掠地、社会和谐、生活小康、更喜芦洋、万象更新、特色渔家，宾客盈门、张灯分享，敬禀神龙，佑我神州，国富民强，降福芦洋，大海献金、万民安康。

图17　芦洋祭海大典节后娱乐

第三项，各船各单位向龙王敬香祈福。悠扬古朴的祭祀音乐响起，渔民们手持高香进行祭拜，祭拜的人员很多都是出海的渔民及其家人，而且全都是男性，统一穿着黄袍，并且逐一到香炉前进香。第四项叩谢龙王。由渔民组成的祭祀队伍站在正中间并且统一三叩首，拜谢龙王。第五项领导发言。首先是芦洋村村支书芦洋渔家总经理夏广利发言，从他的言谈中听出他们这样的祭祀大典其实是为了吸引游客，希望提高知名度招商引资。第六项大季家街道办主任陈学文发言，还有三位来自开发区旅游局的领导依次发言。第七项鞭炮齐鸣，这时候周围鞭炮响起，还有烟花一起绽放，领导们也撤场了。第八项欢庆渔灯主要是表演队伍来此助兴。在场外等候多时的海阳大秧歌、仵家秧歌开始登场。锣鼓齐鸣，形形色色装扮不一的角色在舞台上尽情地扭跳，很多摄影爱好者则在他们周围拍照，村民也围在舞台附近看热闹，大典进入高潮。典礼完毕后，各家的渔民开始将各自的食盒抬走。游人们开始涌向龙王庙，大家纷纷去参观或祭拜，大典陆续撤散。

3. *芦洋渔民祭祀仪式*

节日当天下午芦洋渔民自发到港口进行祭祀。芦洋渔民们各家聚餐完毕，下午一点左右，芦洋港口开始有渔民到港上祭拜。以家庭为单位，各家将供品摆在自家船上进行祭拜。其仪式形式与初旺村节俗仪式大体相似。

芦洋港口位于初旺港下游，港口地理位置不及初旺，船只总体数量在二三百条左右。因为港口小，渔船少，整个祭拜的仪式显得有些冷清。下午来港上参观与助兴的游客寥寥无几，只有渔民及自家的亲友来此祭拜。鞭炮数量和总体燃放的情况看，也是小规模的。祭祀仪式持续一个多小时就结束了，时间很短。渔灯在祭祀的过程中一并点燃，晚上没有渔民来此送灯。

图 18　芦洋民祭现场

（四）不同地区为代表的渔灯节节俗差异的比较

1. 初旺、芦洋为代表的渔灯节节俗的对比

以初旺、芦洋为代表的渔灯节是整个渔灯节举办地区最具代表性的两处村落。两处村落的节俗仪式发展至今有相同的地方也有差异的地方。

节日仪式相同的部分，一方面是节日供品的准备方面大体相似，另一方是都包含民间自发祭海的习俗。上文已经提及。

节俗仪式过程差异的地方总结为：

第一、官方与非官方。初旺村渔灯节的祭海仪式完全是村民自发参与。当地村委参与的很少，而且笔者在走访当地村委时，他们表示未来几年也没有什么计划去规划渔灯节，只是做好一些服务工作。村委主要是出钱请来一些表演的队伍，并且组织本村的秧歌队，而且本村的秧歌队都是当地村民自愿报名。初旺村村民过渔灯节的热情很高。

在2009年集资建起龙王庙之后，芦洋村特意请来蓬莱市文化局的相关人员对芦洋村渔灯节的祭海大典进行策划。经过了一系列的研究规划，并且进行了仪式活动的排练，才有了如今我们看到的芦洋渔灯节祭海大典。芦洋渔灯节的节俗仪式主要是以祭海大典的方式举办。芦洋渔灯节可以看做是芦洋村村委主导的官方的祭祀仪式，民间的祭祀仪式只占很小的规模。

第二、规模大小不同。初旺村地理位置优越，北靠北山，天然的避风良港，村子规模是周边几个村子中最大的，渔民数量是最多的，有上千户。港口停泊了上千艘的渔船，渔业的规模是最大的。渔民下午会自发的到港口来祭拜，几乎每条船上都有祭拜的渔民。港口祭祀仪式吸引了大量的外地游客，场面热闹，盛况空前。芦洋村整个村子的规模没有初旺村大，渔民数量三百多人是该村总人口的十分之一。渔港的规模小，在港上停泊的大小船只大约在二三百条左右，甚至还有小木船出现，渔业不景气，收益不高。芦洋的官方祭祀虽然场面热闹，游人如织，可是在下午民间祭拜的现场却是冷清许多，祭祀渔民的数量少，游客很少。相对初旺村港口热闹的场面，芦洋村港口的祭祀，整体祭拜的数量与规模都远落后于初旺村。从民间祭祀仪式看芦洋村渔灯节的整个规模远远小于初旺村。

第三、变与不变。通过这两年对节日的走访与观察，笔者发现节日的形式在悄然的发生着或多或少的变化。初旺村在今年的渔灯节上增加了集体燃放烟花爆竹这一环节。这是去年的节日现场所没有的。集体放烟花的环节是村委组织安排的，由此看出初旺村委虽然未有规划渔灯节的计划，却也想让渔灯节的内容有所丰富。其用意是为了增加节日喜庆热闹的氛围，可是却与渔民祭拜的时间有所冲突。燃放的时间正好是渔民祭拜的高峰，很多渔民纷纷抢在燃放鞭炮的时间前面去祭拜，有部分赶在燃放鞭炮时刻祭拜的船家，也锣鼓点打得怔怔直响不甘示弱，想引起周围人的注意。但是大家都被烟花齐放的场面所震撼，无暇他顾。本来，节日的主角应该是到港上祭祀的渔民们，现在却被这震耳欲聋的鞭炮所抢去部分注意力。此处，村委的用意是好的，但是在时间安排上出现了些问题，影响了渔民的祭祀热情。总的来说，初旺渔灯节也在慢慢地酝酿着变革。

芦洋举办的祭祀大典的官方仪式，模式已经固定，节日的形式已趋稳定。去年是何种形式今年还是如此，整体都没有多大变化。民间港口的祭拜，参与人数越来越少，规模逐渐缩小。

2. 其他地区渔灯节节俗

渔灯节主要以初旺和芦洋两村为代表，但在初旺村和芦洋村以外的其他的几处村庄如山后李家村、山后顾家村、八角街道等地也都过渔灯节，但规模和参与人数却远不及初旺芦洋。随着顾家村和李家村海岸附近的大港口的建设，此地的村民的渔船大多报停，村子陆续拆迁，很多村民搬到了外村，原本这两个村也在正月十四过渔灯节，现在已经很少人过节了。在笔者走访的过程中李家村一顾姓的村民向笔者表露心声：

渔灯节都和过年一样，不过这个节就感觉过不去年一样。我们出海打鱼的人在以前条件不好的时候都希望过这个节保佑平安。现在条件好了，还是有这个心理去不掉，希望能够保佑平安，保佑发财。①

他们对于这个祖辈传下来的传统节日没办法过下去，也非常地遗憾与失落。

与大季家毗邻的八角街道办，近几年也开始过渔灯节。八角街道办原是同与初旺、芦洋村相似的渔村，八角港早在2004年就开始筹建。八角港定位为国际大型深水综合性港区，整个项目

① 笔者在2012年8月21日在大季家李家村采访姓李村民。

的建设期为五至十年，初期总体投资额约为二十亿元，规模宏大。八角港开建之后当地的渔业大部分废止，渔船报停。渔灯节也就此衰落。当地政府近几年因为看到隔壁初旺和芦洋渔灯节办得红火。为了吸引游客所以也开始鼓励村民重新过节，并且想以此招商引资提高知名度。八角渔灯节主要节日仪式以民间秧歌舞蹈表演为主，只有很小一部分渔民到港上祭祀。

（五）本章小结

从以上对初旺、芦洋、及其他地区渔灯节节俗的展演及探讨，笔者将渔灯节节俗分为两大模式，一是初旺为代表的民间欢庆方式，二是芦洋为代表的官方祭祀方式。

初旺的渔灯节完全是民间自发的节庆活动，而且规模是渔灯节地区最大的。参与节日的男女老少，渔民游人、形形色色的人群对于节日的认知和体会不同对自由环境下的节日有了丰富多样的感受。初旺渔灯节渔民主导着整个的祭海仪式，渔民们是参与节日的主体。主体对节日模式的认知和实施都进行现实条件内的选择。渔民们根据自己的生活和需求，过自己喜欢的节日。初旺渔灯节可以说是渔民最自由的狂欢节日。

官方主持的渔灯节，有利有弊，一方面官方的祭奠仪式有许多值得借鉴的地方。官方的介入使其仪式隆重，节俗的大胆改革使得节日内容丰富，规范统一。另一方面官方想借助这种节日文化资源从中获取利益，并且也想控制这种文化资源。其实是一种文化搭台，经济唱戏的模式。芦洋官方祭海大典，使得节日形式固定化，节日发展空间不大，对节日发展产生一定的束缚作用。芦洋官方祭祀与民间祭拜出现了冰火两重天的现象，同时使得芦洋民间祭祀越来越趋于弱势地位。民间的祭海仪式逐渐衰落，使得节日的本真性无法正确宣扬，同时也削弱了渔民们的祭船、祭海的热情。

四、渔灯节分布地区俗民信仰解读

（一）渔灯节地区海神信仰的由来

通过上文对渔灯节分布地区祭海仪式过程的解析，了解了渔灯节的全貌。在节日背后潜藏着的俗民信仰是值得推敲的。中国古代海洋文化的基本内涵是农耕文化的延伸，“以海为田”是这种海洋观的集中概括。我国早在原始社会就开始了海洋采集和捕捞。天地是农民最主要的经济来源，而沿海地区人民将能够提供生活资料的大海也看做是“田”。《定海厅志》卷二十“海防”记载：“每岁四五月间，黄瓜鱼熟，浙江、福建渔船鳞次挨集布置数千余只，众十数万，因而搭寮盖厂，就山晒鲞，此地为预期要会之区，渔民望海为田。”渔灯节是渔民脱离农耕文化的典型代表，海洋无疑是渔灯节分布地区俗民信仰的母体。

位于烟台的初旺、芦洋、大赵家、陈家、顾家、李家（搬迁）八角，这几个主要过渔灯节的村落，三面环海，耕地面积很少。受制于地理环境所迫，村民们靠海吃海，以捕鱼为生。古代科技不发达，渔民对海洋的认识非常有限。面对浩瀚的大海和神秘未知的自然，心中本能产生畏惧、不安全感，出海后面对着茫茫的大海，变幻莫测的海上天气情况，有去无回是经常发生的事情。人们认识到海洋的自然力无比的强大，面对这一个非人力所控制的海洋世界，烟台沿海民众对海洋产生了恐惧、敬畏、依赖和崇拜等复杂感情和态度。在恐惧和求生愿望的支配下，人们相信必然有一种可以驾驭自然之力，这个力量的化身就是神。渔民萌发了一种朴素的、超自然的宗教观念，即崇拜海洋神明——海神信仰随之产生。人们期盼着海神可以赐福人类、化解灾难。于是在烟台沿海一带便形成了一种特有的海神崇拜文化。明朝人刘尊鲁《嘉靖县志》说“登州，青之鱼盐也，县治蓬莱，民濒海者奉海神尤切。”可见在很早之前的历史上烟台沿海一带渔民们就有较强的海神崇拜文化。这种文化伴随着烟台海滨民众行过了漫漫的迷茫长路，在历史岁月中留下了深深的印迹。海神信仰在历史的变迁发展中也产生了信仰多元化的趋势。

（二）渔灯节地区海神信仰多元化

1. 龙王崇拜

龙是中国古代神话的四灵之一。龙王的来源大体上可归纳为两方面：一是印度佛教的传入，二是中国人崇龙心理和尊王心理的相互融合、相互渗透。

在历史上海神龙王传说最早起源于山东。相传在唐代以前，山东沿海就建有龙王庙。烟台蓬莱的北丹崖山上就有一处唐代初年修建的龙王庙。可见烟台地区海神龙王信仰由来已久。

东海龙王信仰形成的原因很多，主要是古代传说中，龙王具有司水降雨的功能。人们相信海龙王能翻云覆雨，控制海上天气。龙王形象逐渐演化成渔民心目中崇拜和信仰的海神并且深入人心。东海之神——即东海龙王敖广是烟台沿海以至于山东沿海共同祭祀的最高海神。龙王是烟台沿海渔民们最早信仰与普遍崇拜的海神。渔民们普遍认为，龙王能为他们带来安康和富足的生活。

人们通过修建龙王庙和祭祀龙王的方式，表达对龙王的崇拜。

初旺村是渔灯节流行发展的龙头村，该地区的龙王庙最早就是建在初旺。但在 20 世纪四五十年代龙王庙被拆除。现今，芦洋村 2007 年集资于 2009 年落成了当地最新的龙王庙。很多游客和渔民上香祭拜。无论过渔灯节的村落现在有无龙王庙，海龙王的信仰已经深入人心。渔民举行祭祀仪式的时候人们都不忘祷告龙王祈求风调雨顺，生活康泰。

2. 海神娘娘崇拜

除了东海龙王信仰外，在渔灯节分布地区还存在外来海神信仰。外来海神信仰的典型代表就是妈祖信仰。妈祖信仰，从宋代开始兴起，起源于南方福建一带。妈祖又称为天后、天妃、妈祖娘娘。其来历的传说大致有个统一说法，妈祖姓林名默，生于北宋建龙元年（960 年），祖籍福建莆田县、湄洲岛。林默自幼不凡，懂得巫术，助人为乐，为民占卜吉凶，传说她会预测天气变化，可告知渔民是否可以出航，她还能驱灾治病，成为当地受人爱戴的名巫。她谢世后常显灵于海上，救渔民于水火。人们为其立祠供奉，尊称妈祖。经过宋、元、明、清一系列朝廷的敕封，封为后来的天妃、天后等称号，列入祀典，妈祖遂成为人们广泛信仰的海神。历史上普遍认为天后信仰是明清时期，随着南北海上航运的展开，通过漕运逐步循航传到北方。传到北方后，天后信仰对北方原有的海神信仰产生了较强的冲击，后逐渐成为北方沿海渔民普遍崇信的海神之一。

天后在烟台当地普遍称为海神娘娘。初旺村在很早之前就有海神娘娘庙，但后来在四五十年代随着龙王庙一并被拆除。渔灯节节日起源的传说部分，就是海神娘娘送灯搭救了在海上涉险的渔民。当地人认为天后与龙王的神力各不相同，当地流行的一句谚语说到“打鱼祷告海龙王，遇难日子望海娘娘”。当地人相信海神娘娘不仅有在海上保平安的功力，还有祛病保平安等神力。海神娘娘是渔灯节地区民间海神信仰中最为重要的女神。

3. 海生生物信仰崇拜

烟台沿海渔民有把鲸鱼和海鳖等特殊海生动物奉为海神并加

以祭祀的传统。渔民们认为这些海生生物充满灵性而且威力巨大，要善待他们。

渔灯节地区沿海渔民将鲸鱼形象地称之为“赶渔郎”。鲸鱼在海中赶食鱼群，渔民随后下网，肯定会满载而归，在初旺沿村附近人们称为“老赵”。“老赵”之说源于民间财神赵公明，因为鲸鱼能给渔民带来收获，就等于是遇到了财神。因此在渔船上作业渔民们不得用“老李”、“老张”等带有“老”字的称谓相互称呼。以免“老”字冲撞了“老人家”。

海龟因其富有灵性而引发当地渔民的信仰。俗语道“千年王八、万年龟”。海龟、海鳖因其长寿通常被称作是“老爷子”、“老人家”、“老帅”。“老帅”经常出没在海上，很多渔民都有碰到过“老帅”的经历。笔者在田野调查的过程中听李家村的村民说起过，早年前在出海的时候，人们在船上聊着天，有的渔民就看到在船头有圆圆的黑亮的东西在盯着他们，一会又不见了。渔民们说这就是“老帅”出没，因为体积很大，只能看见它的一个眼睛。“老帅”出没预示着海上有事发生。所以遇到“老帅”显身之时，渔民们就到甲板前虔诚地祷告，希望“老帅”能保佑他们在海上作业顺利。如果一旦误捕到“老帅”，定要将其虔诚地放回大海并说些吉利话，祈求饶恕。当地人笃信如果捕杀“老帅”就会遭到怪罪、获得报应。渔船下锚时，一般要高喊“给—锚—了！”喊了之后，稍等一会再将锚抛到大海里，此举正是怕伤着海龟，让其躲避，是渔民们保护海龟的一种方式。

海生生物信仰主要职能是保佑渔民在海上捕捞时能渔业丰收和人、船的安全。渔民们对海洋部分生物的信仰也表达了对海洋生物的敬重与保护之意。

（三）本章小结

渔灯节地区的俗民信仰主要以海神信仰为主，当地的海神信仰崇拜具有多元化和多祈求性的特征。探究渔灯节地区的俗民信仰，可以深入了解渔民们的精神世界。渔民们通过祭海仪式主要表达的是对龙王、海神娘娘，以及对海洋生物的恭敬之意。渔民们的海神信仰崇拜，一方面表达了对生命的珍贵，对自然的敬畏之心。另一方面表现了渔民们希望人海能够和谐共生，并且可以有效地开发海洋、利用海洋的殷切期盼。

五、渔灯节的节俗变迁及原因解析

海洋民俗是千百年来在社会人文环境和自然环境的共同作用下形成的，独具有海洋地域特色的民俗文化。海洋民俗涵盖面广保罗万象，包括海洋物质生产民俗、生活民俗、海洋饮食民俗、海洋节庆民俗等。渔灯节作为胶东地区有代表性的节庆海洋民俗，从诞生的那天开始，经过300多年的历史沧桑，节俗已经发生了许多方面的改变。渔灯节节日的源头已经无从考查，历史长河中的节俗变化也探究不清了，笔者试图在自己的能力范围内努力去探寻新时期，准确地说是新中国成立近六十多年来，渔灯节发展变迁的历史。从渔灯节的节俗变化中窥视出渔灯节分布地区海洋俗民社会生产生活、俗民精神世界等方方面面的变化。

（一）渔灯节节俗的变迁

在初旺村田野调查的过程中笔者采访了82岁高龄的丛大宏老船长和现年66岁的丛大丰老船长。他们是村里为数不多出海多年的老人了。通过从这两位资历颇深的老渔民的口述中笔者了解到渔灯节近六七十年的发展变化的历史。了解到了渔灯节从过去到现在节俗变迁的历史过程。

节期的延长。渔灯节最早是在初旺村举行，因为很多年前在初旺村山前的北面、龙东嘴[①]附近有龙王庙和娘娘庙。当时周围村子的渔民们都要抬着供品，拿着渔灯到龙王庙和娘娘庙送灯祈福，然后再到船上祭拜。因为当时十里八村的渔民都集中在正月十四这一天去庙里送灯，人数众多，有的连供品都摆不下，还会发生一些无谓的争执与纠纷。所以初旺村率先改成了正月十三过节，提前一天缓解压力。这样整个渔灯节的节期就演变为正月十三、正月十四两天，延续至今。

仪式时间提前。在20世纪四五十年代以前人们过渔灯节都是上午到龙王庙、娘娘庙里祭拜。晚上到船上祭祀祈福、送渔灯。在20世纪50年代后期合作化的时候龙王庙和娘娘庙被拆除，现在已经没有痕迹了。初旺村没有再重新建庙。现在整个渔灯节分布地区祭祀仪式都提前到了中午举办，最晚下午三点左右就结束了。

渔灯的制作和送灯的方式也发生了变化。以前的渔灯是胡萝卜抠个大些的底，用个竹棉棍穿出个空，缠上棉花，棉花是用做衣服的新棉花，然后把蜡烛油刮出来粘在这上面用铁盘托住底座，再往船上放。在傍晚十分渔民纷纷去港口放渔灯，当地的渔民一般会用胡萝卜抠个洞放上纸质的小船再点上蜡烛，供孩子们放玩。还有的孩子带来用木头刻成的简单小船放入海中。现在的渔灯制作越来越简单，渔民们直接用胡萝卜抠个洞然后把小红蜡烛插上即可，或者干脆买小元宝蜡烛，或电动小灯笼作为渔灯。大多数船家下午祭拜的时候直接在船上点上渔灯，祭祀结束后，晚上就不去港上了。青年人和儿童们也很少有去港上放渔灯

① 龙东嘴位于初旺村北山下一处地方，地有泉眼大小一般的海眼，当地人俗称龙门眼。当地渔民认为此地的是大海的龙头。

的了。

供品方面的变化。以前的供品很简单，因为当时条件简陋，渔民收入少，每年祭祀的时候，只有一两家供应猪头的，其他家都是供应点供菜，整体食物供品准备的朴素简单。至于鞭炮放的就更少，而且都是较短的小鞭。现在渔民们的生活富裕了，供品准备的越来越丰盛。渔民基本都要供应猪头和大鲅鱼还有馒头，还有其他种类繁多的供菜。供菜的制作也趋于精致。鞭炮和烟花燃放的数量惊人，每家都会放很多的鞭炮。平均每户人家在这一天的所花费的鞭炮钱都在一千元以上。

渔民节日信仰发生变化。在以前简陋的出海条件下，也没有天气预报，人们出海打鱼的风险很大。遇到恶劣的天气，渔民们遇险丧生的情况很多。面对茫茫未知的大海，心生敬畏，渔民借此节日希望保佑自家人出海平安归来，顺风顺水，送灯是为出海人们送灯照亮的意思，这也是过渔灯节的初衷。

笔者在田野调查的过程中分别接触到了当地不同年龄段的渔民与村民，了解到了不同年龄阶段的俗民信仰的变化。

老一辈人六十岁以上的渔民们，他们对海神龙王甚至海里的生物都心生敬畏，心中笃信海洋神灵。他们认为海洋辽阔无比、深不见底，在海上什么事情都有可能发生，有些时候的事情是无法解释的。比如有小鸟落在自己船头，那么他们今天在海上作业必定会遇到不顺的事情。如果有什么不顺的事情发生，赶紧去船头虔心祷告，一般都会平安度过。老一辈人相信过此节日可以保佑出海平安、风调雨顺。

五十岁至三十岁中年人，这阶段的渔民们使用的都是高科技的渔船，人们出海的风险少了很多。人们过节心理主要是求发财，保平安次之。这一年龄段的渔民对海神、龙王的崇拜比上代人弱，在这代渔民的心目中，节日的神圣性减弱。

在三十岁之下的年轻人对节日了解有限，年青一代大多没有出海作业的经历。有的常年求学在外，或者在外地工作、或者在本地做海洋养殖业等工作。他们的涉海性降低，对海洋民俗及节日文化的内涵都缺乏了解。海神显灵等海神崇拜的事情，他们只能当成传说或者是故事去听了。在他们看来，渔灯节是个热闹非凡的节日，节日娱乐性强。很多人乐于参与其中。当地的年轻人对这个渔灯节也很重视，每逢此节，村落的年轻人都会在家过节。他们过此节更多的是一种趋同心理。

现如今节日的神圣信仰发生了不同程度的变化。节日由神圣性向着世俗性转变。生产安全条件提高了，人们不再依靠求神获得庇佑，科技的发达使人们出海更有安全感。渔民们现如今的信仰世界中还是存在海神信仰但程度减弱，更多的是一种祝福性崇拜，节日偏向娱乐化。节日逐渐由神圣性的祈福节日转变成了娱乐性的大众节日。节日的功能也从单一型向多功能型转变。

（二）渔灯节节俗变迁的原因解析

传统渔灯节不能适应当代人的需要，所以节日的内容和形式、功能逐渐发生了变化。一般来说社会变迁引起文化变迁，文化变迁看出社会变迁。渔灯节的节俗仪式变迁折射出整个渔村的经济文化的变迁。当一种文化不能满足人的需要的时候，文化的改革和变迁就不可避免。促使文化变迁的原因可分为内因和外因两部分。内部原因是由社会内部的变化而引起的；外部原因是由自然环境的变化或社会环境的变化而引起的。渔灯节变迁的原因复杂多样。渔灯节节俗的变迁从内外因上分析可分为：内因方面为俗民的信仰和价值观的变化；外因方面为生产、科技、生态等因素的变化。下面笔者对渔灯节节俗变迁的原因作了以下分析：

1. 生态环境的恶化

海洋整体态环境日趋恶化，海洋渔业生态环境不容乐观。一方面海上事故频发。蓬莱市在2011年发生了海上油气田溢油事故。蓬莱19—3油气田是由中海油与美国康菲石油公司共同投资开发的海上油田，属于我国第一批对外开放的海上油气勘探开采区块，也是我国最大海上油气田。有专家则表示，蓬莱19—3油田溢出的是重质原油，将会对渤海湾产生长期影响。虽然蓬莱油气田漏油是防不胜防的意外事故，可也反映出现今海洋资源在大肆的开发，这种开发也威胁到了整个海洋的生态环境。另外，强大的海洋捕捞能力与脆弱的海洋渔业之间的矛盾也在加大，海洋生态环境持续恶化。

笔者采访了已经退休的初旺村的老船长丛大丰。他对现在海洋渔业生态有自己的看法。他说：

现在可以说中国捕捞全球第一，先进不先进不说。捕捞量太大了。到西非一扫光，印尼一扫光，山东威海的船到俄罗斯红山岛屿去捕捞，那边有大的鱿鱼仔，结果被扣了。满世界去捕鱼，日本和俄罗斯都驱逐中国的渔船。国内，没等鱼长大，都去捕捞，看见别的家捕的小鱼仔，虽然小，但是也坐不住，也要捕，否则就落后了。现在都是高科技，只要有鱼就剩不下。鱼打得太多了，恶性循环，资源都枯竭了。①

笔者在田野调查的过程中了解到老一辈渔民们提倡大海休养生息，认为现在捕捞过度，海洋生态破坏了，处于恶性循环中。但是对从事海洋捕捞职业的渔民来说，他们停不起船，否则就要入不敷出。现在当地的渔船都有国家的补贴。这些补贴包括油补和船补。一年根据马力不同进行补贴。一般275马力左右的钢壳船的补贴每年在两三万元左右。国家这一政策出台了五年多了，就是为了扶持渔业的发展。如此，渔民们虽然收益没有以往多，但是却可以持续支撑着渔业。

---

① 笔者2012年8月21日在初旺村丛大丰船长家采访得到。

李家村已经搬迁，村子附近在建立大港口，李家村的渔民都已经报停，渔灯节也无法继续。初旺与其毗邻。虽然现在初旺是方圆几里渔业最红火的村子，但是现在的生态环境趋于恶化，渔民出海作业的收益并不乐观。如果对生态环境恶化方面没有很好的环保意识和整治措施的话，渔民们赖以生存的海洋捕捞业将难以为继。生态环境的持续恶化，影响渔民的收入，也会影响渔灯节的传播与发展。

2. 经济生产、科技水平的变化

过去海洋渔民赖以生存的经济形式是海洋捕捞业或者说是海洋渔业。而今，由于经济形式的多元化以及海洋资源的衰退，人们的从业结构发生了很大改变。海洋养殖、旅游业、海洋资源开发与加工业等产业迅速发展，海洋捕捞渔业在地区经济中地位下降。纵观渔灯节分布的各地区，海洋养殖业都在蓬勃的发展。这一产业成为渔民增收的主要产业。海洋捕捞渔业在初旺村还占据主要从业地位，但是从经济收入来看日渐趋于从属地位。

在生产条件上，过去人们主要的生产工具较为落后，一般是手工制造的渔船、渔网等。经济产品的来源主要通过原始的海洋捕捞，靠天吃饭，自给自足。在这一过程中，形成如造船、出海、返航等一系列海洋民俗系统。随着沿海生产方式的变化，海洋民俗文化逐渐被淡化。因为传统的海洋捕捞渔业地位下降，虽然身处海边但人们接触海洋作业的机会少了，越来越多的人对海洋民俗感到陌生，并失去兴趣。特别是在海边长大的年青一代群体，他们已经不用从事海洋渔业捕捞的相关工作了，很多也想外出打工。他们对海洋民俗接触不多，对节日文化内涵了解很少。

科学技术的发展，人们文化素质的普遍提高，高科技时代的现代化导致渔灯节节日信仰发生了变化。过去生产作业条件艰苦，海洋作业风险大。老一辈渔民靠经验捕鱼，海洋气候与渔民生命安全紧密相连，海洋气候的变化也直接关系到鱼群的洄游、鱼群的集群与分散，因此，渔民特别关心海洋气候。当地渔谚中流行：海洋孩子脸，一天变三变。说明海洋气候具有多变性和瞬间性。过去过渔灯节主要是为了祭拜神灵以保佑出海平安。节日的神圣性是第一位的。如今天气预报准确，出海的风险大大降低。由于科技的进步，船上的设备更新换代，有导航仪、有雷达还有探鱼仪，硬件条件好了，生产条件更加先进。人们也不再凭借经验去判断鱼群分布。新一代渔民用导航仪与探鱼仪就能轻松预测出鱼群的分布集散情况，捕鱼的效率提高，省事省力。现在科技水平提高了，人们过渔灯节祈福保佑的心情的少了，人们对海洋的崇敬与敬畏之心也随之减弱。人们普遍认为人力的作用增大，海洋并不是像老一辈人说的那样深不可测，海上的很多情况可以人为的掌控了。在人们心目中海洋神灵的保护作用日渐衰微。这使得许多传统的海洋民俗失去了存在的意义，虽然仍能得以保留，但更多的是沦为一种形式或仪式，改变了其本来的意义。人们如今过节更多是为了满足自身的精神需求，节日的神圣性降低，人们更加倾向于一种娱乐化的参与。

3. 多元文化的冲击

多元文化的冲击是当下的文化热点。外来文化的挑战，全球化、开放的时代、信息技术的发展，传统中的民俗遭遇新文化元素的冲击与挑战。网络日益融入人们的生活，使得外来文化传播更为便利、快捷，这对渔灯节分布各地区的海洋传统民俗文化形成强烈冲击。

在今天这样一个开放的信息爆炸的年代，人们明显能感受到了现代化所带来的文化冲击，套用亨廷顿的观点，他们被置于了“文明的冲突”。沿海居民在这其中最突出的表现便是对于海洋民俗及其所代表的祭海文化产生怀疑。海洋民俗现在很大程度上代表了当地居民在历史中形成的一定道德传统和道德规范。而现代社会现代化的世界观、人生观、价值观对于这些传统道德标准的冲击空前巨大，进而使人们对这些民俗存在的价值产生了怀疑。多元化的价值观也改变了人们对于传统信仰的虔诚态度，并影响了海洋民俗的保护和发展。在多元文化的冲击下既削弱了民众对自己固有文化的自信，也间接削弱了传统海洋节庆民俗对民众的吸引力。

在现代文明的机体里，都蕴含了商业文明的因子。滨海旅游业的发展就极大地证明了这一点，海洋民俗在这个过程中成为一个重要的卖点。但是，这个过程中海洋民俗已经蜕变为一种工具，它不再是人们需要承袭的传统习俗，甚至可以将其用以商业目的加以改造。在全球化的冲击下，人们倾向于在节日与休闲之间建立关系，使节日成为具有多元身份的实践文化。不论是初旺渔灯节还是芦洋渔灯节都吸引了大批的游客，很多外地游客是想来此休闲放松，并观摩传统文化。当地的政府也想以此节日成为文化卖点，加以利用，发展旅游。

4. 参与群体的变化

改革开放之前的渔灯节，参与节日的人群就是当地附近的村民。当时信息闭塞，经济条件简陋，渔灯节主要就是在初旺和芦洋四周的村落里流行，外界鲜有了解。改革开放之后，渔民赖以生存的经济生产方式变得灵活多样了。自我承包、开发养殖等经济模式出现，使得渔民们的收入提高、生活富裕了，节日开始成为人们表现渔家特色，期待美好生活等的精神需求的表达，渔民们越来越重视这个节日。随着信息开放水平提升，越来越多的外地人、甚至是华人、华侨都了解到了这个节日。在 20 世纪 80 年代中期的时候就有海外的华侨来此地过节。虽然现在渔灯节还是以渔民们为主导的节日，但是参与的群体却大大改观，摄影爱好者、外地游客、招商引资请来的投资商人、海外的华人华侨，参与群体整体上大有改观，参与人群数量呈上升的趋势。年青一代，二十多岁以下的年轻人过渔灯节热情也很高涨。无论他们外出务工还是在外求学，渔灯节期间必要留在家中过节。虽然年青一代较之前辈对大海的了解少了，对海洋的崇拜也明显降低了。但是他们对目前节日的形式和节日的未来还是很有信心的，并且乐于参与其中。渔灯节突破了行业内部人群，成为受到大众喜爱的海洋渔家节日，这本身就是一种希望的征兆。

5. 节日的传承性与变异性

节日具有传承性，民俗这一民俗文化在时间上具有传衍的连续性，即节日的、历时的纵向连续性。节日的传承性使得节日民俗文化的传承成为一种时空文化的延续体。渔灯节作为一种海洋节庆民俗有其自身传承发展的脉络。渔灯节在“文化大革命”时期都没有中断过，几百年来渔民们将其世代传承至今。渔灯节作为专属渔民节日从产生之日便稳定下来，成为俗民生活中的一部分。当地的渔民世代在此生活，潜移默化中，传承了此节日。民俗传承是积极、主动的，这又使得节俗文化的传承有目的进行。家中长辈对晚辈负有传承的责任，渔灯节就这样一代一代绵延不断。

节日的传承性决定了节日民俗在历时和共时的传承过程中，不断适应周围环境而做出相应的变化。变异性是民俗文化的显著特征，它是指在民俗传承中引起的自发和渐进的变化。渔灯节节日习俗随着现代社会转型进行着自我调适，不断适应客观环境的变化，节日的适应性和生命力强大。如今渔灯节已经由一个地方性节日发展成地方的区域性节日。节日习俗传承性与变异性也是节日文化保存发展的内在动力。现如今随着生活水平提高了，渔民们的精神需求需要有效的表达，渔灯节就是人们精神需求的载体。当地人越加重视渔灯节，渔灯节随着时代的变化也加入了很多新主题。节日文化的变革也在适应着社会发展的需要。渔灯节在举办过程中加入了保护环境、促进人与自然和谐发展等新的主题，节日内涵可谓与时俱进，不断丰富。

六、关于渔灯节未来发展的思考

（一）渔灯节面临的困境

渔灯节看似越来越兴盛却也潜藏着危机。顾家村、陈家村、赵家村的海洋渔业捕捞越来越萧条。现今李家村港口的建设，已经使得有三百多年历史的小渔村不复存在。八角村现在的大型的港口就是例子。初旺与其毗邻，未来的规划不知道会不会蔓延。由于资源环境的制约，渔业生产易受自然条件影响，海洋渔业具有不稳定性。现今渔业强大的捕捞能力与脆弱的渔业资源矛盾日益尖锐。渔业资源环境持续的恶化，渔民面临产业转型的压力，渔业现代化受阻。一旦人们不以打鱼为生了，许多从前继承下来的海洋民俗也会变化。沿海地区生活方式的转变是海洋民俗保护中面临的突出问题，会动摇了传统海洋民俗的存续基础，成为海洋民俗保护的最致命威胁。渔灯节这一海洋民俗文化的重要载体也会面临冲击。

通过亲身的实地感受，笔者发现渔灯节的节日形式趋于单调。放鞭炮、节后的表演这两部分成为节日的重头戏。这两部分将节日色彩渲染的浓烈，使整个的节日气氛很热闹，但只是昙花一现，没有给人们留下深刻的文化印记。节俗的娱乐性成为节日习俗的主流。渔民们过节的热情很高，但是由于渔灯节的内容、时间、形式都过于狭窄，只能将这些热情化作“鞭炮”去表达。文化精神生活的需求刺激了渔灯节的繁荣，而渔灯节过于狭窄的节日文化容量满足不了这种需求，节日活动不免有些扭曲。渔民们虽然存在朴素的保护海洋的愿望，可是当下燃放过多的鞭炮本身就不环保，没有真正地履行感恩海洋、和谐共生的理念。节日处境并不乐观，渔灯节面临着改革。

（二）解决的思路

渔业发展方面，当地渔民的经济生产方式已然在发生转型，渔民未来的生产经营方式可以更加多元化、灵活化。海洋渔民依靠下海捕捞为生转变为依靠吸引旅游者感受海洋、共享以海洋为生的生产生活方式。渔灯节依附于海洋渔业的节日也会获得长久的生命力。

关于未来渔灯节的发展笔者提出大胆的构想。当地的政府和文化组织可以详细搜集渔灯节的传承发展的历史，渔灯的制作方法，节日食俗，祭祀仪式与俗民的海神信仰，在渔灯节举办的同时办一个与渔灯节有关的民俗文化展览，通过节日努力宣扬节日文化的内涵。还可以将海神娘娘送灯的美丽传说搬到舞台上，以此介绍渔灯节的详细的历史与发展过程，让民众有更直观的感受。

渔灯节现如今已成为地域性的节日，渔灯节下一步的实施可以多地联合办节，以其中的最具有代表性的渔村为中心，例如初旺村为中心，这些可以协调解决。节日时间方面可以将节期的时间错开，节期延长。以庙会的形式或大型综合类节日的形式出现，彰显各地地方特色。可以形成集观光、信仰、参与体验、旅游、商业洽谈、海洋特色民俗文化展览综合一体的节日形式。

这样一来节日内容丰富多样了，渔灯节的本真性可以正确宣扬并且得以保护延续。不仅有效地构筑了渔灯节民俗文化软实力，而且获得了经济上的利润。

(三) 渔灯节的开发保护的原则

1. 保持文化多样性原则

2003年，联合国教科文组织颁发了《保护文化多样性》的历史性文件，文件指出：文化多样是人类文明链条的基本图式，与生物多样一样，是人类社会生存的常态，对世界上不同历史、不同民族、不同社会文化模式的国家人民来说，保持文化多样性，是现代人权的内容，是人类可持续发展的重要策略。①

尊重文化的多样性是发展本民族文化的内在要求，也是实现文化大发展、大繁荣的先决条件。我们应该从保护文化多样性的视角去看待渔灯节。保护文化多样性的目的是保持文化的特色。渔灯节并不能粗略的归为迷信节日。渔灯节代表了山东胶东地区古老的海洋节庆文化，是海洋文化脱离农耕文化的典型代表。祭海是渔民们精神需求的表达。渔民们通过祭船、祭海、送渔灯表达了保护生态、人与海洋和谐相处的美好愿望。渔灯节改变了渔家文化对农耕文化的依附地位成为海洋文化特色节日，同时承载了人们欢庆新生活，期待美好明天的愿景。我们应当尊重文化的多样性，尊重并且保护海洋文化特色的多样。

2. 文化保护原则

渔灯节作为一种颇具旅游开发价值的海洋民俗文化，开发时必须遵循文化保护的原则。在以扩大旅游观光，招商引资的经济目的下，更应该保护渔灯节的文化传统，真实而不扭曲的反映民俗文化。政府要负起宣传保护与传承发展的责任，并且贯彻非遗

① 联合国教科文组织，关世杰译：《世界文化报告——文化的多样性、冲突与多元共存》，北京大学出版社，2002年版，第31页。

保护的“16 字方针”——政府主导、社会参与、支持正当、优秀文化。政府要科学引导、合理组织、规范运作，使渔灯节成为当地旅游、经济、科学的综合性节日。

渔灯节作为一种海洋民俗节庆文化急需保护的资源，保护发展的根本衡量的砝码应该是否有利于百姓利益。应该尊重文化发展的自身规律，放手民间，让百姓有自我发挥的余地，政府起到引导、服务的责任，还节于民，让得百姓真正地获得利益。

七、结　语

本文着重对渔灯节祭海习俗中祭祀仪式与节日文化变迁进行深入解析。运用格尔茨解释人类学理论，通过对渔灯节的祭海仪式过程的描写探究其背后的象征意义，通过“深描”对祭海习俗的意义进行揭示，从而得出渔民们以祭海为依托表达的感恩海洋、保护海洋，人与海和谐共生的朴素善良的价值观。人们通过祭祀的方式表达了对大海的敬畏和感激，展现了古韵悠久的海洋文化与现代文明交融的独特魅力。对渔灯节不同代表地区仪式过程的考察，得出了不同地区节日模式的利弊，以便为渔灯节今后的发展作出理性的思考。运用文化变迁的理论，分析渔灯节节日变迁的原因，由于经济、科技和俗民信仰与价值观念发生了一系列变化，节日的神圣性降低，已经成为一种渔家狂欢的大众节日。渔灯节看似兴旺的背后隐藏着俗民信仰观念淡化、节日内容单一、海洋资源恶化影响到海洋民俗文化发展等问题。这些问题都影响着渔灯节的传播和发展。为此笔者提出了自己的解决思路，本着尊重文化多样和文化保护的原则去丰富渔灯节的节日文化内涵，使渔灯节真正成为民众主导的节日。在商业、旅游等大环境利益的驱动下，使渔灯节这一从农耕文化分离出来的海洋特色节日文化继续保持其敬畏海洋、珍重生命的本真性。

渔灯节经历了几百年的风风雨雨，即使在“文化大革命”时期，抑或是艰难贫穷的日子里都没有间断过，可见其强大的生命力。现在作为国家级非物质文化遗产，越来越受到当地人，以及其他方面的重视。对于渔灯节未来的发展，笔者还是很有信心的。在田野调查的过程中笔者特意参访了当地青年人对节日的态度，虽然青年一代总体上对节日的认知有限，但是青年人有深入了解此节日的愿望，并且有决心继承并发扬渔灯节。当地的渔民们已经视此节日为民俗生活中的一部分，节日的记忆深深刻在渔民的精神世界里，当地的渔民对节日有深厚的感情，很深切的依赖。人们精神生活匮乏了，对渔灯节这样独具特色的海洋渔家节日格外有了解与参与的兴趣。总之，渔灯节未来的发展还有更加广阔的前景，需要各方面共同的努力，将这一渔家特色的祭海习俗传承下去。

渔灯节作为保护海洋、感恩海洋的一种载体，对其有效地传承保护一方面可以提高人们保护海洋的共识，并且增进人与自然和谐相处、人海和谐的生态文化理念。另一方面有利于尊重民意、汇聚民心，促进社会稳定，实现海洋民俗文化的时代价值。

此外，由于笔者自身水平的局限，论文存在一些不足之处。由于笔者对格尔茨解释人类学理论与文化变迁的理论理解的程度不深，在论文创作的过程中理论分析没有落实好，理论运用是笔者的薄弱环节。此外，由于本选题渔灯节有固定的节期限制，每年正月十三、十四两天的时间。渔灯节分布的村庄较为广泛，笔者主要走访观察了初旺、芦洋两个最具代表性的渔村。因为节期时间上的冲突，笔者在观察完正月十四芦洋渔灯节后才去八角渔灯节进行调查，对八角渔灯节的观察时间很有限。对李家村和顾家村的调查并不是在过节的时候去的，而是利用暑期的时间进行的。总体来说对整体的渔灯节分布区域的观察有片面性，对研究的总体把握有一定的影响。正对这一不足之处，还需要进行以后节期的回访去解决，力争做到观察全面，内容翔实准确。

参考文献

专著类

1. 董晓萍：《田野民俗志》，北京师范大学出版社，2003 年。

2. 董晓萍：《全球化与民俗保护》，高等教育出版社，2007 年版。

3. 高天星：《中国节日民俗文化》，中原农民出版社，2008 年版。

4. 郭玉华：《仪式与社会变迁》，社会科学文献出版社，2000 年版。

5. 李松、张士闪：《节日研究（第二辑）》，山东大学出版社，2010 年版。

6. 李露露：《妈祖信仰》，学苑出版社，1994 年版。

7. 彭兆荣：《人类学仪式的理论与实践》，民族出版社，2007 年版。

8. 曲金良：《海洋文化概论》，青岛海洋大学出版社，1999 年版。

9. 曲金良、纪丽真：《海洋民俗（珍藏版）》，中国海洋大学出版社，2012 年版。

10. 齐涛：《节日志》，山东教育出版社，2007 年版。

11. 山曼：《齐鲁之邦的民俗与旅游》，旅游教育出版社，1995 年版。

12. 山曼、单雯：《山东海洋民俗》，济南出版社，2007 年版。

13. 孙秋云：《文化人类学教程》，民族出版社，2004 年版。

14. 王铭铭：《村落视野中的文化与权力》，生活 · 读书 · 新知三联书店，1997 年版。

15. 王霄冰：《仪式与信仰》，民族出版社，2008 年版。

16. 刑莉：《民俗信仰与民俗生活》，中央民族大学出版社，2008 年版。

17. 王赛时：《山东海疆文化研究》，齐鲁书社 2006 年版。

18. 张开城：《海洋社会学》，海洋出版社，2010 年版。

19. 张开诚、马志荣：《海洋社会学与海洋社会建设研究》，海洋出版社，2009 年版。

20. 庄孔韶：《银翅—中国的地方社会与文化变迁（1920—1990）》，台湾桂冠书局，1996 年版。

21. 上海海事大学，中国太平洋学会，岱山县人民政府编：《中国民间海洋信仰与祭海文化研究》，海洋出版社，2011 版。

22. 山东省蓬莱市志编纂委员会：《蓬莱县志》，齐鲁书社，1995 年版。

23. 山东省栖霞县志编纂委员会：《栖霞县志》，山东人民出版社，1990 年版。

24. 山东省地方史志编纂委员会：《山东省志 · 海洋志》，海洋出版社，1993 年版。

25. 山东省地方史志编纂委员会：《山东省志 · 民俗志》，山东人民出版社，1996 年版。

26. 烟台地区出版办公室：《烟台风物志》，山东人民出版社，1983 年版。

期刊类

1. 陈洁帆：《浅谈渔民生活风俗》，载《海洋文化研究》1999 年第 1 期。

2. 陈秀萍：《中国海洋文化发展迟缓缘由分析》，载《杭州师范学院学报》2000 年第 4 期。

3. 邓聪：《海洋文化起源浅释》，载《广西民族学院学报》（哲学社会科学版）1995 年第 4 期。

4. 郭泮溪：《即墨周戈庄祭海习俗调查》，载《民间文学论坛》1998 年第 4 期。

5. 黄安辉：《京族哈节的当代变迁与保护》，载《民俗文化研究》2010 年第 7 期。

6. 刘铁梁：《节日文化的地方性—以贵州台江县苗族姐妹节与划龙船的关系为例》，载《凯里学院校报》2008 年第 2 期。

7. 刘明举：《山东海阳县鲁古埠村祭海习俗的人类学考察》，载《边疆经济与文化》2008 年第 11 期。

8. 马咏梅：《山东沿海的海神祭拜》，载《民俗研究》1993 年第 4 期。

9. 山曼：《新时期节俗改革探微——蓬莱渔灯节调查的思考》，载《民俗研究》1988 年第 4 期。

10. 山曼：《山东内陆文化与海洋文化之比较》，载《民间文学论坛》1989 年第 5 期。

11. 曲金良：《环渤海圈民间海神娘娘信仰的历史与现状》，载《民间文化论坛》2004 年第 6 期。

12. 王赛时：《古代山东的海神信仰和海神祭祀》，载《中华文化论坛》2005 年第 3 期。

13. 徐彬、曹艳英：《胶东渔民祭海习俗的演变与旅游开发》，载《当代经济》2007 年第 10 期。

14. 叶涛：《海神、海神信仰与祭祀仪式——山东沿海渔民的海神信仰与祭祀仪式调查》，载《民俗研究》2002 年第 3 期。

15. 阎化川：《妈祖信仰在山东的分布、传播及影响研究》，载《世界宗教研究》2005 年第 3 期。

16. 郑松辉：《文化传承视野中潮汕海洋文化习俗探微》，载《汕头大学学报》（人文社会科学版）2009 年第 10 期。

17. 朱龙：《山东蓬莱海洋民俗研究》，载《东方博物》2006 年第 3 期。

论文集

1. 中国民俗学会、北京民俗博物馆：《节日文化论文集》，学苑出版社，2006 年版。

2. ［美］詹姆斯·克利福德，乔治·E. 马库斯著，高丙中、李霞、吴晓黎译：《写文化——民族志使得诗学与政治学》，商务印书社，2006 年版。

学位论文

1. 王颖：《山东海洋事业近代化变迁的历史考察》，山东师范大学硕士学位论文，2007 年。

2. 邱铁辉：《福建海神信仰与祭祀仪式》，福建师范大学硕士学位论文，2007 年。

附录一

烟台渔灯节田野调查主要访谈对象表

姓名	性别	年龄	职业	备注
丛大宏	男	82	退休	初旺村现今资历最深的老船长
丛大丰	男	66	退休	初旺村已退休船长
郑德洪	男	45	船长	初旺村村民
刘金宏	男	37	村委干事	初旺村村民
初庆豪	男	34	渔民	初旺村村民
李贵芬	女	43	家庭主妇	芦洋村村民
刑宾	男	46	渔民	芦洋村村民
丁利广	男	37	渔民	芦洋村村民
张玉翠	女	40	渔民	芦洋村村民
初光福	男	25	待业	顾家村村民
刘彩霞	女	42	待业	李家村村民
李生庆	男	58	待业	李家村村民

附录二　渔灯节分布各个村访谈记录及调查图片

一、初旺村访谈记录

1. 采访对象：初旺村丛大宏老船长，82 岁

采访时间：2012 年 2 月 2 日（农历壬辰年正月十二）

采方地点：老船长家

笔者 = B（以下笔者均用 B 代替）

丛大宏老船长 = C

B：大爷您好，你是什么时候当的船长？这渔灯节是怎么来？

C：我是不到二十岁当的船长，渔灯节不是从我这代开始过的节，从我的爹爹，我的爷爷就开始过节。俺爸出海那阵我是小孩，十二三岁，家里养的 5 个小船。渔灯过去不是现在的样子，以前是用做衣服的新棉花，胡萝卜抠的底再大一些，用个竹棉棍穿出个空，缠上棉花，把蜡油刮出来粘在这上面用铁盘托住底往船上放。老辈渔灯就是这么做的。到现在又来电气化了，国家在发展，它也在发展。

图 19　初旺丛大宏老船长

B：过去为什么过渔灯节？从您经历的角度看过去和现在有哪些变化？

图 20　郑船长、丛大宏船长一家

C：过去为什么送这个灯，有两个原因。一个原因，过去打鱼干俺这行的现在说是迷信，确实是迷信。出海打鱼保护安全，有风有水。我们这村有两三个庙，一个娘娘庙，一个龙王庙，一个关帝庙。送灯主要是去送娘娘庙和龙王庙。以前都有龙王庙娘娘庙都先去那边拜拜、送灯。再到海边烧个香。有钱的家可以弄个猪头，孩子什么的跟着。先去龙王庙，再去娘娘庙，磕头发纸，嘴里还念叨：保发财，保佑安全回家。过去不像现在是人家橹，是帆，海上来了风雨了就要挨着了，不像现在有天气预报，大风八级赶紧收港。那时候什么都不知道，没有天气预报。但是这两个庙在“文化大革命”的时候就已经被拆掉了。以前那阵到了晚上小孩子就去船上放灯，晚上五点左右送灯最好。现在过节呢就不一样了，你看俺女婿家里准备的东西，村里还有敲锣打鼓，扭秧歌的。愈来愈隆重。还有放的那些长鞭。以前的时候都是一点的小鞭。一点的小鞭，放放就不错了。现在你看港上放的那些长鞭。现在和以前大不相同了。

图 21　笔者在郑船长家院子里

B：渔灯节是正月十三，离元宵节很近，这两个节日有什么关系吗？

C：与元宵节没有什么关系。也不知从哪年开始过这个节，老辈就有。我们干渔业有传统，对大海，对大自然要恭敬，求平安。

B：这个初旺村有什么来历吗？最早什么时候有这个村？

C：哪一年有这个村我不清楚，但是听老辈人说过这个村最早是初姓落户的，所以就叫初旺。我们这个村后来发展成四大姓初、刘、从、赵。这个初旺村由于地形的原因，主要是海围着，旁边有个山档的翻过山就是北海湾，所以这个港湾还是很不错的，没风没浪的。我们这个村主要就是渔业为主，不像芦洋，陈家他们干渔业的还是少，他们的地多。我们的地少，与地形有关，主要就是渔业为生。

B：您感觉现在渔灯节变化的原因有哪些？

C：时代不同了，生产工具也变了。再早那真都是自己打鱼，后来赶上合作化，合作社开始。后来都自己承包下来了。到这阵了规模大点的雇工人，每个工人一年 2 万—3 万。现在船都有船油补贴，政府出钱，船长可盈利。但是现在的与以前比少了。以前没有什么预报可以看，出海危险，现在又有雷达、导航仪，安全系数高了。现在过节人们主要庆丰收、请发财，不像以前主要就是求平安。

B：以前安全系数低，是不是每年都有事故发生？

C：太多了，过去就是保证不了安全。现在仪器多，雷达、定位仪、导航设备，保证我能知道我的船在哪个地方，哪个港在那里。看现在能科学到什么程度。

B：您遇到过大的风浪吗？在没有电气化的时候？

C：我遇到过，没有电气化的时候是在我四五十岁的时候。我遇到过大风浪，不光是以前，电气化的时候我也遇过。我有一次已经使用电气化了，蓬莱水产局我的情况是调查我什么呢，我说给你听，我有次出海。大连有个老虎滩这个港湾东北风，他们那个港七八十条船。大连气象台没说有暴风，我们渔民这帮人，去了小饭店喝个酒，我不喝酒，我没下船。我在船上有收音机了，听到山东台说有台风警报，我细想这个港口不行要转走，台风从山东到大连就几个小时。我船上有个做饭的，我就去告诉他，“赶紧去找那些人，船长说有台风别喝酒。要转口，转大连湾那里。”等他们上来有一个半小时，我们往大连湾走，应该一个小时到，但是风浪太大了，走了三个小时才到。在晚上八点来台风了，那个老虎滩港湾七八十条船死了很多人，派出所的就去调查。对于这个事蓬莱和大连的人都来采访我。凭经验这个变不了。避免了一次大灾难，要是不转的话，一个都剩不了。

B：龙王嘴那个是怎么回事？

C：不是人造的，天然的。开天辟地就有，两个洞。过去这个龙王嘴有个庙，我都不记事的时候。现在这代人都不知道，这个庙不是个娘娘庙，就是个龙王庙。好几辈人前都没有了。

B：您说说您家的情况吧？现在还干打鱼吗？

C：我干了一辈子的船长，我女婿是船长，我的外孙子开了个育苗厂，都和海有关系。我现在退休，一个月一千五六百块，我老伴也是那个钱，我们两个加在一起三千多。现在赶得时代好。以前船长年纪大了不能出海退休了就没什么收入了，吃老本，现在不一样了，日子翻天覆地地变化。这个村有个特点以渔业为主，不像芦洋，李家啦，这个村的土地少，就指着出海，我们以前出海是赶着正月十四不是十三，为什么变呢，因为太挤了。就我们这个村有龙王庙，娘娘庙，他们其他村的都要来，所以这个日子人太多了，有些家还吵架。于是我们这个村提出来，咱们改，改成十三。

2. 采访对象：初旺村郑船长

采访时间：2012 年 2 月 3 日（农历壬辰年正月十三）

郑船长 = Z

B：郑船长您好，看您的供品都已经准备好了，这些都是自己家准备的吗？

Z：是，都是自己家准备的东西。我们这儿过渔灯节比过年都热闹。下午的时候过去，先用车拉到港上然后再抬上船。头年就准备的，放在这儿。

B：这里面的大鱼是自己打到的吗？

Z：是，自己的船打上来的。有个祭拜仪式到船上，祭拜龙王祈求龙王保平安，渔民多收入。

B：每年都这样吗？您放的渔灯是什么样子的？

Z：每年都如此。送的小灯，还有胡萝卜上插的小蜡烛。必须要有蜡，否则就掉。以前用棉花线系在里面。

B：今天有很多亲朋来做客吗？

图表4　渔灯

Z：十多桌客，这个村今天几乎每家都有客人。

B：看码头那边很多船，是不是有船的人家都要去祭拜，没有船的要去吗？

Z：对，有船的都要去，没有船的是去看热闹的。

B：您是从什么时候开始过这个节的？

Z：老辈就有，一直跟着过。

B：一般几点去码头？

Z：一般下午一点多钟走。

B：那这些箱子里的东西有什么用？

Z：都是些香，还要发纸，烧香，祈发财的意思。现在主要就是祈求平安，大伙发财。

图表 5　年青一代与渔灯节

3. 采访对象：初旺村村委会刘干事

采访时间：2012 年 2 月 2 日（农历壬辰年正月十二）

采访地点：初旺村委

刘干事 = L

B：咱们村的渔灯节从什么时候开始过的？

L：我今年四十多岁，从我记事的时候就过节，具体哪一年我也不知道，老人都说有这个村就有这个节。

B：我看港口上都挂的彩旗，是村委布置的吗？这个过节的过程中村委有参与吗？

L：不是，是这个村出海的公司自己布置的，这个节主要是渔民们自发的过。

B：我看网上很多关于咱们这个节日的报道，过节的时候来这旅游的人多吗？

L：我们正月十三过节，过节的时候很热闹，很多人都来看，不仅是这个村的人，还有很多外地人，我在网上也看到不少报道，看到很多图片，渔灯节那天很多的摄影爱好者都来这，还有骑自行车的驴友朋友。有些有名的摄影者来，都不知道，但是在网上都能看到。以前海外的华侨也有来这的，但都是后续看报道才知道，来这都是过节，不露面。

B：您能谈谈您对渔灯节的了解吗？

L：我所看到就是现在这个样子的节日，渔民下午一点左右陆续地去码头，各家有船的都上船祭拜。放鞭炮。我知道的还是少，像我这个岁数的知道的还是少，老一辈人经历的多，但是有很多也都不在了。

B：咱们初旺的渔灯节在2008年被列为国家级的非物质文化遗产，在评估的过程中，您有没有参与其中？

L：对，是非物质文化遗产，但是没参与，就是每年过节的时候有很多电视台的记者，来这采访。

4. 采访对象：初旺村村民初庆豪，34岁

采访时间：2012年2月3日

初庆豪 = C

B：您是什么时候过渔灯节的？这个船是您的吗？

C：我从记事起就一直过，现在这个船是俺家亲戚的，俺大爹家的，我过来一起帮忙。

B：您感觉这个渔灯节发生了什么变化？

C：一直都挺热闹的，不过比起以前更热闹了，人也多了。鞭放的越来越响。

B：您平时也出海吗？

C：我不出海，我在俺村的养殖场里干。

B：您在养殖场负责什么工作？

C：我培育海参，鲍鱼什么的。

B：收入怎么样？

C：前两年还行，这两年也不景气，干的多了不好卖。

B；怎么不跟着大伯一起出海？

C：我觉得出海挺有意思的，不过从小家里也没有培养，觉得风险大，比较危险，现在这个年轻人干的少，都是老一辈人还干。

B：您对渔灯节怎么看？

C：我们这是个渔村，一直都有这个传统。这样的日子比过年还喜庆。家里亲戚都聚在一起，去船上祭拜，放鞭，挺好。

5. 采访对象：初旺村村民丛大丰老船长，66 岁

采访时间：2012 年 8 月 21 日

丛大丰 = F

B：咱们初旺村建村多少年？渔灯节多少年了？

F：俺村差不多有三百多年了，这个村有人就应该有这个节，大概有个十四五世。

B：您是什么时候开始出海的？做了多少年的船长？

F：我六三年出海的，我十七岁。干了四十年的船长，六十岁退的休。

B：当时开的什么船？

F：人家橹，扬帆。没有风就要自己划船。出力。

B：您以前打鱼的收入怎么样？现在这几年还好不好干？

F：少，再早都是挣工分，几块钱。当时对虾五角钱一斤，八七八八年一百一二十块钱一斤。能收入五六百块钱，种地的更少，二百多块钱就不错了。收入和现在没法比，就够养家糊口的，前几年还挺好干的，等到这几年都不景气了。

B：您那时候的渔灯节是怎么过的？和现在有什么差别？

F：也是正月十三，差别了，打点锣鼓，弄点小灯，去拜拜。现在麻烦得多。渔灯节这天全村的消费，相当于大年除夕的两倍。这个渔村最热闹的一天就是渔灯节。

B：您现在家里还有船？

F：家里头还有船，租给别人或者是自己亲戚干。现在的船二十左右个人，都要雇人。

B：现在的船和以前比有什么样的变化？

F：现在全部都是电气化，雷达，探鱼仪，导航仪，前面有雾看不见的话，照着跑就行，都避开了。好天坏天都差不多。船只多了，捕捞利大多了。

B：现在出海怎么样？好不好干？

F：现在资源都枯竭了，没有以前好干。一对钢壳船，275马力，除去所有的成本。四个老板，一个月能剩十万就不错了。现在有燃油补贴，没有的话就倒了。

B：怎么样的补贴？

F：按照马力来，国家财政补贴。种地有补贴，打鱼也有。

B：现在出海有没有保险？

F：有，船有船的保险，人有人的保险，都是自己交，后来再返回来。以前人们都避开这一块，现在意识都变了，都保险。现在海上机械事故，上了个人，四五十万，人身保险。

B：您是什么样的心情去过这个节？

F：祈求风平浪静人太平。做着灯就好像是照亮。好得意愿。以前有龙王庙都去那里拜拜，现在下面的村，又建起来了，这个是个非物质文化遗产，都重视了。

这几个村都挺隆重，俺村是最东头，再往西是李家、顾家、陈家。这些村都过。

B：哪个村最早？

F：俺村应该是最早的，我们这个村为什么叫初旺呢。我们村有四大姓。初、赵、刘、从四个姓。有证可考，他们村都没有。

B：这个渔灯节和元宵节有没有什么关系？

F：没有什么关系。

B：您觉得您过这个节之后，您出海安全了吗？

F：人的思维，过去人家橹，有风扬帆，报的风来不了，等风下去。没有保证。十几个小时回不了家也是常有的事。老辈留下这么个节。现在就是不过渔灯节也比以前安全了，20 世纪 60 年代末就引进机械化了。现在可以说中国捕捞全球第一，先进不先进不说。捕捞量太大了。到西非一扫光，印尼一扫光，俄罗斯红山岛威海的船过去捕捞，那边有大的鱿鱼仔，还被扣了。满世界去捕鱼。国内，没等鱼长大，都去捕捞，看见别的家捕的小鱼仔，虽然小，但是也坐不住，也要捕，否则就落后了，现在都是高科技，只要有鱼就不剩下。鱼打得太多了，恶性循环。资源都枯竭了。国家现在都提倡休渔。要是把海这块停了，要多少人吃不上饭。海里的繁殖能力很强，休息两年的话渔就晴好打吧，可是现在停不起，休渔期已经满足不了现在需求。

B：从您专业的角度看咱们村打鱼的前景怎么样？

F：不太乐观，这个捕捞量太大了。以后资源都枯竭了，怎么办。这个地方要想办法。

B：您觉得这个渔灯节以后会有怎么样变化？比如扩大还是缩小？

F：变化不是很大，全是放鞭，供应，放渔灯。规模不好说。现在资源都快枯竭了，以后不知道会不会好点，只要渔业兴旺，渔灯节就能兴旺。晚上去礼堂看节目。从早晨起来到晚上七八点钟，就是忙活。晚上都去看节目，白天过节，招待亲戚。

B：您现在生活有没有保证？年轻人对这个节日怎么看？

F：算是有保证吧，2008 年左右的农转非，一个月一千多块钱的退休。以前都没有，退休了就没收入了。现在都有。年轻人主要就是看热闹，他们现在比我们那阵还精通仪器，所以说没有俺那阵的心情。科技发达了，都能保证安全了。

图 22　初旺 2012 年夏天丛大丰老船长家采访

二、芦洋村访谈记录

1. 采访对象：芦洋村村民刑大哥，46 岁，初中学历

采访时间：2012 年 2 月 4 日

刑大哥 = X

B：看您穿的这个衣裳，您也参与到祭拜的行列吗？

X：我是来服务的，管着吹号。

B：谁找您过来的？还付工钱吗？

X：村里需要就过来了，一天给五十块钱。

B：您干了几年了？

X：我干了三年了，09 年开始有龙王庙，办这个台子，就召集我们来吹号。

B：您出海吗？

X：我不出海，家里有地。

B：您什么时候过渔灯节的？

X；俺家没有船，也不算是过这个节。都是跟着他们过节，有了这个仪式了就来帮忙。以前都上港上看他们放鞭，现在次数多了，也就不太去了，一般在家里头招待亲戚朋友。

B：您觉得这个渔灯节对您的生活有哪些影响？

X：也没什么影响，平时该怎么过还一样，就是过节这天人多，比以前过的隆重，外地人多了，这个村知名度也高了。

图 23　芦洋祭海大典后台邢大哥

2. 采访对象：芦洋村村民李大姐，43 岁

采访时间：2012 年 2 月 4 日（农历壬辰年正月十四）

李大姐 = L

B：您家里过这个渔灯节吗？

L：我们过渔灯节。不过我们家没有船不出海，不上码头去祭拜，不过每年这个时候是最热闹的，比过年还热闹。

B：您这天主要都忙什么？

L：我就在家准备东西，家里都来亲戚，家家户户都有客人。我们家就来好多客人，一般都是中午招待，他们有的再去看看渔灯节。

B：咱们村的这个节日一般怎么过？

L：我们村东面港口那有个龙王庙，在原址上又建起来的。大家都在那边庆祝。

下午不到一点的时候有的家里就把猪头什么的都抬到码头的船上去，还有很多放鞭的。

3. 采访对象：芦洋村村民丁大哥，37 岁，初中学历

采访时间：2012 年 2 月 4 日上午　祭祀仪式

丁大哥 = D

B：您刚才穿着这种黄色长袍祭祀，这些是从哪里来的？

D：都是村里发的，我们上午一起在这龙王庙前拜龙王。村里组织大家一起行动，下午我们自己带东西去港上。

B：您出海多少年了？什么时候过得渔灯节？

D：我二十岁跟着出海的也有十几年了。我从小就过渔灯节，以前跟着家里大人过节。

B：您为什么要过这个节？

D：这都是一辈一辈人传下来的，过日子嘛，特别是我们渔

民就是图个平安，日子能过兴旺了。这个节日对我们来说就像过年一样。

B：从您的角度来看你们村的渔灯节都有哪些变化？

D：以前我小那时候没有现在这么隆重，这么热闹，都是自发的。现在有了龙王庙了，村里头又办了这么个仪式也觉得挺隆重的。放鞭炮的特别得多，这都是以前没有的。

B：你觉得现在过这个节有没有必要？

D：有，一到这天全村都忙活，来客，送灯，放鞭炮，比过年还热闹。再一个虽然现在条件好了，安全也有保障了，但是这种信仰变不了，海上什么情况都会发生，不是人力所能去变化的，心里遇到情况的时候就嘀咕，希望有神有灵的保佑平安，这当然是迷信的角度说了。

图 24　2012 年芦洋祭海大典渔民进香

4. 采访对象：张大姐

采访地点：芦洋村港口

张大姐＝Z

B：大姐您好，这是咱们家的渔船吗？你们每年都过渔灯节吗？

Z：对，是，我们每年都过。

B：每年过渔灯节的形式是什么样的？

Z：馒头，渔灯，猪头啊什么的放在船上，来送灯嘛。

B：渔灯是你们自己做的吗？

Z：对，用胡萝卜，萝卜做的。

B：怎么没见摆供品呢？

Z：时候不到还，一般都是一切都摆好了，先放鞭再祭拜。

B：你们家大概主要以打鱼为生吗？收入怎么样？

Z：是，主要是打鱼。这也是我的亲戚家，收入也不太好说。

B：现在的收入是不是也挺高的了？

Z：对，还行。

B：您这个村有多少家是靠打鱼为生？

Z：一小半吧，现在建港建的船都少了。

B：在哪建的港？

Z：在陈家建了个化工港。不是最大的化工港嘛从陈家一直修到朱家。

B：您从什么时候开始过渔灯节的？

Z：老辈就有，一直跟着过，哪一年开始的我也说不清。

B：我看上午的时候有个仪式？这种仪式是从什么时候开始搞起来的？

Z：对，就在龙王庙那里。有龙王庙就有那个仪式。龙王庙是09年建起来的，以前那个地方有个庙，后来被拆了，所以又在原来的地方盖了个新的。

B：现在女人能上船吗？

Z；可以，早就可以了，妇女都解放了，现在没有这样的规矩了。都可以上船了。

三、李家村访谈记录

1. 采访对象：李家村村民顾大叔，58 岁，小学学历

采访时间：2012 年 8 月 21 日

顾大叔 = G

B：您就是个村的吗？那您家里有船吗？

G：我是这个村的，以前有船，现在建港建的都报停了。你看这都搬走了，都拆迁了，原来俺村人不少，现在就剩下二三百户，都搬走了。

B：您这个村有多少年的历史了？渔灯节从什么时候开始过的？

G：大概三百多年了，我们一般情况都有家谱，家谱上都记得几代几代，以前的时候人们都讲究，记载的非常的详细。好比如，有的家里有过继的孩子，都会记上。但是现在不一样了，也不太好好记，懂这个的人也少了。这个渔灯节我们村的节是最早的，因为什么呢，我们村最早是云南的过来落户的，是个姓顾的人，一共来了四个人，分别到这几个村落户，就繁衍开了。我们村三大姓顾、丛、赵。老辈有讲究说，不旺坐地姓。所以这个村后来姓李的很多，就叫李家村。其实老辈，是那三个姓。

B：这个村要急建什么港？

G：要建个大港，综合性质的。

B：您什么时候开始出海打鱼？干了多少年

G：我 25 岁开始跟船打鱼，到 60 岁就不打算干了，就退休了。

B：那您现在退休了，生活有保障吗？

G：报停了之后国家给一部分补贴，一次性的，然后转非还

有每月的退休。

B：您出海的这些年有没有遇到过危险的情况？

G：有个几件事，好比有一次我出海，放在海里的钩子，怎么也提不上来了，我心里就犯捉摸，这怎么办？我就到船头的位置祷告了一下。结果我在往上提的时候，提上来了，那个大钩子上，有两道刀刮的痕迹，好像是有什么东西缠住了之后，被个刀子这样的东西给割开了。还有一次，我和船上其他人在聊天，有个老人就给我讲了一些他出海经历的事，说着说着我往身后一看，吓了我一跳，看见一个碗那么大的和眼睛一样的东西，在那看，一会就不见了。我就和旁边人说，那个老人就说：你不知道嘛，这应该是老元，老元就是咱说的老龟。特别的大，可能那个就是他的一个眼。你说海里的事，能说得清吗？海太大了，什么生物都有，可能有些咱们都不知道。迷信的说法，有的时候恭敬的对待的话，就会有些力量来帮助你。

B：您对这个海神信仰是怎么看的？

G：就像我刚才说的，就是一种心理作用，有时候会有些意想不到的事情发生，发生了有时候能过去，有时候过不去。就是希望有其他的力量能帮助。给你讲个要是哪天出海船上飞来鸟的话，那个船那天准出事，有一次算一次。我还有一次，我做了个梦不好，梦见在港上，看见天气不好，生气了，把船也拉回来，不干了。我梦醒了，觉得心情也不太好，我就想今天干不干了。后来还是去了港上，结果就是因为一点小事，和隔壁船的人打起来了，我这个人脾气急，上来一阵也不让负，后来小腿有一块骨折了，但是还不知道，就觉得这个左腿不能动了。后来，俺老婆告诉我，她那天中午在家包饺子吃，包了一半，一下翻了。她就觉得不好，是不是有什么事。有些事没法说。还是相信一些东西的。

B：您所过的渔灯节，以前是什么样？现在有什么样的变化？

G：以前热闹，以前到前面的海边各家各户去祭拜，现在这几年拆迁拆的都快没有了，今年过年的时候还过来，不过规模比以前小多了，都没有干的了，或者是搬到了外村了，不知道明年过年还有没有了。现在拆迁拆成这样心里不好受，就好像一个大家庭破裂了一样。这么个三百多年的村子，就快没有了。这个村的渔灯节也就没有了。

B：您觉得这个渔灯节好不好？您对它有怎样的感情？

G：当然好啦，过节的时候就是心情好，高兴。现在我没有船了，看人家过节想想以前心里不是滋味。

图 25　李家村村民顾大哥

2. 采访对象：李家村村民刘大姐，42 岁，初中学历

采访时间：2012 年 8 月 21 日

刘大姐 = L

B：您是这个村的吗？前面在建什么港？

L：对，这个村的。建个大港，不是渔港，是大型的商业港。

B：你们村过不过渔灯节？

L：过，俺这儿正月十四过节。

B：在哪个地方过？怎么样的形式

L：到海边去，扭秧歌，到海上去送灯，去拜龙王。

B：您家有船吗？出不出海？

L：我家有船。

B：那祭拜的东西都是什么时候准备的？都准备什么东西？

L：早在正月十四之前都准备好了。俺这没有人家初家隆重。初家都有猪头，大鲅鱼，俺这都没有。

B：哪像你说的初旺隆重，那你们村过渔灯节的规模是不是小一些？

L：俺这搬迁搬得，实际上人可是一样认可。初家十三这个十四。

B：这个节日有多少年的历史了？你们村什么时候建的？

L：这个不知道，俺这辈不知道。

B：您感觉过这个渔灯节之后您的生活有什么变化？

L：过的十四就过得年了，出了十五之后就开始干活，之前都不干活。

B：十五之后就开始出海？

L：出海早了，二三月份才出海，就是开始忙活其他的东西。

B：出海的收入怎么样？

L：出海肯定是好啊，一年十万八万的，五六万。

B：我看村里有些育苗场，现在干这个的多吗？

L：现在搬迁搬得都不干了，以前多。

B：现在搬迁搬到哪里了？

L：搬得每个村都有。

B：对渔灯节有什么样的感情？

L：一直是传统，俺这正月十四相当讲究。

B：村委有没有组织什么活动？

L：都是村委组织的，舞秧歌什么的。这个村小，初旺、芦洋出名采访的多，其实这里也是一样的隆重，就是现在搬迁搬得不行了。

B：自己村的渔船放在初旺吗？

L：没有船了，都给报停了，强制性的。

B：打鱼人怎么办？

L：一次性补偿了，给介绍工作，没有去的，厂矿挣那么点钱，人家都是出海的，肯定不愿干，而且现在退下的都是四十多岁，到厂矿去的话从基层干，遭罪，文化程度不行，都没有去干的。自己当老板和给别人当伙计一样。

图 26　李家村村民刘大姐